中国能源与交通领域战略研究报告

第七届教育部科技委能源与交通学部

科学出版社
北京

内 容 简 介

能源领域与交通领域的发展是革新世界各国的经济地位和战略格局的关键力量。本报告围绕我国能源与交通领域未来 15 年的中长期科技发展需要，凝练重大科学问题，展望战略发展方向，涵盖能源与交通主要技术领域的作用与地位、研究现状、发展趋势、研究前沿和发展规划建议等重要问题，探索能源与交通的融合发展。

本报告的主要读者对象为能源与交通领域科研机构与政府部门的研究、管理和决策人员；也可作为相关行业企事业单位人员掌握能源与交通领域科学技术发展方向的参考资料；还可以作为高等院校研究能源与交通问题的研究生的学习资料。

图书在版编目(CIP)数据

中国能源与交通领域战略研究报告/第七届教育部科技委能源与交通学部编. —北京：科学出版社，2020.5
ISBN 978-7-03-065062-7

Ⅰ. ①中… Ⅱ. ①第… Ⅲ. ①能源发展-能源战略-研究报告-中国 ②交通运输发展-发展战略-研究报告-中国 Ⅳ. ①F426.2 ②F512.3

中国版本图书馆CIP数据核字(2020)第078076号

责任编辑：范运年/责任校对：王萌萌
责任印制：徐晓晨/封面设计：蓝正设计

科学出版社 出版
北京东黄城根北街 16 号
邮政编码：100717
http://www.sciencep.com

北京虎彩文化传播有限公司 印刷
科学出版社发行　各地新华书店经销
*

2020 年 5 月第 一 版　开本：720×1000 1/16
2020 年 10 月第二次印刷　印张：12 1/4
字数：250 000

定价：168.00元
（如有印装质量问题，我社负责调换）

第七届教育部科技委能源与交通学部成员名单

主　　　任：田红旗
常务副主任：杨勇平
副　主　任：严新平　王　炜　张作义
委　　　员：（按姓氏拼音排序）
　　　　　　崔　翔　方守恩　高广军　何雅玲　江秀臣　姜久春
　　　　　　姜培学　鞠　平　雷明凯　李光耀　廖瑞金　沙爱民
　　　　　　孙玉清　唐　涛　王成山　王耀南　王云鹏　韦　巍
　　　　　　项昌乐　肖　飞　肖　睿　徐明厚　袁小明　翟婉明
　　　　　　张志俭　赵金保

【学部办公室】
主　　　任：杨　彦
秘　　　书：姚　松　孙志强

本书编写人员名单

【总体编写组】

组　　长：严新平

副组长：杨勇平　王　炜　鞠　平

成　　员：赵金保　崔　翔　马　静　范爱龙　姚　松　孙志强　杨　彦

【能源编写组】

组　　长：马　静

成　　员：王　冲　李　明　谢　桦　刘小伟　张　勇　张　鹏　林伯强
　　　　　吴　微　吉　莉　程　鹏

【交通编写组】

组　　长：姚　松

成　　员：范爱龙　华雪东　刘状壮　张兰芳　赵春发　朱　力　姜　琛
　　　　　弓永军　于　滨　马　越　任　刚　张　钊

前　言

能源是人类社会生存发展的重要物质基础，而交通则是经济社会发展的先行官，人类文明的进步与能源交通技术的协同发展紧密相联。上古时代，钻木取火的发现开启了人类利用能源的历程；而马匹的驯化和车轮的发明则使远距离的交通和贸易成为可能，并为文明的诞生创造了基本的条件。之后，水路交通的发展催生了大航海时代，蒸汽机的应用吹响了工业革命的号角，石油和电力等能源技术及汽车、火车、飞机等交通技术的普及更是构成了现代文明的基石。历史上每一次重要的技术与社会变革，能源与交通的科技进步和发展都在其中发挥着举足轻重的作用。

当前，我国正处于新旧动能转换的重要发展节点，同时，世界也正面临百年未有之大变局。在中国特色社会主义发展新时代环境下，能源与交通也被赋予了更重要的使命。一方面，随着工业化进入到中后期发展阶段，传统粗放型的增长模式愈显乏力，能源与交通技术的创新发展能给经济发展注入新的增长动能，并带动上下游产业链同时发展，为经济转型升级提供机遇；另一方面，近年来各种逆全球化潮流的不稳定因素不断显现，贸易保护主义在一些国家愈演愈烈，地缘政治冲突也愈发频繁，给中国经济发展带来一定风险，能源与交通领域的发展，对于提升国家安全水平，减轻外部冲击压力具有重要作用。此外，能源是目前主要的温室气体排放来源，而交通又是能源的主要使能领域，人类社会当前共同面临的气候变化威胁，迫切需要能源与交通领域以高质量的变革来应对。因此，有效推进能源"四个革命、一个合作"战略和"交通强国"战略，促进能源与交通领域的转型升级和融合发展，对于实现"两个一百年"奋斗目标具有重要的意义。

为了推动能源与交通领域的创新发展，发挥高等院校服务国家战略研究思想库和智囊团的作用，第七届教育部科技委能源与交通学部于2018年5月启动了能源与交通领域国家中长期科技发展纲要及战略研究报告的编制工作。根据学部统一的部署和安排，报告编写组于2018年10月完成了本报告的初步搜集整理工作，并于2018年11月明确了本报告的总体撰写框架。在随后的一年多时间，学部先后在厦门、武汉、南京、长沙和北京等地，组织了多次工作会议和编写组会议，对报告进行了数次全面修改，不断完善与细化报告的主体内容，最终形成了本报告。

本报告包含总论、上篇、下篇三部分，共10章，主要内容如下。

总论论述了现代经济社会体系中能源与交通的地位与作用，阐述了能源与交通领域的战略研究及融合布局对提升我国人才培养水平、实现产业转型升级、满足国家战略需求的重大意义,以及二者融合创新的关键发展趋势。

上篇为能源领域战略研究,共 5 章。该篇将能源领域分为化石能源、可再生能源、核能、储能与氢能及智能电网等 5 个子领域。内容具体安排为:第 1 章化石能源,第 2 章可再生能源,第 3 章核能,第 4 章储能与氢能,第 5 章智能电网。

下篇为交通领域战略研究,共 5 章。该篇将交通领域分成了道路交通、水路交通、轨道交通、民用航空及综合交通等 5 个子领域。内容具体安排为:第 6 章道路交通,第 7 章水路交通,第 8 章轨道交通,第 9 章民用航空,第 10 章综合交通。

上、下篇为本报告的主体内容。根据能源与交通领域的技术特点和应用模式,明晰了能源与交通各子领域的内涵与研究范围,阐释了各子领域对经济社会建设和学科发展的意义;分析了各子领域的研究现状、存在问题及发展趋势等问题;梳理了各子领域的研究前沿与重大科学问题;探索了各子领域面向能源与交通融合发展的有效模式;研究了各子领域的未来发展规划。

本报告是集体智慧的结晶。在第七届教育部科技委能源与交通学部的组织与指导下,来自全国 20 多所重点高校的 30 多位专家、学者参与了报告的撰写与修改工作。在此,对于学部委员、学部办公室成员、参加编写的学者和专家,一并表示衷心的感谢!

能源与交通领域在不断发展创新,还有不少问题需要继续深化和提升,且由于编者知识和水平有限,恳请各位读者不吝斧正。

编写组
2019 年 12 月 8 日

目　录

前言
总论 ·· 1

上篇　能源领域战略研究

第1章　化石能源 ·· 7
- 1.1　内涵与研究范围 ··· 7
- 1.2　在国民经济、社会发展和学科发展中的重要意义 ······························· 7
- 1.3　研究现状、存在问题及发展趋势分析 ·· 8
  - 1.3.1　研究现状 ·· 8
  - 1.3.2　存在问题 ·· 17
  - 1.3.3　发展趋势 ·· 17
- 1.4　未来研究前沿与重大科学问题 ·· 18
- 1.5　化石能源在交通系统中的应用 ·· 19
- 1.6　未来发展规划 ··· 20

第2章　可再生能源 ··· 22
- 2.1　内涵与研究范围 ·· 22
- 2.2　在国民经济、社会发展和学科发展中的重要意义 ····························· 25
- 2.3　研究现状、存在问题及发展趋势分析 ·· 26
  - 2.3.1　研究现状 ·· 26
  - 2.3.2　存在问题 ·· 28
  - 2.3.3　发展趋势 ·· 30
- 2.4　未来研究前沿与重大科学问题 ·· 30
- 2.5　可再生能源在交通系统中的应用 ··· 33
- 2.6　未来发展规划 ··· 35

第3章　核能 ·· 37
- 3.1　内涵与研究范围 ·· 37
- 3.2　在国民经济、社会发展和学科发展中的重要意义 ····························· 38
- 3.3　研究现状、存在问题及发展趋势分析 ·· 40
  - 3.3.1　研究现状 ·· 40
  - 3.3.2　存在问题 ·· 46

  3.3.3 发展趋势 49
 3.4 未来研究前沿与重大科学问题 51
 3.5 核能在交通系统中的应用 54
 3.6 未来发展规划 54

第4章 储能与氢能 58
 4.1 内涵与研究范围 58
 4.2 在国民经济、社会发展和学科发展中的重要意义 60
 4.3 研究现状、存在问题及发展趋势分析 61
  4.3.1 研究现状 62
  4.3.2 存在问题 68
  4.3.3 发展趋势 69
 4.4 未来研究前沿与重大科学问题 70
 4.5 储能技术在交通系统中的应用 71
 4.6 未来发展规划 72

第5章 智能电网 74
 5.1 内涵与研究范围 74
 5.2 在国民经济、社会发展和学科发展中的重要意义 76
 5.3 研究现状、存在问题及发展趋势分析 77
  5.3.1 研究现状 77
  5.3.2 存在问题 81
  5.3.3 发展趋势 83
 5.4 未来研究前沿与重大科学问题 83
 5.5 智能电网在交通系统中的应用 86
 5.6 未来发展规划 87

上篇主要参考文献 88

下篇 交通领域战略研究

第6章 道路交通 95
 6.1 内涵与研究范围 95
 6.2 在国民经济、社会发展和学科发展中的重要意义 98
 6.3 研究现状、存在问题和发展趋势分析 101
  6.3.1 研究现状 102
  6.3.2 存在问题 105
  6.3.3 发展趋势 107
 6.4 未来研究前沿与重大科学问题 108

目　录

　　6.5　道路交通能源系统及应用 ·· 112
　　6.6　未来发展规划 ·· 114

第 7 章　水路交通 ·· 118
　　7.1　内涵与研究范围 ··· 118
　　7.2　在国民经济、社会发展和学科发展中的重要意义 ··········· 119
　　7.3　研究现状、存在问题和发展趋势分析 ····························· 120
　　　　7.3.1　研究现状 ·· 120
　　　　7.3.2　存在问题 ·· 124
　　　　7.3.3　发展趋势 ·· 125
　　7.4　未来研究前沿与重大科学问题 ······································· 127
　　7.5　水路交通能源系统及应用 ·· 131
　　7.6　未来发展规划 ·· 133

第 8 章　轨道交通 ·· 135
　　8.1　内涵与研究范围 ··· 135
　　8.2　在国民经济、社会发展和学科发展中的重要意义 ··········· 138
　　8.3　研究现状、存在问题和发展趋势分析 ····························· 141
　　　　8.3.1　研究现状 ·· 141
　　　　8.3.2　存在问题 ·· 144
　　　　8.3.3　发展趋势 ·· 144
　　8.4　未来研究前沿与重大科学问题 ······································· 145
　　8.5　轨道交通能源系统及应用 ·· 149
　　8.6　未来发展规划 ·· 150

第 9 章　民用航空 ·· 152
　　9.1　内涵与研究范围 ··· 152
　　9.2　在国民经济、社会发展和学科发展中的重要意义 ··········· 154
　　9.3　研究现状、存在问题和发展趋势分析 ····························· 155
　　　　9.3.1　研究现状 ·· 155
　　　　9.3.2　存在问题 ·· 157
　　　　9.3.3　发展趋势 ·· 159
　　9.4　未来研究前沿与重大科学问题 ······································· 162
　　9.5　民航交通能源系统及应用 ·· 166
　　9.6　未来发展规划 ·· 168

第 10 章　综合交通 ·· 170
　　10.1　内涵与研究范围 ·· 170
　　10.2　在国民经济、社会发展和学科发展中的重要意义 ········· 171

10.3 研究现状、存在问题和发展趋势分析 ·· 172
  10.3.1 研究现状 ·· 172
  10.3.2 存在问题 ·· 173
  10.3.3 发展趋势 ·· 174
10.4 未来研究前沿与重大科学问题 ·· 176
10.5 综合交通能源系统及应用 ·· 180
10.6 未来发展规划 ·· 181

下篇主要参考文献 ·· 182

总　论

党的"十八大"以来，随着以中华民族伟大复兴为目标的"四个全面"、"五大发展理念"、"两个一百年"、总体国家安全观、"一带一路"倡议和参与全球治理等重大战略举措的全面落实推进，中国经济社会的发展进入了一个崭新的历史阶段。"十九大"的召开更是开启了全面落实习近平新时代中国特色社会主义思想的新征程。在新时代背景下，能源与交通的发展也被赋予了特别的历史使命。关于国家能源安全发展的"四个革命、一个合作"战略思想的提出，为推动能源生产、消费、技术和体系革命指明了方向。党的"十九大"立足新时代新征程，做出了建设"交通强国"的重大决策部署，2019年9月，中共中央和国务院发布了《交通强国建设纲要》，明确了新时代交通强国建设的总目标和重点任务。加快建设能源领域与交通领域的科技创新体系，对于构建"清洁、低碳、安全、高效"的现代化能源体系和"安全、便捷、高效、绿色、经济"的综合交通体系尤为迫切，对于实现"两个一百年"奋斗目标和中华民族的伟大复兴具有战略意义。

中国是世界上最大的发展中国家，坚持改革创新、与时俱进、持续推动现代化建设、保障与优化能源供给、促进交通高质量发展是关系到国家未来发展的关键任务。在现代社会经济体系中，能源与交通和人民生产、生活广泛且紧密地联系在一起，并发挥着基础性作用。能源是人类社会生存和发展的重要物质基础，攸关国家的战略竞争力，交通是社会生产、生活组织体系中不可缺少和不可替代的重要组成部分，被赋予了发展先行官的历史定位。能源是交通的基础使能领域，交通是能源的主要消费领域，面对资源紧缺、气候变化、环境污染等带来的严峻挑战，二者的融合发展成为不可逆转的时代潮流，构建绿色、弹性、自洽和可持续发展的交通能源一体化系统已成为新时代建设美丽中国的必然路径，必将对我国经济社会的稳定、有序发展做出不可替代的贡献。

在国际能源供需格局深度调整、能源领域新形势、新挑战不断出现的背景下，我国能源安全的风险与压力与日俱增，产业转型与升级已成为我国应对各项挑战的根本途径。这就要求在推动能源革命的过程中，从较为粗放、低效、污染、欠安全的能源体系，转变为精细、高效、洁净、多元、安全的现代化能源体系。同时，进一步提高交通领域的智能化、绿色化和共享化；构筑多层级、一体化的能源交通融合的综合交通枢纽体系；优化交通能源结构，推进新能源、清洁能源应用；对交通和能源行业进行统一战略部署，推动能源交通一体化发展与革命，对保障与推动我国经济社会可持续发展具有重要意义。

随着我国经济发展步入新常态，社会生产逐步接近生产可能性边界，传统发展方式的局限性也逐步显现，加快能源与交通领域的技术革命和体制革命，优化能源与交通运营管理体系，对创造新的经济增长点至为关键。近年来，以新能源、轨道交通、电动汽车为代表的一系列能源和交通领域的技术创新，以及核电、大飞机等传统能源与交通技术对发达国家的追赶和突破，为我国经济发展注入了全新的创新驱动力。此外，能源与交通领域都具有资金密集和技术密集的特点，二者的协同发展能够带动材料、机械制造、电子设备等一大批相关产业的发展，并能有效拉动区域经济增长，创造广泛的就业机会。

加强能源与交通领域的战略研究，将在业务范围、资源利用及共性支撑技术等方面产生前所未有的新需求，能够培养大批适应现代化学科建设与发展所需要的专业性、综合性人才。能源与交通作为基础学科的重要应用领域，涵盖热学、力学、机械工程、化学、数学、材料学等诸多学科。能源与交通的协同发展，将有效促进各学科之间的相互交融渗透及基础科学技术的应用与转化，有效拓宽相关学科研究的深度和广度。提前对能源与交通领域的融合进行布局，对提升我国人才培养水平、实现产业转型升级、满足国家战略需求和推进全球发展进程具有重要的促进作用。

1. 中国能源、交通与经济的一体化发展格局

能源、交通堪称推动我国经济发展的强劲动力和血脉。现代能源系统与交通系统以电力为动力，以数据为纽带，呈现相互交叉、相互支撑、相辅相成的发展态势，在我国经济社会发展过程中发挥着基础保障、经济支柱和创新引擎的重要作用。二者的互联互通、协同发展，可以创造巨大的规模经济和网络经济效应。

能源是国民经济发展的重要物质基础。一个国家的工农业生产越发达，生产出的产品越多，它所消耗的能源也就越多。我国作为发展中国家，其能源需求的增长是由其经济增长导致的，正确处理能源消耗与经济增长的关系，对于我国的可持续发展非常重要。在清洁化、低碳化和智能化的能源革命背景下，"电力化"将成为新一轮能源革命的根本途径。在新一轮能源革命浪潮下，化石能源的清洁高效利用、可再生能源的消纳与互补耦合多元化应用、核电的安全利用及构建多种能源有机整合、集成互补的综合能源体系，已成为当前及未来能源体系革新与发展的重要选项，成为解决资源环境不可持续问题、促进中国经济转型的有效方式。

交通是国民经济的先导行业，交通系统将国民生产、交换、分配和使用的每一个环节有效地结合起来。交通运输业的进一步完善可以促进经济生产的进一步完善。交通系统经济问题的核心是优化配置资源，以取得最大化的交通资源经济效益。加快城市轨道交通发展、促进电动汽车的发展、优化高速铁路布局、发展中心城市群，形成分工协作、有机结合、连续贯通、布局合理的交通运输综合体，

建立较为完善的交通网络，形成较为完备的产业链条，提升区域的资源配置效率，是建设"交通强国"、保障交通系统经济稳定增长、区域协调发展、国土空间合理开发、生产力布局完善、产业结构优化的战略支撑。

随着交通运输需求的快速增长，我国交通运输业的能源消耗总量和其占全社会总量的比重均呈现逐年递增的趋势，且增速也在逐年迅速上升。据统计，交通运输业已成为我国第三大能源消耗行业，仅次于工业和生活消费业。现代能源系统的健康发展，多能供给、综合服务、智能用能等各种新型能源形式不断涌现，为加快交通资产的能源化利用提出了新的要求，创造了前所未有的机遇。融合现代能源体系与交通体系，促进新能源产业的健康、有序发展、优化交通运输的能源结构、推动交通运输能源系统的绿色转型对于能源系统与交通系统的高质量发展至关重要。能源系统、交通系统的健康、有序及融合发展将创造一批新的经济增长点，引领和带动新时代经济的低碳化、绿色化、协同化和可持续发展，全面提升我国经济的总体安全水平和经济运行的弹性，是现代能源和交通系统变革保障国民经济高质量发展和高效运行的有效途径。

2. 能源与交通协同创新发展趋势

在当代，能源系统智能化、清洁化、高效化、一体化已成为该领域科技和产业发展的主要方向和本质需求；交通系统的智能化、清洁化、高效化、综合化发展趋势日益强化，已成为面向未来的交通系统的核心属性。二者发展趋势和未来属性的一致性，使能源和交通两大领域的融合发展与协同演进成为历史的必然和发展的大趋势。

回顾历史，能源与交通的每一次协同创新，都极大地提高了社会生产率，促进了科技进步。生物质能源与畜力交通的融合成就了农业文明，蒸汽机与第一代化石能源——煤炭的融合拉开了工业文明的序幕，机车及铁路与电力的融合、飞机与内燃机的融合促成了第二次工业革命。与此同时，在能源与交通融合发展的作用下，世界各国的经济地位和战略格局在不断发生着变化与革新。然而，自工业革命以来，交通对于能源的大量消耗及能源使用中所带来的负面效应，使二者产生了不可调和的矛盾，城市、交通、能源、环境之间的矛盾日渐凸显。遏制气候危机，拯救地球家园是人类共同面对的最复杂挑战之一。

长远来看，能源与交通深度融合与协同发展，必将有力地推进包括生产、生活在内的人类活动保障体系趋向于低碳、智能、高效、便捷。未来的能源应用和交通方式，将在网络形态、业务功能、资源利用、共性支撑技术等方面紧密联系、协同共进。基于既有的历史发展成果和众多相关使能/赋能技术发展水平，未来的能源与交通融合发展将主要体现在以下4大方向。

(1) 交通专用能源系统。随着经济与技术的发展，交通呈现出需求总量上升、供给差异化增强的趋势。适应未来交通领域需求变化的特点，考虑新的技术形态下交通技术竞争与耦合的需求，构建有效的交通能源供应系统、交通电源网络系统、交通能源变换系统，对于保障未来交通系统的安全、可靠、稳定运行具有重要意义。

(2) 能源驱动的新型交通系统。交通是能源的主要消费领域，能源的清洁化与智能化发展需要新型交通系统作为支撑。未来，随着新能源汽车、智能道路系统、交通环境保障系统和新型轨道交通的发展，交通领域的使能方式也将向着低碳、清洁、智能、环保的方向转变。

(3) 交通引领的新能源系统。交通供给技术与能源需求特性的变化，为新能源系统的深入发展提供了重要的契机。随着城市交通系统的升级，电能占交通能源消费的比重将不断提升，这也为分布式交通供能系统、新型储能与能源变换系统及电力需求侧管理提供了新的市场空间。新型交通系统作为未来城市能源系统的重要一环，对平滑能源需求特性、消纳可再生能源、提升能源系统运行效率具有重要作用。

(4) 能源与交通的协同进化系统。能源与交通都处于重要的技术变革期，都面临着发展技术路径的选择，而能源与交通深度交叉融合的特性，要求在进行能源与交通战略规划时需要综合考虑具体的技术特点，推进二者协同发展。具体而言，需要通过在基础设施、供给模式、使用模式、市场结构及运营管理上进行有效衔接，联通能源互联网与交通物联网，构建交通能源一体化系统。

在上述背景下，开展我国能源与交通领域战略研究显得尤为必要。传统化石能源如何实现清洁高效利用，核能和可再生能源怎样促进能源结构的清洁化发展，储能和氢能通过什么方式助力能源结构的转型，智能电网采用何种模式支撑能源系统的整体转型升级，这些都是能源领域战略发展所面临的关键和棘手的问题。通过基础设施、运载工具及运营管理上的创新，促进道路交通、水路交通、轨道交通和民用航空及各种交通方式的综合协同发展，是实现交通强国战略目标的重要途径。同时，因地制宜地为交通新能源资源利用与交通负荷的全面匹配建立适用的机制和成套的解决方案关乎交通系统与能源系统的协同结构转型。在包括电子信息、工业互联网、能源互联网、人工智能、物联网、新材料等在内的新型使能/赋能技术的影响下，能源与交通领域的科技创新在面临巨大风险与挑战的同时，也蕴含着前所未有的历史机遇。

上篇　能源领域战略研究

能源既包括自然界广泛存在的化石能源、可再生能源、核能等，也包括由此转换而来的电能和氢能，以及支撑电能、氢能存储和运行的储能和智能电网。当前，世界能源格局深刻调整，应对气候变化进入新阶段，新一轮能源革命蓬勃兴起。我国经济发展步入新常态，能源消费增速趋缓，发展质量和效率的问题突出，供给侧结构性改革刻不容缓，能源转型变革任重道远。能源资源的多样性需要新的规律和方法来认识，能源科学的研究必须从基础性、前沿性、交叉性等多角度展开，以研究其规律、方法和新技术的实现途径，完成我国在能源资源开发和利用过程中科学支撑跨越式的发展，满足我国未来能源目标和经济持续性发展的需求。能源领域关系到国家的物质需求、社会经济变革及能源科学研究，具有极其重要的地位。

能源作为支撑人类持续发展的核心基础，对经济持续稳定发展和人民生活质量改善具有重要作用。能源领域为满足建设美丽中国预期目标的物质需求提供技术支持：①应对气候变化，走低碳经济之路，加大我国对化石能源清洁化、可再生能源高效化的技术研究；②推进高新技术发展，发展核能，提高我国关键基础材料和高端制造产业发展水平；③发展能源综合利用，实现节能减排，应用储能消纳可再生能源，提高能源利用率，保证系统安全稳定运行；④推动能源新技术和新模式的兴起，为行业结构性调整及社会发展提供关键技术支持。

能源领域的突破将催生社会重大经济变革。当前，能源领域处在大调整、大变革时期，能源技术、能源市场和能源地缘政治正发生重大变化：①能源技术革命快速演进；②全球能源供求格局出现重大变化；③能源地缘政治日趋复杂，能源领域的突破将催生社会重大经济变革。能源领域将拓宽科学研究的领域和视野，并为之提供有效的研究途径。能源领域承担了能源转换、有害物质减排、新能源开发及其高效利用的研究工作，涵盖热学、力学、机械工程学和化学等诸多学科，该领域的突破将有效促进各学科之间的相互交融和基础研究向技术应用的转化过程，拓宽其他学科的研究领域和视野，甚至于开创新的学科。

能源领域总体发展趋势：一是绿色环保；二是提高效率；三是储能技术。纵观全球能源技术发展动态和主要能源大国推动能源科技创新的举措，可以得到以下结论和启示：①能源技术创新进入高度活跃期，新兴能源技术正以前所未有的速度加快迭代，对世界能源格局和经济发展将产生重大而深远的影响；②绿色低碳是能源技术创新的主要方向，集中在传统化石能源清洁高效利用、新能源大规模开发利用、核能安全利用、智能电网和大规模储能及先进能源装备及关键材料等重点领域；③世界主要国家均把能源技术视为新一轮科技革命和产业革命的突破口，制定各种政策措施抢占发展制高点，增强国家竞争力和保持领先地位。

第1章 化石能源

1.1 内涵与研究范围

2018 年,世界一次能源消费量中煤炭、石油和天然气的占比分别为 27.2%、32.9%和 23.8%,即化石能源总比高达 83.9%。中国作为世界上最大的能源消费国、生产国和进口国,其能源结构随着经济增长持续放缓和经济结构的转型而发生变化,可再生能源消费比重逐渐增加,但是作为一个"多煤贫油少气"的国家,2018 年中国一次能源消费量中煤炭、石油和天然气占比分别为 59.0%、18.9%和 7.8%,化石能源总占比高达 85.7%。因此,研究化石能源清洁高效利用意义重大,其内涵是研究能量以热和功及其他更多能量形式在转化、传递中的基本规律及其利用技术。

研究范围包括以下几个方面。

(1) 煤炭清洁高效利用:包括煤发电、煤转化、污染物超低排放控制和监测、碳捕集利用和封存四个大的方面。

(2) 石油清洁高效利用:包括油品质量升级、内燃机燃烧与污染物控制、航空发动机及特种燃烧发动机相关三个大的方面。

(3) 天然气清洁高效利用:包括燃气发电、大型燃气轮机相关两个大的方面。

随着对化石能源清洁高效利用认识的不断提高,其内涵不断丰富,研究范围也在进一步扩大。

1.2 在国民经济、社会发展和学科发展中的重要意义

我国是世界最大的能源生产和消费国,也是化石能源特别是煤炭的大规模开发利用、对生态环境造成严重影响、全球温室气体排放量最大的国家。目前,我国能源资源约束日益加剧,生态环境问题突出,调整结构、提高能效和保障能源安全的压力进一步加大,科技与体制机制创新亟待加强,能源发展面临两方面重要挑战:一方面,虽然我国能源利用效率在近年来获得了极大提高,但是与发达国家先进技术相比仍然存在提升空间,随着经济的高速发展,能源消费总量持续增加,石油和天然气供需矛盾突出,对国外进口依赖越来越严重,不利于保障我国能源安全;另一方面,随着污染物控制技术的快速发展及国家一系列严格的污染物排放标准颁布,常规污染物排放得到明显的控制,但是化石燃料的清洁利用技术仍然与发达国家存在差距,环境生态问题仍然存在,其中碳排放问题尤其突出。

煤炭是能源，同时也是化工、冶金等行业的资源。中国是世界上唯一以煤为主的能源消费大国，煤炭作为中国能源消费的主体，有力支撑了中国经济社会发展的消费需求，为中国能源安全提供了重要保障。煤炭是我国长期的主导能源和重要工业原料，正在向基础能源的战略地位发生转变，煤炭利用的技术创新支撑了煤炭工业的长足发展、产量的快速增长、生产力水平的大幅提高，为经济社会健康发展做出了突出贡献，但煤炭利用效率仍然存在进一步提高的空间，污染物尤其是温室气体 CO_2 排放问题仍然没有得到根本解决。加快推动能源革命，以煤炭作为重点，深入贯彻落实能源安全新战略，构建清洁低碳、安全高效的国家能源体系，通过科技创新，进一步提高煤炭清洁高效利用水平，解决资源环境问题，势在必行。

煤炭清洁高效利用和全面实施节能是破解我国化石能源利用难题的主要途径。国务院发布的《能源发展战略行动计划（2014—2020）》明确提出能源发展要"重点实施节约优先、立足国内、绿色低碳和创新驱动四大战略"。主要任务包含"推进煤炭清洁高效开发利用"；按照安全、绿色、集约、高效"的原则，加快发展煤炭清洁开发利用技术，不断提高煤炭清洁高效开发利用水平"；"积极发展能源替代"，"稳妥实施煤制油、煤制气示范工程"；"着力实施能效提升计划"，"坚持节能优先，以工业、建筑和交通领域为重点，创新发展方式，形成节能型生产和消费模式"。国务院发布的《中国制造 2025》提出"全面推行绿色制造"的重点任务，"加大先进节能环保技术、工艺和装备的研发力度，加快制造业绿色改造升级；积极推行低碳化、循环化和集约化，提高制造业资源利用效率；强化产品全生命周期绿色管理，努力构建高效、清洁、低碳、循环的绿色制造体系"。煤炭利用必须以清洁、高效、可持续发展为核心目标，以研发和应用煤炭高效清洁利用技术为战略支点，积极推动实现煤炭清洁高效利用与社会、经济、资源、环境相协调，保障我国能源安全，支撑我国经济社会可持续发展，引领煤炭利用的世界潮流。

1.3 研究现状、存在问题及发展趋势分析

1.3.1 研究现状

抢占能源高技术领域的制高点，一直是世界工业发达国家间科技与经济实力比拼的核心区域，特别是在围绕能源开发、装备制造等交叉领域的高技术竞争，被认为是最重要的国家安全和实力因素。为此，美、欧、日等发达国家根据各自的国情纷纷制定了煤炭高效清洁利用技术研究计划，如美国的 Vision21 计划、欧盟的兆卡计划、日本的新阳光计划等。美国的煤炭高效清洁利用技术的发展致力于发展以煤炭转化为核心的能源、燃料、化学品联产，通过燃料电池发电、副产

交通燃料和化工原料，实现高效转化和近零排放的目标。欧盟发展煤炭高效清洁利用技术的主旨是减少对石油的依赖和煤炭利用造成的环境污染，使燃煤发电更加洁净，通过提高效率减少煤炭消耗。日本的煤炭利用特别追求高效率和高经济性，通过"阳光计划"、"新阳光计划"等的实施，日本在煤炭高效清洁利用技术的某些领域处于世界领先水平，如超超临界发电技术、燃煤污染物控制技术和煤转化技术等。

近年来，以 CO_2 为主的温室气体的大量排放，导致了全球变暖的环境问题日益恶化。其中，CO_2 由于其巨大的排放基数，被认为是引起全球变暖的最主要原因。随着全球变暖造成的环境问题日益恶化，实现 CO_2 减排是缓解全球变暖的关键。针对 CO_2 减排，全世界制定了一系列的方针政策。从1992年提出的《联合国气候变化框架公约》到1997年制定的具备法律约束力的《京都议定书》，再到2009年的《哥本哈根协议》及2015年12月巴黎气候变化大会通过《巴黎协定》，全球 CO_2 减排的政策逐渐趋于完善。温室 CO_2 气体的排放越来越受到关注。化石燃料燃烧是 CO_2 的主要排放源，因此国内外均在大力发展化石燃料燃烧二氧化碳捕集利用与封存技术，以达到实现 CO_2 减排目的。基于此，当前化石能源的研究现状可从煤炭高效发电、煤炭清洁转化、燃煤污染物控制和二氧化碳捕集利用与封存(carbon dioxide capture usage and storage，CCUS)几个方面进行总结。

1) 煤炭高效发电

美国是世界上发展超临界火电机组最早的国家，目前拥有9台世界上最大的超临界机组，单机容量为1300MW，正在进行新一代(760℃)的用于超超临界参数机组的锅炉材料研究计划，以开发温度和压力更高的燃煤发电机组；在整体煤气化联合循环发电系统(integrated gasification combined cycle，IGCC)发电技术上，美国 Wabash River IGCC 示范机组，净功率262MW，设计净效率40%；Tampa 电站 IGCC 机组采用 Texaco 气化炉和 GE7FA 燃气轮机，净功率为250MW，设计净效率41%；在 Pinon Pine 建成另一个 IGCC 电站采用灰融聚气化增压流化床空气气化技术，机组净出力99.7MW，机组净效率42%。在超临界循环流化床技术上，完成了460MW 超临界循环流化床锅炉机组基础上，正在开发550MW 超临界循环流化床锅炉发电技术。

欧盟发展煤炭高效清洁利用技术的主要目标是减少各种燃煤污染物及 CO_2 和其他温室气体排放，使燃煤发电更加洁净，通过提高效率减少煤炭消费。目前正在研究开发的项目有整体煤气化联合循环发电、煤与生物质及工业、城市或农业废弃物共气化(或燃烧)、固体燃料气化燃料电池联合循环、循环流化床燃烧技术等。在欧洲大约有60台超临界机组，其中具有代表性的超临界机组是 Hessler 电厂投运的700MW 机组(蒸汽参数为30MPa/580℃/600℃)及丹麦投运的两台411MW 二次再热超超临界机组(29MPa/582℃/580℃/580℃)，在海水冷却的情况下，其热效率达到47%。欧盟有两个IGCC示范项目，其中，西班牙的Puertollano 300MW IGCC示范电站是目前世界上单机容量最大的IGCC电站，净效率45%。

日本的煤炭高效清洁利用技术开发从内容上分为两部分：一是提高热效率，降低废气排放，如超超临界机组延寿技术、煤气化联合循环发电及煤气化燃料电池联合发电技术等。二是进行煤炭燃烧前后净化，包括燃前处理、燃烧过程中及燃后烟道气的脱硫脱氮、煤炭的有效利用等。日本非常注重发电机组的效率，其超超临界技术采用的是引进、仿制、创新的技术路线。截至目前，日本已有60多台超临界以上火力发电机组在运行。

目前，我国实现了超超临界燃煤发电技术的跨越式发展，整体上达到了国际先进水平。2014年底，超超临界机组总装机超过1亿kW，已成为我国新建机组的主力机组，与同等容量的亚临界机组相比，年可节约标煤2200万t，减排CO_2约5720万t；打破国外技术垄断，自主研发成功600MW等级大型空冷机组的空冷系统，开发并建成了世界首座1000MW等级超超临界空冷机组，目前，采用自主知识产权空冷系统的机组总装机达到6600万kW，满足了煤电布局要求，年节水量达11亿t；我国首台套1000MW等级二次再热超超临界机组正在调试阶段，与当今世界火力发电最高效率47%相当；在国家相关部委共同支持下，中国华能集团有限公司在天津建成了我国第一套250MW IGCC示范电站，其设计发电效率达到了41%，实现了我国在IGCC发电技术上零的突破，打破了国外在该技术上的垄断。我国循环流化床(circulating fluidized bed，CFB)锅炉技术开发与工业应用已基本成熟，完成了300MW等级燃劣质燃料机组的自主研制和产业化应用，在国家发展与改革委员会和科学技术部共同支持下，汇集了国内主要科研单位、大学和锅炉制造企业和电力生产企业，联合攻关，完成了世界最大的600MW超临界循环流化床锅炉机组开发，并在四川白马镇投入商业运行，达到了世界领先水平；"十二五"期间针对700℃超超临界发电技术开展了基础性研究，成立了700℃发电产业联盟。我国超超临界机组在发展速度、装机容量和机组数量方面均已跃居世界首位，超超临界机组发展成果对我国火电行业优化结构、全面提高燃煤发电效率、减少污染物排放有重大贡献。依托现役燃煤高效发电系统和污染物集中处理设施的技术领先优势，通过实施包括城市生活垃圾和污水处理厂、水体污泥等的固体废弃物和包括农作物及其废弃物、树木等木质纤维素、动物粪便等的生物质与煤炭掺烧发电的方式，破解秸秆田间直接焚烧、污泥和垃圾围城等难题，克服生物质资源能源化利用污染物排放水平高的缺点，增加不需要调峰调频调压等配套调节措施的优质可再生能源电力供应，促进电力行业特别是煤电的低碳清洁发展。因此，为了促进煤电转型、提高可再生能源消纳比例，2016年国家能源局提出，在"十三五"期间力推"煤电+生物质"、"煤电+污泥"、"煤电+垃圾"等煤电为主体、其他可再生能源补充的发电形式。

2) 煤炭清洁转化

煤炭清洁转化的关键技术包括煤气化、煤直接液化制油、煤间接液化制油、煤制天然气、煤制醇类化工产品、煤制烯烃、煤制芳烃等。

在煤气化领域，国际上，德国、美国、荷兰、日本等发达国家持续进行固定床、流化床、气流床等各类煤气化工业化技术的研究，对催化剂气化、超临界水气化、加氢气化、低下气化等也完成了中试和工业试验。GE(通用电气)水煤浆气化技术是最早实现工业化的气流床气化技术，也是应用最多的气化技术，采用单喷嘴激冷流程和废锅流程，实现在化工和煤气化联合循环发电中应用。Shell(壳牌)干煤粉气流床气化技术采用多喷嘴废锅流程工艺，在发电和中国的化工装置中也广泛应用，近期也开发了激冷流程的工艺在煤化工装置中示范使用。GSP气流床气化技术采用单喷嘴激冷流程工艺，在中国的煤制烯烃和煤制油工艺中应用，正在开发新的结构，以提高长周期运行的性能。Lurgi(鲁奇)气化技术采用加压气化固定床工艺，在中国和美国的煤化工和煤制天然气装置中得到应用，BGL(British Gas-Lurgi)液态排渣工艺技术也已开展工业示范，降低操作能耗和提高原料煤种适应性是持续研究的方向。

在煤液化领域，20世纪中后期，美国、日本、德国、南非等发达国家相继完成了煤直接液化、煤间接液化等煤清洁转化技术的开发与技术储备。在煤直接液化方面，美国、德国、日本相继开发出H-coal、IGOR、NEDOL等直接液化工艺技术，均已完成50~600t/d规模的中间试验和工业试验，开发了一系列工艺、催化剂、专用设备等关键技术和系统技术，具备了建设大规模液化厂的技术能力。在煤间接液化方面，南非SASOL公司于20世纪50年代和80年代共建设了3座间接液化厂，南非、法国、美国、荷兰、日本及丹麦等发达国家的一些公司和研究机构也建立了不同规模的中试装置，形成了钴基固定床、铁系流化床、铁系浆态床、钴系浆态床等系列间接液化工艺。

在煤制天然气领域，技术领先的国家主要有美国、德国、英国、丹麦等国家，其中美国大平原是目前国际上仅有的煤制天然气商业化装置，且已连续运行超过30年。煤制天然气关键是甲烷化技术，国际上主要有Topsoe(托普索)甲烷化工艺、Davy(戴维)甲烷化工艺、Lurgi(鲁奇)甲烷化工艺。美国大平原采用的Lurgi气化和BASF的甲烷化工艺。这些国家的绝热甲烷化技术也在中国大型煤制天然气工厂及焦炉气制液化天然气(liquefied natural gas，LNG)装置中应用，这些国家还在持续研究新的工艺和催化剂，并正在中国开展等温甲烷化工艺的推广。

煤制醇醚技术方面，国外已经开发了不同工艺的合成气制甲醇、乙醇、丙醇、丁醇、辛醇及醇醚燃料技术，其中，大型煤制甲醇、丁醇、辛醇在中国的大型装置中得到广泛应用。在甲醇制烯烃技术方面，国际上主要有美国UOP/Hydro公司的甲醇制低碳烯烃(methanol to olefins，MTO)技术、德国鲁奇鲁尔煤气(Lurgi-

Ruhrgas)的甲醇制丙烯(methanol to propylene，MTP)技术、Exxon 的 MTO 技术。UOP/Hydro 公司的 MTO 技术在 0.75t/d 的中试基础上，正在国外开展大规模装置的建设，在中国已经有示范装置投入运行。Lurgi 的 MTP 技术在我国中国神华宁夏煤业集团 50 万 t/a 煤制烯烃项目得到成功应用。日本日挥株式会社也建立了大型中试装置。这些公司持续研究新的催化剂和新材料，并不断提高长周期运行的性能。

20 世纪 70、80 年代，发达国家提出并相继开发了低阶煤的热解工艺，如美国的 Toscoal、COED、Coalcon 和 Schroeder 工艺，苏联的 ETch-175 粉煤快速热解工艺，德国的 Lurgi 及澳大利亚的 CSIRO 热解工艺等。以上等欧美国家在热解工艺、装备、油品加工和系统方面开展了长期的研究，并建立了加大规模的中试装置和示范厂，同时在煤种的热解特性、热解工艺适应性、产业化推广方面在开展不懈的努力，近今年和中国的合作活跃。

在煤气化领域，我国煤气化技术总体已经发展到较高的水平，目前部分新的煤气化技术尚处于研发和中试阶段。华东理工大学多喷嘴对置水煤浆气化、航天长征化学工程股份有限公司单喷嘴干煤粉气化、西北化工研究院多元料浆气化、华能清洁能源研究院两端干煤粉气化、清华大学熔渣非熔渣气化、上海交通大学二级供氧干排渣气化等不同的工艺已经大规模工业应用，规模为 1000～3000t/d。千吨级碎煤加压气化技术也已经工业应用。催化气化、加氢气化、超临界水气化建立了中试装置，并开展了不同煤种的试验，地下煤气化完成了工业试验装置的建设和运行。超大规模的气流床气化、新型催化气化等的产业化是未来努力的方向。

在直接液化方面，我国神华集团有限责任公司建立了世界上首个百万吨级的现代化煤直接液化装置，已实现了工业产周期运行，环保指标达到目前煤化工界世界最高水平。延长 50 万 t 级煤油共炼装置也进入试车阶段。国内研究机构在新的液化工艺、催化剂等方面持续研究。在煤炭间接液化方面，我国开发了多种不同的具有自主知识产权的铁基低温浆态床、高温浆态床、高温流化床费托合成核心工艺和催化剂等技术，以及钴系催化剂固定床新工艺；百万吨级低温浆态床工业装置已经处于装置调试阶段，400 万 t 级大规模高温浆态床工业装置也进入到建设后期。新型高效的催化剂新材料正在开发之中，依托传统的焦化等煤化工装置，10 万 t 以上的工业示范装置已经建成运行，多套装置正在建设之中。以生产高品质航空燃料、基础润滑油、高品质蜡为目标的研究正在进行之中。

在煤制天然气领域，核心是合成气甲烷化工艺，我国处于国外技术的引进—消化—吸收—再创新阶段，中国科学院、西南化工研究设计院、西北化工研究院、大唐国际化工技术研究院、新奥集团等已经开发了绝热式多段甲烷化新工艺和催化剂，建立了中试装置，在焦炉气制 LNG 装置得到工业应用。等温甲烷化装置也已经开始应用。耐硫甲烷化、短流程甲烷化和新一代催化剂正在研究开发之中。

在煤制甲醇、醇醚燃料、甲醇煤制烯烃、甲醇制芳烃等领域，我国总体技术已经到了较高的水平，大型合成制甲醇工艺、催化剂和反应器技术应广泛应用。建立了一部分制二甲醚、合成气制乙醇、不同工艺的甲醇制烯烃、甲醇制芳烃、合成气制乙二醇）大型中试装置。我国中国科学院大连化学物理研究所二甲醚/甲醇制低碳烯烃(dimethyl ether/methanol to olefins，DMT)技术在神华包头 60 万 t/a 煤制烯烃项目得到成功应用，第二代技术(DMTO-Ⅱ)也已开发成功，国内建立了多套工业装置；上海石油化工研究院甲醇制烯烃(SINPOEC methanol to propylene，SMTO)、清华大学流化床等技术正在进行示范。中国科学院福建物质结构研究所煤制乙二醇技术在通辽金煤 20 万 t/a 煤制乙二醇项目验证后，建设多个商业化项目并开始运行。清华大学流化床 FMTA、中国科学院山西煤炭化学研究所两段固定床甲醇转化制芳烃(methanol to ar-omatics，MTA)、北京化工大学 MTA 等煤制芳烃技术正在示范。国际上的煤转化废水处理技术主要由市政行业的废水处理技术往煤转化方面拓展而来，专门针对煤转化废水研究开发的技术很少，因此，国际上可借鉴的煤转化废水处理的成熟技术很少，废水处理技术仍需要我国自主研发。

在煤炭分级利用领域，我国总体技术已经到了较高的水平，浙江大学在煤炭分级转化多联产方面建立了中试装置，并进行了产业化推广。煤炭科学研究院北京煤化所研发了多段回转炉(multi-stage ro-tary furnace，MRF)技术，并于 20 世纪 90 年代初在内蒙古海拉尔市完成了 2 万 t/a(60t/d)规模的工业性实验，大连理工大学开发了固体热载体热解技术，并于 2010 年在陕西神木能源集团有限公司进行了 60 万/年工业示范，2009 年，中国科学院工程热物理所与陕西神木集团共同完成了 240t/d 固体热载体粉煤快速热解制油技术工业示范。中国科学院过程工程研究所提出煤拔头技术，并在 2014 年完成了 10t/d 的中试验证，同时验证了 150kg/h 的气体热载体技术，并正在进行 20 万 t/a 工业示范设计，上述煤炭分级利用技术大都进入了中试或工业示范阶段，正在处于工业推广阶段。在热解工艺的优化、反应器的改进、油品加工、热解气的综合利用、油电气热多联产等系统方面，还在继续研究。

在煤制工业燃气领域，主要采用空气或富氧空气进行常压流化床/循环流化床气化技术，目前我国总体技术已经达到了国家先进水平。比较典型的有：采用中国科学院工程热物理研究所技术的 4 万 m³/h 循环流化床气化炉先后在山东茌平和广西平果投入商业运行，广东科达洁能股份有限公司生产的 2 万 m³/h 和 1 万 m³/h 循环流化床组合式气化炉先后广西和辽宁投入商业应用，中国科学院山西煤化所 500t/d 低压流化床气化炉在 2012 年投入运行。目前，各类流化床和循环流化床气化炉已经投运超过 40 台，正在建设的有 50 台左右。

3) 燃煤污染控制

日本及欧美发达国家在燃煤大气污染防治方面处于世界最先进的行列。国际上目前主流的烟气脱硫(flue gas desulfurization，FGD)技术均采用石灰石—石膏法，副产品脱硫石膏在美国以抛弃为主，而日本、德国等则以回收为主。此外，欧盟陆续开发了其他先进脱硫工艺，如丹麦的喷雾干燥吸收(spray dryer absorber, SDA)法、芬兰的炉内喷钙及尾部增湿活化(lime stone jnjecyionin to furnace and activation of unreacted calcium，LIFAC)法、挪威的新型一体化脱硫(new integrated desulfurization，NID)法、海水脱硫工艺、奥地利的 DCFB 循环流化床工艺及加拿大 Consolv 的有机胺法等。FGD 的近期发展趋势在于：①廉价、易运转、效率适中、占地少的适合现有电厂改造的脱硫技术，如美国能源部在 2000 年以来组织开发的 LIMB 多级喷射燃烧法、ADVACATE 烟道喷射法和等离子体法等。②适合于高含硫量、高脱硫效率的新一代 FGD 技术，如双循环湿法烟气脱硫技术(德国的 FBE 公司、诺尔公司等)，有望实现小于 $50mg/m^3$ 的超低 SO_2 排放。

现有 NO_x 排放控制技术主要分为两类：低 NO_x 燃烧技术和尾部烟气脱硝技术。目前国际上主流采用两类技术的联合应用，以满足较严格的 NO_x 排放限值的要求。从低 NO_x 燃烧技术来看，日本及欧美公司是重要的技术源头，如美国的 B&W、AlstomPower(原 GE 公司)、日本三菱公司(MHI)、日立公司等。尾部烟气脱硝技术主要是选择性催化还原(selective catalytic reduction，SCR)技术，非选择性催化还原(selective non-catalytic reduction，SNCR)技术等其他技术的占有率低于 10%。脱硝技术的近期发展趋势在于：①解决 SCR 装置氨逃逸率、腐蚀和堵塞倾向；②催化剂的宽温度适应性；③催化剂的有效再生和妥善处理。

燃煤电站烟气除尘技术的应用已有很长的历史。目前，燃煤电站最常见的除尘设备主要以静电除尘器为主。一般来说，五电场静电除尘器对粒径大于 10μm 的灰颗粒可以达到 99.9%的脱除效率，对于粒径小于 10μm 的灰颗粒，其脱除效率则低很多。国内外已公开发表的结果显示对于粒径在 0.1~1μm 的灰颗粒，脱除效率在 95%~98%。国际上关于燃煤烟气细颗粒物($PM_{2.5}$)的高效控制技术主要有 4 种技术路线。

(1)提高和优化传统污染物控制设备脱除细颗粒物的捕获能力。例如，高频电除尘技术和低低温电除尘技术。

(2)发展不同控制方式的协同脱除技术。例如，美国电力研究所提出的静电和布袋串联的高效脱除技术；美国能源环境中心提出的复合式电袋协同技术；日本三菱重工发展的湿式电除尘技术等。

(3)细颗粒物的聚并、长大。针对传统颗粒物脱除装置对细颗粒脱除率低、粗颗粒脱除率高的特点，通过电学、声学和化学等聚并方法，使细颗粒物聚并促使其粒度增大，从而容易被脱除。

(4)在燃烧过程中添加吸附剂减少超细颗粒物的生成。常见的吸附剂包括硅石、矾土、高岭土、铁矾石、石灰石和氧化铝等。

燃煤电站中汞及典型有毒重金属（如 Pb、As 等）的控制国际上主要有两种方法。①利用已有常规污染物控制装置来协同脱除汞等重金属，例如用 SCR 脱硝装置将汞等重金属催化氧化，然后利用尾部的湿法脱硫装置去除，利用除尘装置将颗粒态的 Hg 或吸附在灰颗粒表面的 Hg 及重金属脱除。目前欧洲倾向于使用该策略。②增加单项汞脱除技术，主要有两种：一是在尾部烟气中喷入活性炭，通过吸附等方法脱除；二是在炉前加入氧化性物质（例如氯化钙、溴化钙等）将零价汞氧化为水溶性的二价汞，然后通过湿法脱硫塔吸收。美国国家能源技术实验室、URS 公司、美国电力研究院等有相关示范应用。

燃煤常规污染物控制技术已经具有一定的竞争优势，除尘、脱硫、脱硝技术已经进入广泛的推广应用阶段。

烟气脱硫装置、低 NO_x 燃烧系统及烟气脱硝装置已经普及，一些关键技术已经达到了国际先进水平，特别是中低挥发分煤的低 NO_x 燃烧技术达到国际领先水平。

我国燃煤电厂除尘技术目前仍以电除尘器为主，约占现役机组的 90%以上。近几年由于环保法的严格控制，新技术发展和应用较快。2005 年首个电袋复合除尘器在天津津源热电 2 号炉 50MW 机组成功投运。2010 年，我国首台低低温电除尘器在广东梅县粤嘉电厂 6 号炉 135MW 机组成功投运。2013 年 11 月，中国第一台湿式电除尘器在华电淄博热电厂 330MW 机组成功投运，随后 2014 年在广东恒运电厂 600MW 机组成功运行，各种新型电极的湿式电除尘器获得示范，大幅度提高了设备的可靠性，减少了 $PM_{2.5}$ 排放。我国环保除尘装备制造业发展成绩突出。在煤质较好（挥发分高、含硫量低）的情况下，通过现有技术的优化，实现了燃煤电厂污染物超低排放，大大拓展了燃煤发电机组的生存空间。

我国于 2011 年 9 月发布的新的《火电厂大气污染物排放标准》首次限定了汞及其化合物的排放浓度不得超过 $0.03mg/m^3$，在汞污染控制方面，我国仅依靠现有燃煤电厂广泛应用的除尘器、脱硫和脱硝设备来协同降低汞排放，汞及重金属的控制技术刚刚起步，目前尚无大型燃煤机组的应用业绩。

4) 二氧化碳捕集利用与封存

国际上对于煤炭发电产生的 CO_2 捕集埋存利用技术主要有三种方法：①燃烧后烟气吸收法（化学吸收、物理吸附、生物吸收、膜法）；②O_2/CO_2 富氧燃烧技术；③燃烧前 IGCC+CCS 技术。除了上述有望实现工业应用的 3 种技术外，膜法分离技术、离子液、化学链燃烧等新的减排技术设想也都在进行之中。

美国政府在减排温室气体方面的基本策略是：一方面，宣称减排温室气体要在保证可持续发展的前提下进行；另一方面，积极发展相关科技技术，倡导科技发展是解决全球变暖的关键因素。鉴于美国国内能源结构中煤炭丰富的特点，美国长期以来大力发展煤炭高效清洁利用技术，以应对减排的要求与压力。美国政府已为 CCS 项目拨出 24 亿美元资金，用于 CCUS 的技术开发与工程示范。目前，美国北达科他州和加拿大萨斯喀彻温 Weyburn-Midale 项目大平原合成燃料厂在将煤炭转化成合成天然气的过程中每年捕集 280 万 t CO_2，捕集的 CO_2 经管道运输至 200 英里外的加拿大，注入到废气油田，用于驱油；美国"FutureGen"计划，以 IGCC 和碳捕获与封存技术为核心，建造一座 275MW 燃煤发电和制氢的近零排放示范发电厂；美国 Alstom 建有 15MW 四角切圆富氧燃烧中试装置，并完成了多个煤种的富氧燃烧中试试验。Alstom 公司近年来一直致力于在 CO_2 捕集方面的研究和开发，主要集中在燃烧后 CO_2 捕捉技术和富氧燃烧技术。

欧盟一直是推进 CO_2 减排的主要推动力量和重要实施者。早在 2007 年，欧盟就宣布 2020 年将其温室气体排放量在 1990 年基础上减少 20%以上，到 2020 年将可再生能源占总能源消耗的比例提高到 20%。2009 年 5 月份，欧洲委员会宣布投入 14 亿美元，计划在欧洲各国兴建 13 个 CCS 示范工程，这其中，碳排放大国获益最多。按照欧盟的规划，德国将建设 2 个 CCS 示范工程，荷兰有 3 个，英国有 4 个。德国、荷兰、英国、西班牙和波兰将分别获得约 2.45 亿美元的投资，除此以外，意大利将获得 1.35 亿美元，法国将获得 6700 万美元用于 CO_2 运输基础设施建设。一些欧洲私营企业也已经跃跃欲试，希望率先建立示范工厂，以获得政府对 CCS 项目的投资。德国莱茵集团(RWE)、法国道达尔集团、雪佛龙集团、意大利国家电力公司(Enel)、英国石油公司(BP)、英荷壳牌石油公司等著名跨国企业都已经宣布了 CCS 技术研发计划，这些公司都期待在不久的将来在 CCS 技术上进入商业化运作。瑞典能源巨头瀑布能源公司(Vattenfall)，已经成为世界上第一个开始运作 CCS 的试验工厂的企业。2008 年德国 Wattenfall 和美国 Alstom 公司联合在德国 Schwarze Pump 建立了 30MW 等级的富氧燃烧半工业化示范装置，进行富氧燃烧半工业化示范研究，建立 200~300MW 等级的富氧燃烧示范装置，并计划于 2020 年前后进行商业化推广与应用。挪威 Statoil 公司开发的 Sleipner 天然气田 CO_2 封存项目运行时间最长，该气田于 1996 年投产，位于北海，建有世界上第 1 个工业级 CO_2 捕获设施，处理方法是用醇胺溶剂从天然气中吸收 CO_2 并通过回注钻孔储存于深达 1000m 海床下的含盐地层中，处理能力约为每天 2800t。

我国的 CO_2 捕获与封存技术研究起步较晚，发展相对落后，目前主要致力于一些关键性技术研究与中试示范性项目的建设。如华能北京热电有限责任公司 CO_2 捕集示范工程(3000t/a)、华能上海石洞口第二电厂 CO_2 捕集示范项目(100000t/a)、华中科技大学 35MW 煤粉富氧燃烧工业实验装置、中国科学院工程热物理研究所 1MW 循环流化床高浓度富氧燃烧中试装置等，这些项目的相继建设标志着我国低碳电力技术领域在某些关键技术上取得了重大突破。虽然我国 CO_2 捕获、利用与封存技术的整体水平与国外先进水平相比还存在一定的差距，但由于 CO_2 捕获技术成本整体较高，目前，其推广进程仍较为缓慢，我国与国外仍处在同台竞争阶段。我国在 CCUS 技术开发方面发展迅速，开展了多项工程示范，完成了 10 万 t/a CO_2 捕集、5 万 t/a CO_2 驱油与 10 万 t/a 封存技术示范。35MW 富氧燃烧中试实验、微藻固碳技术等取得了重大突破。化学链燃烧技术、CO_2 的化学利用技术等方面开展了与国际同步的研究。

1.3.2 存在问题

中国当前能源供应主要依靠以煤为主的化石能源体系长期难以改变。针对我国以煤为主的能源结构，自国家"十五"计划以来，一直将煤炭高效清洁利用技术、重点工业行业节能技术作为国家科技计划的重点方向，在高效转化、清洁发电、污染物控制、温室气体减排、工业余能回收利用、工业流程及装备节能、数据中心及公共机构节能等方面进行了持续支持，取得了一系列重要成果，支撑了我国煤炭高效清洁利用技术的创新发展，但我国煤炭高效清洁利用技术、重点工业行业节能技术仍有待进一步发展和提升水平。如煤炭转化需要进一步提高效率、减少水消耗和控制污染；新一代 700℃超超临界发电与世界先进水平有较大差距；相比火电行业，其他燃煤工业行业的环保标准及技术装备水平相对落后。以水泥窑领域为例，FGD 技术已普遍装备，400mg/m³ 的 NO_x 排放标准远远落后于火电行业。分级燃烧加 SNCR 等脱硝技术近年来在燃煤电厂中陆续进行装备。对于工业锅炉脱硫和脱硝，主要难点不是技术，原则上火电行业的脱硫脱硝技术可以移植过来，但重要的是如何解决小规模装置的经济性问题；CO_2 减排压力大、缺乏大规模低成本有效捕集、封存及利用技术；我国的能源经济整体效率仍存在较大的提升空间，与我国一样为工业出口大国的德国相比，其工业单位能源投入产生的产品销售价值是我国的 10 倍以上，我国的整体用能水平与发达国家还有差距，在工业节能与环保技术方面还有很大的提升空间。

如今，能源、资源和环境的约束已成为我国社会经济发展的最大瓶颈，亟需加大对节能技术的研发力度。我国能源效率改进的潜力和余地巨大。

1.3.3 发展趋势

针对目前化石能源研究现状及存在的问题，中国必须坚持煤炭清洁高效低碳利用与多种可再生能源并举的能源战略方针，保障国家能源利用安全。未来煤炭发展应包括煤炭高效发电、煤炭清洁转化、燃煤污染物控制和 CCUS 几个方面。其中，CCUS 技术的发展是我国化石能源利用技术由高速和高效向高质发展的关键。

在煤炭清洁燃烧方面，未来将研究开发更高参数、更低污染物排放的、燃料适应性更强的燃烧发电技术，包括超超临界燃烧发电技术、IGCC 技术和基于发电的多联产技术，目的是进一步提高运行发电效率，降低污染物排放。

在煤炭清洁转化方面，未来的发展趋势是研发高效催化剂，优化工艺流程，进一步提高煤炭向气态或液态产物转化效率；研发大型工业化装置，推动小规模试验或中试试验向规模化工业化生产转化；将煤炭清洁转化与低碳技术耦合，实现煤炭转化利用过程 CO_2 的零排放，甚至是负排放。

在污染物控制方面，将进一步推动控制难度更高的重金属污染物控制技术发展；实现低成本污染物一体化脱除；进一步推动大型超超临界机组上超净排放技术的发展。对于污染物控制技术发展相对较落后的小型工业炉，将重点解决先进污染物控制技术在小型工业炉上的经济性运行问题，实现多污染物的高效低成本脱除。同时开发先进、智能化的污染物在线检测技术也是污染物控制发展重要趋势。

在 CO_2 封存与利用方面，主要的发展趋势是研发新一代低碳燃烧技术，进一步提高低碳燃烧技术整体燃烧效率与燃烧稳定性；将低碳燃烧与其他工业技术耦合，实现低碳燃烧技术在工业上的应用；将污染物一体化脱除技术与低碳燃烧技术耦合，实现燃煤电厂真正意义上的零排放；对于 CO_2 利用技术进行研发是降低 CO_2 对外排放的关键，也是未来 CCUS 技术发展的必然趋势。

1.4 未来研究前沿与重大科学问题

基于目前化石能源利用存在的问题，未来研究前沿将围绕化石能源的高效清洁利用，推动化石能源的创新、低碳、智能、绿色发展。未来研究前沿与重大科学问题包括以下几个方面。

(1) 煤炭高效发电。研究开发更高参数、更低污染物排放的、燃料适应性更强的燃烧发电技术，包括超超临界燃烧发电技术、IGCC 技术和基于发电的多联产技术，以提高运行发电效率，降低污染物排放。解决煤与生物质耦合发电关键技术难题，为电力行业特别是煤电的低碳清洁发展提供技术支持。

(2) 煤炭清洁转化。煤的清洁转化应该重点关注煤的高价值产物清洁化和大规模化生产。如催化、加氢、超临界水气化技术优化；超大规模的气流床气化、新型催化气化的产业化研究；大规模煤直接、间接液化技术优化及高效催化剂研发；煤定向转化醇醚烯烃等清洁燃料的技术研究。

(3) 燃煤污染控制。煤的污染物控制应该包括一体化深度脱除、污染物无害化处理、高精度检测及信息化。重点分别为燃煤过程 SO_x、NO_x、颗粒物、重金属等污染物近零排放技术；燃煤污染物的资源化回收利用研究；燃煤污染物高精度在线监测技术研究；污染物排放特性大数据分析。

(4) 二氧化碳捕集利用与封存。在二氧化碳捕集上应该重点关注低成本和工业化。我国二氧化碳的利用和封存技术发展较慢，二氧化碳利用与封存也是当前国际关注热点问题。重点应关注基于液体吸收剂、固体吸附剂、膜分离、化学链富氧燃烧技术的高效、低成本二氧化碳捕集技术；二氧化碳光催化、热催化、电催化等合成高值有机产物技术；二氧化碳驱油、驱煤层气、驱水关键理论与技术；

二氧化碳矿化、海洋、深层矿井封存技术。

(5)石油高效清洁利用。基于加氢催化的重油轻化提质技术研究；基于气化的石油焦资源化利用技术；内燃机燃烧及污染物控制技术；高品质航空发动机及特种燃烧发动机研发。

1.5 化石能源在交通系统中的应用

交通系统历来是能源消耗的大户。从经济合作与发展组织(Organization for Economic Co-operation and Development，OECD)国家的发展经验来看，全球用能增长潜力最快的领域在于非 OECD 国家的交通用能领域。过去 10 年，我国交通用能整整增长了一倍，目前我国交通运输能耗占能源消耗总量的约 10%。

作为燃料使用的汽油、柴油(船用的重油)、航空煤油，是交通系统应用最多的石油化工产品。石油在我国交通能源消耗中占比高达 92%以上，交通领域原油消耗在我国原油总消耗量的比重超过 60%。据公安部统计，2019 年我国汽车保有量达 2.6 亿辆。国际能源署估计，如果没有重大的技术突破(包括新能源及节能减排)，至 2030 年，世界交通部门的能源消费将占世界能源总消费增量的 18%，则其在世界原油总需求中的比重将增至 57%。BP 公司发布的 2018 版《能源展望》显示，交通运输领域仍主导石油需求，约占全部增长的一半以上。交通运输能源需求的绝大部分增长来自非道路(主要是航空、海运和铁路)用途和卡车燃料，少量增长来自汽车和摩托车燃料。2030 年以后，石油需求增长的主要来源是非燃烧用途，特别是石化原料。尽管到 2040 年的运输量倍增，交通运输能源仅占一次能源增长量的 25%，这一进步反映了车辆燃料利用效率的提高。尽管以天然气和电力为主的替代燃料增长，但到 2040 年仍有约 85%的交通运输能源来自石油。可见，化石能源系统在交通系统中的仍占据基础能源的地位。

机动车是我国原油产品的第一大消费群体，日益庞大的汽车保有量更加重了我国石油能源短缺现状。机动车节能减排技术的发展及应用对缓解我国能源供需压力，甚至世界范围内的能源危机都将有至关重要的作用。柴油机是目前效率最高的发动机，在全世界范围内被广泛应用于交通运输、工程机械等领域，其保有量非常巨大。柴油机具有低的燃油消耗率和很高的工作效率，有效效率可达 40%以上。相较汽油机，采用直喷压燃工作方式的柴油机具有更高的能量转化率，同时具有更优异的动力性和耐久性等优点，柴油机已经成为火车和大中型客车的主要动力源，并且在乘用车领域也有一定比例的应用。国际汽车和发动机行业界普遍认为，在可预见的未来里面，柴油机仍然将会是中大型动力装置的主要动力来源之一，发动机车的主要燃料仍是石油。中华人民共和国生态环境部的调查结果表明，北京地区 31%的雾霾污染物来自机动车尾气排放，上海雾霾来源中，机动车、船、飞机等流动污染源占 29.2%。在中短期内交通系统仍将依赖石油、天然气等化石能源提供动力,而发展高效清洁内燃机是必由之路。根据环境保护部的统计结果,2014 年我国柴油车保有量仅占所有机动车量的 14.1%,而柴油车所占的 NO_x 排放分担率却高达 69.2%,颗粒物排放则达到放总量的 99%以上。大幅降低柴油车的污染物排放水平已成为机动减任务的重中之重,尤其是在当前排放法规日趋严格现实情况下。一系列的技术手段与路线,如高压共轨电控喷油技术、废气再循环尾后处理(选择性催化还原尾气后处理、柴油机颗粒捕集器)等,已经用以降低排放使其满足当前的排放法规。同时,发展清洁高效的燃烧模式可以从柴油机的缸内燃烧环节提高效率和降低排放。以均质压燃、低温燃烧为代表的一系列研究工作已经在内燃机烧学界广泛地展开。

中国除了煤炭资源特别丰富以外,石油资源相当匮乏,我国的能源禀赋特征形成了中国交通能源与交通系统的发展瓶颈——大量的石油需要进口。早在 2015 年,中国已经超过美国成为世界第一大原油进口国家。对于石油化石能源的依赖,造成了中国在国际政治上的被动性,因此,交通领域能源结构转型的空间很大,但面临的任务也很艰巨。大力推进我国交通系统的绿色能源革命,有序减少对石油化石能源的依赖,合理分配交通系统中化石能源和绿色可再生能源的比重,一方面可以减少污染,另一方面在国际政治博弈中能取得更加主动的地位。交通领域将是未来几十年能源和电力消费结构变革的重头戏,将有力带动全球能源供应向电气化、清洁化、低碳化转型。

1.6 未来发展规划

(1)我国能源结构将向多元化发展,未来化石能源消费的增量部分主要靠天然气和可再生能源提供,煤炭将向清洁化、低碳化转型,未来煤炭是在现有存量的基础上进行优化。

(2)加强基础研究,我国能源利用科学的研究水平与世界先进水平还有较大差距,个别研究方向处于并跑或领跑状态。重应用、轻基础的倾向长期存在,结合国家需求和探索自然规律的双重目的持续加强基础研究,占领更高的学术制高点,使我国大学能源学科的学术地位在国际该领域中占有重要地位。

(3)结合我国"多煤贫油少气"的实际现状,未来很长一段时间内,煤炭仍是我国最主要的一次能源,习近平总书记在 2014 年中央财经领导小组第六次会议中讲到"我国的国情以煤为主,我们对煤的注意力不要分散,要做好煤炭这篇文章,大力推进煤炭清洁高效利用"。李克强总理在 2016 年国家能源委员会中讲到"把推动煤炭清洁高效开发利用作为能源转型发展的立足点和首要任务"。因此未来实现超高参数燃煤发电计划,发展新型二氧化碳超临界发电技术,达到发电净效率>50%，开发燃煤全链条污染物近零排放技术、燃煤污染物的资源化回收技术和燃煤污染物高精度在线监测技术，是支撑我国经济增长和减少对生态环境影响的未来发展方向。

(4) 结合国家"一带一路"倡议，南亚、东南亚是项目主要集中地区，分别占中国在"一带一路"国家参与煤电项目装机总量的57.11%、22.75%，中国在这两个地区参与煤电项目的时间也最久。到2016年底，中国在"一带一路"沿线25个国家以各种方式参与的煤电项目共有240个，总装机达到251054MW。同时，南亚的印度、东南亚的印尼也是装机量排名第一、第二的国家。南亚、东南亚较为稳定的政治安全环境，快速发展的经济，与中国在发展水平上的接近及地缘上的临近是主要原因。参与煤电项目最多的前10个公司分别是：中国电力建设集团、哈尔滨电气集团有限公司、中国能源建设股份有限公司、中国东方电气集团、上海电气集团、中国机械工业集团、中国华电集团、中国化学工程股份有限公司、神华集团、国家电网。典型业绩有：①巴基斯坦胡布电站，2017年3月21日，中巴经济走廊能源优先实施项目——胡布燃煤电站开工仪式在巴基斯坦西南部俾路支省胡布地区举行。胡布超临界燃煤电站是"一带一路"枢纽——中巴经济走廊的重点合作项目，同时也是巴基斯坦最大的发电项目之一，由国家电力投资集团有限公司子公司中国电力国际有限公司和巴基斯坦胡布电力有限公司按照74%和26%的股比进行开发建设。胡布燃煤电站项目规划建设2台660MW超临界燃煤机组和辅机设备，以及一个专用煤码头。项目总投资约为19.95亿美元，采用中国银团融资。项目建成投产后每年可供应电力90亿kW·h，满足400万巴基斯坦家庭的用电需求，有效缓解巴基斯坦电力短缺局面。②印尼最大单机容量发电项目——爪哇7号燃煤发电工程，中国第一个海外百万千瓦级火电项目——神华国华印尼爪哇7号2×1050MW燃煤发电项目在印度尼西亚万丹省举行桩基工程开工仪式，该项目是印尼35000MW电站中期规划的重点工程之一，也是印尼国家电力公司面向全球公开招标的独立发电商项目。项目拟建设的2台百万千瓦燃煤蒸汽发电机组，是印尼目前单机容量最大的机组。③巴厘岛最大的火力发电厂——印尼巴厘岛燃煤电厂，2015年8月11日，由中国华电集团公司投资修建的印度尼西亚巴厘岛一期燃煤电厂项目3台机组全部投产，成功进入商业运营。该项目是巴厘岛单机容量和总装机容量最大的火力发电厂，也是华电集团投资建成的最大海外电厂项目，彻底改变了巴厘岛依赖爪哇岛供电和燃油发电的状况。巴厘岛燃煤电厂项目总投资额6.7亿美元，总装机容量3×142MW，中国华电集团下属公司华电工程作为投资方和总承包商负责建设并控股运营电厂30年。

第 2 章 可再生能源

2.1 内涵与研究范围

我国正处于快速发展时期，能源需求持续增长，能源和环境对可持续发展的约束越来越严重，发展可再生能源是顺应社会发展的必然选择。可再生能源主要是指太阳能、风能、生物质能等资源量丰富且可循环往复使用的一类能源资源。可再生能源转化利用具有涉及领域广、研究对象复杂多变、交叉学科门类多、学科集成度高等特点。工程热物理、半导体物理学科及相关分支学科的发展将为可再生能源利用技术的研究和发展提供理论基础和技术保障，而可再生能源利用的研究又不断为工程热物理、半导体物理学科提出新的研究方向和发展目标，促进这些学科的发展。以太阳能为核心的可再生能源的开发利用已成为我国能源工业发展的重要战略目标，必须高度重视太阳能等可再生能源利用技术的基础研究。

1. 太阳能

太阳能是太阳内部连续不断的核聚变反应过程产生的能量。尽管太阳辐射到地球大气层的能量仅为其总辐射能量(约为 $3.75\times1026W$) 的 22 亿分之一，但已高达 173000TW，太阳每秒钟照射到地球上的能量就相当于 500 万 t 标准煤。太阳能资源总量大，分布广泛，使用清洁，不存在资源枯竭问题。进入 21 世纪以来，太阳能利用有令人振奋的新进展，太阳能热水器、太阳能电池等产品年产量一直保持 30%以上的增长速率，被称为"世界增长最快的能源"。

太阳能转换利用主要指利用太阳辐射实现采暖、采光、热水供应、发电、水质净化及空调制冷等能量转换过程，满足人们生活、工业应用及国防科技需求的专门研究领域，主要包括太阳能光热转换、光电转换和光化学转换等。

太阳能光热利用指将太阳能转换为热能加以利用，如供应热水、热力发电、驱动动力装置、驱动制冷循环、海水淡化、采暖和强化自然通风、半导体温差发电等，包括太阳光的收集、聚集与转换、热量的吸收与传递、热量储存与交换、热—功(热—电)转换等物理过程。光热利用涉及理论基础包括工程热物理的几乎所有分支学科及半导体物理学，关系最密切的是工程热力学、传热传质学、热物性学和流体力学；要构成有实用价值的太阳能利用系统，还需要进行热力系统动态学研究。

光电利用是基于光伏效应，利用光伏材料构筑太阳电池，通过太阳电池将太阳光的能量直接转换为电能。光伏效应是指当物体受光照时，物体内的电荷分布状态发生变化而产生电动势和电流的一种效应，如图 2-1 所示。当太阳光或其他光照射到半导体 PN 结上时，就会在 PN 结的两边出现电压(即光生电压)，如果外接负载回路，就会在回路中产生电流。光电利用的基本范畴包括：与光吸收、光转换、载流子输运及载流子取出等相关的基本物理过程；基于这些物理过程的光伏材料与太阳电池构筑和性能优化；材料和器件的制备及表征技术；光伏发电系统；以及以提高光伏发电系统可靠性和经济性为目标的统筹规划、设计集成、运行控制及安全保护等。光电利用涉及与物理、化学、光学、电学、机械、热学等多学科相关的很多基本科学问题。

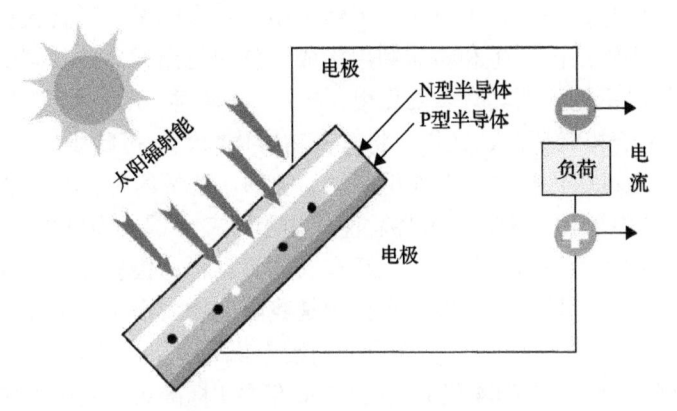

图 2-1 太阳能光伏发电示意图

光化学利用则包括植物光合作用、太阳能光解水制氢、热解水制氢及天然气重整等转换过程。

太阳能转换利用与物理、化学、光学、电学、机械、材料科学、建筑科学、生物科学、控制理论、数学规划理论、气象学等学科有着密切联系，是综合性强、学科交叉特色鲜明的研究领域，需要着重研究与各种太阳能转换利用过程相关的能量利用系统动态特性及与能量转换过程有关的热物理、半导体物理问题等。太阳能资源开发利用的关键是解决高效收集和转化过程中涉及的能量利用系统形式、能量蓄存和调节、材料研究和选择等问题。

2. 风能

风能利用主要以风力发电为主，即通过风力机捕获风能并将其转换成电能后并网传输供电力需求用户使用。风能利用的最大难题是风速和风向的随机性和不连续性，即风速、风向会随着时间和地点变化，难以保证风力发电机组功率稳定输出。风能利用的研究大体可分为：大气边界层中风特性的研究；风力机理论、新型叶片外形与材料及风力发电系统新型控制方法；风能利用的方式及多能互补综合利用系统的研究。现代风力机系统包括自然风、叶片、机械系统、控制系统和电力系统等相互作用的子系统，涉及工程热物理与能源利用、空气动力学、结构力学、大气物理学、机械学、电力系统学、电力电子学、材料科学、电机学及自动化学等学科。

3. 生物质能

所有含有内在化学能的非化石有机物质都称为生物质，包括各类植物和诸如城市生活垃圾、城市下水道淤泥、动物排泄物、林业和农业废弃物及某些类型的工业有机废弃物。从广义上讲，生物质能是直接或间接来源于太阳能，并以有机物形式存储的能量，是一种可再生、天然可用、富含能量、可替代化石燃料的含碳资源。由于生物质的产生和转化利用构成了碳的封闭循环，其碳中性的特点将对减缓全球气候变化问题具有重要作用。此外，生物质还有污染物质少(含硫、含氮量较小)，燃烧相对清洁、廉价，将有机物转化为燃料可减少环境污染等优点。

地球每年通过绿色植物光合作用产生的生物质总量约为 1400 亿～1800 亿 t (干重)，含有的能量相当于目前世界总能耗的 10 倍。中国作为世界上最大农业国，拥有丰富的生物质能资源，其主要来源有农林废弃物、粮食加工废弃物、木材加工废弃物和城市生活垃圾等。农林废弃物是我国生物质资源的主体，我国每年产生大约 6.5 亿 t 农业秸秆，加上薪柴及林业废弃物等，折合能量 4.6 亿 t 标准煤，预计到 2050 年将增加到 9.04 亿 t，相当于 6 亿多 t 标准煤。我国每年的森林耗材达到 2.1 亿 m^3，折合 1.2 亿 t 标准煤的能量。另外，全国城市生活垃圾年产量已超过 1.5 亿 t，到 2020 年年产生量将达 2.1 亿 t，如果将这些垃圾焚烧发电或填埋气发电，可产生相当于 500 万 t 标准煤的能源，还能有效地减轻环境污染。

作为一种传统能源，生物质能源在人类发展历史上占有重要地位。目前，从全球角度看，生物质能源依然占可再生能源消费总量的 35%以上，占一次能源消耗的 15%左右，但是主要还是通过传统的低效燃烧模式利用，如果能全面利用现代的先进高效生物质能转化利用技术，就可以大大提升生物质能在可再生能源及一次能源中所占份额和地位。鉴于生物质巨大的资源潜力及大多数生物质资源客观上属于未能被完全开发利用的废弃物，可以预计，短期内生物质能源最有可能成为率先实现大规模利用的新能源品种。

生物质转化成有用的能量有多种不同的途径或方式，当前主要采用两种主要的技术：热化学技术和生物化学技术，如图 2-2 所示。此外机械提取(包括酯化)也是从生物质中获得能量的一种形式。常见的热化学技术包括 3 种方式：燃烧、气化和液化。常见的生物化学技术包括乙醇发酵、沼气发酵和微生物制氢等技术。通过以上方式，生物质能被转化成热能或动力、燃料和化学物质。

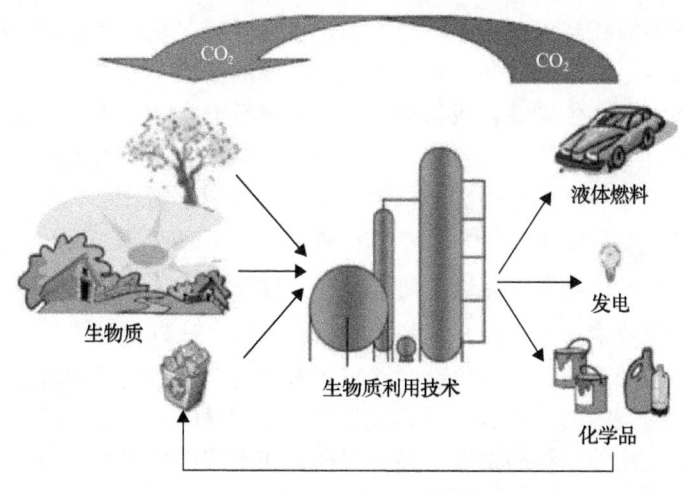

图 2-2 生物质利用过程碳循环

生物质能利用的研究范围主要包括：作为一次能源的高效清洁燃烧技术、转换为二次能源的生物质热解液化和气化技术、生物质催化液化和超临界液化技术、微生物转化技术及生物质燃料改良技术等。上述技术涉及工程热物理与能源利用、化学工程及工业化学、微生物学、植物学、电工科学、信息科学等多个学科领域及广泛而深入的学科间交叉，很多重要技术转化途径涉及的基础问题尚未得到充分理解和认识，有待从技术的科学内涵层面进行研究和探索。

2.2 在国民经济、社会发展和学科发展中的重要意义

1) 可再生能源发展可以带动新兴产业兴起

根据国际可再生能源组织统计，截至 2018 年底，可再生能源行业在全球范围内创造的就业岗位累计超过 1100 万个，较前一年增加 6.8%。随着可再生能源技术的不断进步和成本的不断降低，可再生能源在市场的竞争力势必进一步增大，可见，可再生能源产业对促进经济增长和创造就业具有重要贡献潜力。我国《国民经济和社会发展第十三个五年规划纲要》将新一代光伏技术、大功率高效风电、生物质能等可再生能源产业作为抢占未来竞争制高点的战略性新兴产业，作为优先发展的方向。

2) 可再生能源发展对优化我国能源结构具有决定性作用

构建清洁低碳、安全高效的现代能源体系，优化能源结构，形成化石能源、核能和可再生能源多轮驱动的能源供应体系，是落实习近平总书记能源安全新战略"四个革命、一个合作"的重要环节和根本要求，也是我国经济社会转型发展的迫切需要。根据我国《能源发展"十三五"规划》，到 2020 年，我国非化石能

源消费比重需要提高到15%以上。为了实现上述目标,我们就要持续推进可再生能源规模化发展,做好规模、布局、通道和市场的衔接,稳步发展风电、太阳能等可再生能源。可再生能源将成为构建未来构建智能电网的重要组成部分。利用太阳能、风能、生物质能等可再生能源可以为公共安全、电力供应、工业加热、建筑节能和规模化热水供应等发挥积极作用。随着规模化开发利用可再生能源步伐的加快和利用技术的成熟,可再生能源在我国能源结构中的比重必将进一步提高。

3) 可再生能源发展可以促进不同学科交叉融合

可再生能源技术涉及工程热物理、机械、材料、计算机等工程学科和物理、化学、生物等基础学科,可再生能源研究具有高度多学科交叉的特点。一方面,可再生能源利用技术的发展必将为相关学科领域的发展不断提出新的基础科学问题,并大力促进相关学科的发展。另一方面,在不同学科交叉过程中,还可能形成新的学科和研究方向。

2.3 研究现状、存在问题及发展趋势分析

2.3.1 研究现状

当前,世界能源格局和供求关系发生了深刻的变化,世界主要国家均加快向绿色、多元、高效的可持续能源系统转型。目前,90%以上的联合国气候变化《巴黎协定》签约国都设定了可再生能源发展目标。例如,丹麦计划到2050年实现常规能源到可再生能源的全面替代,届时可再生能源将满足电力、供热、工业和交通运输等全面能源需求;德国计划到2050年可再生能源占到一次能源需求总量的60%;美国计划到2050年可再生能源占电力总量的80%。

我国为了建立清洁低碳的现代能源体系,并实现2020年和2030年非化石能源分别占一次能源消费比重15%和20%的目标,目前正在实施"四个革命、一个合作"的能源发展战略。在此背景下,我国的可再生能源产业近年来得以快速发展,科技创新能力及产业技术水平均实现了跨越式提升。2019年,中国可再生能源发电累计并网装机容量为7.94亿kW,占全部发电装机容量的39.5%;可再生能源年发电量达到2.04万亿kW·h,占全部发电量的27.9%。

尽管如此,我国的可再生能源仍然存在着巨大的进一步发展潜力。据统计,我国的太阳能资源十分丰富,年开发潜力超过85万亿kW·h,远超2019年我国发电量7.14万亿kW·h。我国的风能资源也十分丰富,在世界上仅次于俄罗斯和美国,居第三位。根据中国气象局对中国陆地10m高度层风能资源的理论值统计,我国10m高度陆地和海上风能资源技术可开发总量为10亿kW,以我国风电年平均利用小时数2000h计算,相当于我国2019年发电量的28%,因此,风能也具有非常大的利用空间。生物质是全球继石油、煤炭、天然气之后的第四大能源,据

统计，全球每年经光合作用产生的生物质有 1700 亿 t，其能量相当于世界主要燃料贡献的 10 倍，而作为能源的利用量不到总量的 1%。我国是农业大国，生物质资源量十分可观。目前，全国可作为能源利用生物质资源总量每年约 4.6 亿 t 标准煤，而我国 2019 年能源消费总量为 48.6 亿 t 标准煤。可见，生物质能在我国也具有相当大的发展潜力。

具体来说，太阳能、风能和生物质能 3 种主要可再生能源在国内外的发展现状如下。

1. 太阳能方面

近年来全球太阳能开发利用规模持续扩大，技术不断进步，成本显著降低，呈现出良好的发展前景。目前，光伏发电全面进入规模化发展阶段，2019 年，全球光伏市场新增装机容量达到 115GW，累计光伏容量达到 595GW，光伏发电在欧洲、日本、澳大利亚等多个国家和地区的商业和居民用电领域已实现平价上网；太阳能热发电产业开始加速发展，一大批商业化太阳能热发电工程已建成或正在建设，据统计，2019 年全球光热发电建成装机容量为 6451MW；太阳能热利用不断拓展应用领域，在生活热水、供暖制冷和工农业生产中逐步应用。

近年来，我国在太阳能利用领域也取得了显著进展。光伏发电规模快速扩大，市场应用逐步多元化。2019 年，我国新增光伏装机量 30.1GW，累计装机量达到 204.3GW，均居全球首位。光伏制造产业化水平不断提高，国际竞争力继续巩固和增强。2019 年，我国多晶硅产量为 34.4 万 t，约占全球市场份额的 66.3%；光伏组件产量为 98.6GW，约占全球市场份额的 82.2%。光伏发电与农业、养殖业、生态治理等各种产业融合发展模式不断创新，已进入多元化、规模化发展的新阶段。在太阳能热发电方面，我国太阳能热发电技术和装备实现较大突破，首座商业化运营的 1 万 kW 塔式太阳能热发电机组于 2013 年投运。我国太阳能热发电产业链已初步形成，具备了一定的产业化能力。在太阳能热利用方面，截至 2019 年底，我国太阳能集热面积保有量超过 4.82 亿 m^3，年生产能力和应用规模均居世界首位。太阳能供热、制冷及工农业等领域应用技术取得突破，应用范围由生活热水向多元化生产领域扩展。

2. 风能方面

风电作为应用最广泛和发展最快的新能源发电技术，已在全球范围内实现大规模开发应用。2019 年，全球风电累计装机容量达 65.2 万 MW，海上累计安装 3.1 万 MW。随着全球范围内风电开发利用技术不断进步及应用规模持续扩大，风电开发利用成本显著降低，巴西、南非、埃及等国家的风电招标电价已低于当地传统化石能源上网电价，美国风电长期协议价格已下降到化石能源电价同等水平。

近年来，我国风电装机规模快速增长，开发布局不断优化，技术水平显著提升，风电已经从补充能源进入到替代能源的发展阶段。到 2019 年底，全国风电并网装机达到 2.1 亿 kW，占全国发电装机容量的 10.4%；年发电量 4057 亿 kW·h，占全国总发电量的 5.5%。风电已成为我国继煤电、水电之后的第三大电源。风电全产业链已基本实现国产化，风电设备的技术水平和可靠性不断提高，基本达到世界先进水平。风电机组对高海拔、低温、冰冻等特殊环境的适应性和并网友好性显著提升，低风速风电开发的技术经济性明显增强，全国风电技术可开发资源量大幅增加。

3. 生物质能方面

国外生物质能源化利用技术主要包括发电、成型燃料、液体燃料和生物质燃气等，其中，生物质发电是目前世界上总体技术最成熟、发展规模最大的现代生物质能利用技术。2019 年，全球生物质发电累计装机约为 1.3 亿 kW，生物质能发电量近 5810 亿 kW·h，份额占总发电量的 2%。在生物质成型燃料方面，欧美地区生物质成型设备已实现标准化、系列化开发，各项技术均已成熟，形成了从原料收集、储藏、预处理到成型燃料生产和应用的完整产业链条。生物质液体燃料方面，实现商业化应用的主要是非粮乙醇与生物柴油。2019 年，全球生物柴油产量约为 4500 万 t，燃料乙醇产量约为 1000 亿 L。生物质燃气方面，国外的生物燃气应用主要为热电联产或净化提纯制备管道和车用天然气。目前，欧洲是沼气技术最成熟的地区。2019 年，全球沼气产量超过 600 亿 m^3，其中德国沼气年产量超过 200 亿 m^3。

我国生物质资源丰富，能源化利用潜力大。截至 2019 年，我国生物质发电总装机容量约 2200 万 kW，年发电量近 1000 亿 kW·h，生物质发电技术基本成熟。截至 2019 年，生物质成型燃料年利用量超过 1500 万 t，主要用于城镇供暖和工业供热等领域。截至 2019 年，我国燃料乙醇年产量超过 300 万 t，生物柴油年产量约 100 万 t。我国生物柴油目前处于产业发展初期，纤维素燃料乙醇加快示范，我国自主研发的生物航煤成功应用于商业化载客飞行示范。

2.3.2 存在问题

1. 太阳能利用方面

我国光伏产业高端产能尚无法满足国内市场需求，关键工艺技术与国外领先水平相比仍存在差距。例如，我国在多晶硅的提纯技术方面与国际先进水平相比仍有较大差距，导致国产硅料性能不如进口多晶硅料性能稳定，据中国光伏行业协会数据显示，N 型单晶的少子寿命规格为大于 1000μs，国产多晶硅料在此规格要求下的不合格率为15%～20%，而国外进口多晶硅料的不合格率为0.5%～0.9%。此外，与国外领先水平相比，我国大型光伏电站全流程优化技术及装备存在较大问题，主要表现为系统设计粗放、设备配置不合理、运维水平偏低、关键设备可靠性不高，从而造成较大的固有发电量损失和系统损耗。在太阳能热发电方面，我国太阳能热发电尚未大规模应用，在设计、施工、运维等环节缺乏经验，在核心部件和装置方面自主技术能力不强，产业链有待进一步完善；同时，太阳能热发电成本相比其他可再生能源偏高，面临加快提升技术水平和降低成本的较大压力。在太阳能热利用方面，我国太阳能热利用市场增长放缓，传统的太阳能热水应用发展进入瓶颈期，缺乏新的潜力大的市场领域。太阳能热利用产业在太阳能供暖、工业供热等多元化应用总量较小，相应产品研发、系统设计和集成方面的技术能力较弱，而且在新应用领域的相关标准、检测、认证等产业服务体系尚需完善。

2. 风能利用方面

我国尚未完全掌握风电机组的核心设计及制造技术。首先，在设计技术方面，我国不仅每年需支付大量的专利、生产许可及技术咨询费用，在一些具有自主研发能力的风电企业中，其设计所需的应用软件、数据库和源代码都需要从国外购买。在风机制造方面，风机控制系统、逆变系统需要大量进口，同时，一些核心零部件如轴承、叶片和齿轮箱等与国外同类产品相比其质量、寿命及可靠性尚有很大差距。其次，我国风电发展规划与电网规划不相协调，上网容量远小于装机容量。风电发展侧重于资源规划，风电场的建设往往没有考虑当地电网的消纳能力，从而造成装机容量大，并网发电少的现状，送电难已经成为制约风电发展的瓶颈。最后，我国风电的技术标准和规范不健全，包括风机制造、检测、调试、关键零部件生产及电场入网等相关标准亟需建立和完善。

3. 生物质能利用方面

我国生物质能在整体技术水平与产业规模等方面与发达国家相比存在一定差距，主要体现在资源开发利用率较低、系统转化率不高、产品经济性较差、关键装备及其产业化水平落后、产业规模和占比较小。具体而言，在生物质发电方面，我国缺乏先进燃烧技术优化设计软件，发电效率较低；在生物质燃气方面，沼气工程装备及净化提纯装备制造水平比国外明显偏低，设备及系统自动化水平较低，运行可靠性较差，容积产气率较低，高效发酵菌种和酶产品有待提升；生物质热解气化方面，焦油低成本清洁化脱除技术不成熟，针对多种原料的气化设备连续运行稳定性差；在生物质液体燃料方面，部分技术瓶颈问题未能解决，科研成果转化率低，相关技术仍处于研发和工程示范阶段。

2.3.3 发展趋势

1. 太阳能利用方面

目前，集中式光伏系统从单站大型化向着超大规模电站集群发展，分布式光伏系统则从住宅屋顶向规模化、多样化应用发展，因此，亟需在适合超大规模光伏发电基地的新型系统形态及装备、考虑复杂地形和微观气候的精细化系统设计、智能化运维等关键技术和针对不同气候地域、不同应用特点的光伏系统及部件制造技术方面取得突破。

2. 风能利用方面

陆上风电场向规模化及应用环境多元化方向发展，在丘陵、山区等复杂地形和低温、低风速、高海拔等特殊环境的应用将越来越多；海上风电开发利用也已经成为我国风能产业发展的重要方向。因此，风电机组大型化和定制化设计、风能资源精细化评估与风电场布局优化设计是未来风电产业发展面临的主要挑战。

3. 生物质能利用方面

生物质能逐步向高值化开发和多元化利用方向发展，其中生物液体燃料向生物基化工产业延伸，技术重点向利用非粮生物质资源的多元化生物炼制方向发展，形成了燃料乙醇、混合醇、生物柴油等丰富的能源衍生替代产品。因此，开发新型高效清洁生物质转化和利用技术是未来生物质能发展面临的主要挑战。

总体来讲，由于时间间歇性和地域分散性，可再生能源作为海岛、军事和偏远地区等极端条件下的应用能源具有广阔的发展前景，发展太阳能光伏光热综合利用、可再生能源多能互补冷热电联产、微型可再生能源系统和可再生能源与微型燃气轮机复合系统等可再生能源分布式利用技术和分布式综合能源利用技术，可以充分发挥可再生能源特点，实现能源梯级利用，是未来发展的重要方向。

2.4 未来研究前沿与重大科学问题

由于可再生能源具有间歇性和不稳定性，目前可再生能源利用存在的最大问题是并网消纳困难，为了解决这一难题，需要重点开发分布式可再生能源利用技术和针对不同形式可再生能源的储能技术，并在此基础上发展"互联网+可再生能源"技术，通过可再生能源产业在线化和数据化，利用互联网技术将分布式可再生能源转化为能源共享网络，从而实现分布式可再生能源转化利用网络的形成和优化。

1. 太阳能利用方面

研究前沿包括：①真空管和平板集热器件的设计优化、空气集热器的热分析和性能提升，中高温集热器件的热效率与集热温度特性，以及太阳能集热器件阵列化和规模化带来的流体热输配优化问题。在此基础上，研究多种形式的太阳能空调制冷系统与集热器件的匹配特性及太阳能空调系统的运行优化与动态特性，研究太阳能海水淡化系统中的传递过程强化，研究太阳能热利用与建筑节能的耦合特性，研究太阳能热贮存问题，进而实现太阳能热利用的热经济性，为产业大规模应用提供指导依据。②太阳能热发电领域重点解决高温太阳能集热器与热机的匹配耦合问题、可靠性问题和热机循环工质，高温蓄能材料合成、稳定性与传热传质特性，不同气候条件下系统性能优化、动态特性研究等；太阳能"光—热—功"转换过程传递、转化及系统运行规律，基于系统运行特征的聚光材料、吸热材料与工质、蓄热材料及发电工质等材料设计与制备。③太阳能光伏发电材料、器件、系统特性及其运行优化，主要包括光伏转换物理机制、光伏材料开发与性能改善、光伏器件结构设计、光伏材料和器件的制备与表征技术，以及高穿透光伏发电影响电网稳定性的机理、大规模并网光伏发电系统的规划设计理论与方法、大型光伏电站与电网协调配合的机理问题、水/光互补微电网稳定性机理与稳定控制问题、新型光伏电力电子变换设备和控制策略、大规模光伏电站对局部地区生态、环境与气候的影响。

2. 风能方面

研究前沿主要包括：①风资源评估研究，采用先进的风场模拟方法对中国复杂山地地形进行风场模拟研究，并在此基础上，研究风速、风向、表面粗糙度等对复杂地形不同高度与不同地理位置处风能分布产生的影响，开展风场中风机具体安装位置风气候特点与备选机型容量最优匹配研究。②风电机组研究。需要开加强适合中国风场气候特点的风机叶片翼型优化设计、新型复合材料和疲劳损伤关键问题的研究，并进行大型风力发电机系统优化、大型风电机组关键控制技术及其稳定性问题和新型风力发电机组的研究。③风电并网研究。研究大规模风电场对电力系统电压稳定性和电能质量的影响；研究大型风电场并网运行后对电力系统的影响。④近海风电关键技术研究。研究风、浪、海流联合作用下风电机组运行可靠性、易维护性和防腐蚀性等，以减少故障率、提高可利用率、降低运行成本。同时，也需开展研究近海风电机组系统优化及加工新材料和新工艺，研究水动力载荷和空气动力载荷联合作用下的复杂海上环境风电机组设计中的支撑结构优化，研究大型近海风电场集中与远程监控技术和海上风力发电远程集中输电技术等。

3. 生物质能方面

研究前沿主要包括：①生物质液体燃料清洁制备与低成本分离技术装备。将生物质清洁高效地转化为可替代车用燃油的液体燃料，同时联产高附加值化学品，实现生物质的全组分高效利用为生物质生产车用替代燃油开辟一条新途径，也是生物质高效综合利用的重要途径。该技术的解决必将大幅度提升我国生物质液体燃料炼制技术水平和经济性，为生物质能源这一新兴战略产业发展提供可靠的技术保障。②生物质燃气高效制备与高值利用技术。生物质清洁制备生物质燃气，进而提质提纯后制备的生物天然气与天然气达到相同的品质，可有效缓解对天然气的需求，实现天然气的大规模替代，是生物质能源实现向产业化商业化迈进的重要途径。该技术的突破对于改变我国能源结构，尤其是对气体能源的需求具有重要意义。③生物质成型及燃烧供热发电技术。大规模发展生物质燃烧供热，可有效解决我国北方冬季清洁供暖问题；生物质混烧发电是一种综合利用生物质能降低污染排放的新型燃烧方式，生物质与煤混合燃烧发电既解决了常规能源的不可再生及短缺问题，又克服了生物质资源季节性变化导致电厂运行不稳定的难题。生物质混燃发电中生物质燃烧量计量监测和监控技术是研究的重点。

我国可再生能源产业规模和制造能力处于世界先进水平，但是相关基础理论和瓶颈问题亟需突破。重大科学问题主要包括以下几方面。

(1) 谱吸收高效光电转化机制和新型光伏材料与器件设计理论。针对晶体硅和薄膜电池的核心技术机理进行研究，研究适于宽谱吸收的新型光伏材料体系及其制备技术，为设计新型太阳电池结构和提升电池效率提供理论指导，掌握基于晶硅电池的新型高效低成本叠层电池的优化结构设计和制备技术。

(2) 超临界太阳能热发电集热储热技术研究。太阳能热发电的核心是提高光到电的转换效率，从而降低成本。从热力学角度看，效率提高需要提高循环温度和循环模式。吸热器介质温度超过 700℃的超临界太阳能热发电技术带来了在太阳能非稳定条件下高焦比聚光器、高温吸热器、高温储热及光热耦合调控等 4 方面研究内容。

(3) 面向大型风电机组和风电场设计的复杂地形/台风条件下湍流风特性及其数值计算方法。近地面 300m 高度内复杂地形风特性参数及其测量、分析方法；典型复杂地形条件下风特性参数的时空变化特征、形成机理及风特性分类分级指标体系；适用于复杂地形风电场非定常、各向异性湍流风场数值模拟的多尺度耦合数值模拟方法，台风影响下的风特性参数多尺度耦合数值模式。

(4) 基于大数据的复杂地形风电场设计优化和运维关键技术。我国丘陵和山地等复杂地形，低风速、高海拔、低温等特殊环境下风电场设计优化方法；基于设备运行数据、气象数据、电网数据、维护数据、故障数据等大数据的知识挖掘与智能控制技术；风电机组及场群智能协同控制技术；用于风电场智能运维风电机组故障诊断与预警的人工智能技术。

(5) 纤维素类生物质热化学、化学、生物催化转化机理及调控机制。生物质热化学、化学、生物催化转化液体燃料反应动力学理论的掌握决定着反应速率和生产效率，其机理和调控机制是生物质高效转化的有效手段。通过突破相关理论技术瓶颈，解决生物质热化学、化学、生物催化转化的关键原理，才能进一步解决关键技术、工艺及装备等问题，为生物质能源大规模产业应用提供技术支撑。

(6) 可再生能源开发利用的综合效应分析与评估。阐明不同气候环境条件/不同应用形式下大规模开发利用可再生能源对生态和气候环境的影响规律和机理，预估未来大面积开发对局地和区域气候环境的影响，为大规模可再生能源开发布局提供气候环境效应评价和战略前瞻，掌握符合我国资源利用及行业发展特征的可再生能源行业全生命周期评价技术，系统性定量评估可再生能源行业发展对社会、环境和经济的影响。

2.5 可再生能源在交通系统中的应用

随着全球石油能源紧缺和交通环境污染日益严重，开发利用可再生能源已成为交通行业迫切的需求。中国作为一个新兴的发展中国家，近年来城市化的进程正在提速，汽车业得到了迅猛发展。据预测，2020年我国机动车的燃油需求将达3.5亿t，占当年全国石油总需求的57%。与此同时，发达国家和近年国内环境监测数据表明，城市大气中的主要污染物如一氧化碳、二氧化碳、一氧化氮、细小颗粒物、挥发性有机复合物等的排放量中，交通运输所占的比重仅次于工业。由此可见，加大可再生能源在交通设施和工具上的应用，是推进我国交通绿色化和低碳化发展的必由之路，也是促进我国可再生能源分布式发展和多元化利用的必然选择。

目前，可再生能源中太阳能在交通领域的应用最为成熟，主要包括太阳能汽车和太阳能光伏发电在交通安全、线路供电、监控等系统中的应用。1973年世界性石油危机之后，日本、德国、美国、法国等一批国家纷纷研制并推出替代石油作为燃料的太阳能汽车。我国太阳能燃料电池的研究始于1958年，原电子工业部电源研究所开展了熔融碳酸盐型太阳能燃料电池的研究。标志太阳能汽车技术水平的是光电能的转换效率，通常，硅太阳能电池可以将10%~15%的太阳能转变成电能。2007年美国已研制成功光电转换率达35%的高性能太阳能电池，这是目前国际上光电能转换率的最高水平。据估计，如果用太阳能汽车取代燃油汽车，每辆汽车的二氧化碳排放量可减少43%~54%。目前，太阳能汽车连续驾驶里程已超200km，基本满足日常生活中人们对汽车交通的要求。太阳能光伏发电在我国大型交通枢纽中已得到普遍应用，如上海虹桥枢纽光伏发电装机容量达6.57MW、杭州东站枢纽光伏发电装机容量达10MW、南京南站枢纽光伏发电装机容量达10.67MW等。此外，太阳能交通信号灯、太阳能交通警示标志、太阳能公交站台、太阳能突起路标在我国也已经有成熟应用案例。例如，在河北省保定市的交通管理中，已成功采用了太阳能交通信号灯，它不需要架杆、埋线，不用外接电源，灯柱顶端的太阳能电池板，充一次电就可以连续工作10天。一盏灯一年能省电约1000kW·h。太阳能黄闪灯具有结构小巧、安装方便、环境适应性强的特点，通过与警告、禁令标志组合应用，能起到较好的交叉口提示和危险地段预警的作用。2005年，江苏省徐州市在全国率先使用了一种新型的太阳能公交站台，这种站台顶部装着4个像小房子一样的太阳能硅板，通过硅板吸收太阳能，转化到蓄电池里，晚上站台顶部就能发光照明，充一次电可以连续使用7天，遇到阴雨天气也能正常使用。

目前，风能系统在船舶上的应用研究较多。丹麦、德国、美国、日本、澳大利亚等国对风能作为船舶推进能源在船舶上的应用都作了研究和实船尝试。日本对在大型远洋船上应用风能发电系统的可能性展开了多项比较深入的研究和评价工作，已取得较大成功。2004年，日本已有14艘以风做辅助动力的船只在海上航行，它们的耗油量仅为普通机动船的75%。我国在风能驱动船只方面也开展了大量研究，并已实现商业化推广应用。如上海龙泰节能工程有限公司自主研发制造了龙泰牌5-2000kW系列风力发电机应用系统，其在中国长航集团上海宝江实业"长轮29004囤船"上首次运行并取得圆满成功。此外，我国内河运河内许多驳船也都改装为风力发电驱动。每条驳船一个航次需充电2次，在正常情况下，航行途中给电瓶充电后，还能基本满足船舶装卸时的用电需求。

在可再生能源中，生物质能是唯一可再生的碳源，并能转化为液态和气态燃料，因此，生物质能主要以清洁燃料的形式应用于交通工具。目前，实现商业化应用的生物质燃料主要为燃料乙醇。世界上使用乙醇汽油的国家主要是美国和巴西。巴西是最早大规模使用乙醇替代燃料的国家，目前巴西年产乙醇超过1000万t，97%用于燃料，其汽车燃料主要包括纯乙醇(含水乙醇)、乙醇汽油(22%乙醇+78%汽油)、MGE燃料(60%乙醇+33%甲醇+7%汽油)和柴油，其中与汽油混合常用20%~25%乙醇和汽油混合。在美国，乙醇占市场分额的1.5%。美国主要使用的是E85乙醇汽油，即85%的乙醇与15%的汽油混合作为燃料，这种E85汽油的价格和性能与常规汽油相似。我国在《可再生能源发展"十三五"规划》中提出，到2020年我国的燃料乙醇和生物柴油利用规模分别要达到400万t和200万t。为了走出"与民争粮、与粮争地"的困境，利用非粮原料生产生物燃料，我国在生物质燃料方面开展了纤维素废弃物制取乙醇燃料、能源植物制备生物柴油、生物质水解制备汽柴油和航空燃油等技术，并且建立了一系列的示范工程，这对于生物燃料进一步在交通工具上使用奠定了基础。

未来，可再生能源在交通领域的应用发展趋势将是不同可再生能源的耦合互补技术，如风光互补发电技术和以生物质为碳源的电转气技术。风光互补发电系统可以提供稳定的电力供应，并且，风光互补发电系统可以根据用户的用电负荷情况和资源条件进行系统容量的合理配置，既可保证系统供电的可靠性，又可降低发电系统的造价，无论是怎样的环境和怎样的用电要求，风光互补发电系统都可做出最优化的系统设计方案来满足用户的要求。伴随着风光互补技术的日益成熟，风光互补发电系统在高速公路领域的应用有广阔的前景。以生物质为碳源的电转气技术，利用可再生能源发电和电解水制氢，并以可再生的生物质为碳源，通过甲烷化和后续反应实现可再生发电和生物质碳源到气体和液体燃料的转化，充分利用不同可再生能源的优势，将可再生能源转化为传统能源，从而打破可再生能源系统与现有交通系统融合的壁垒。

2.6 未来发展规划

太阳能、风能和生物质能等可再生能源具有不稳定性，而我国现行的能源体系以常规能源为主，因此不适应可再生能源发电发展需求。另外，我国可再生能源在关键设备制造和核心技术方面与国际先进水平存在较大差距，且存在转化效率低和发电成本高等问题。鉴于此，提出以下4点发展建议。

(1) 加大前沿基础研究力度，开发变革型和颠覆型可再生能源利用技术，降低可再生能源利用成本。通过可再生能源利用工艺和路径创新，增强我国可再生能源利用技术核心竞争力，推进我国可再生能源产业向价值链中高端迈进，实现我国可再生能源从规模扩张到追求质量效益的战略性转变。在太阳能方面，重点发展新型薄膜电池等先进技术，解决我国光伏产业高能耗、高污染和高成本的问题；在风能方面，力争在大型风电机组传动系技术和海上风电机组的环境、载荷与响应等方面取得技术突破；在生物质能方面，创新生物质原料收储运模式，实现生物质原料机械化、集约化和高效化处理，发展生物质高值化转化技术，如利用生物质天然含氧的特点，制备生物质基含氧燃料或添加剂。

(2) 创新发展可再生能源利用模式，推动可再生能源互补耦合多元化应用。由于可再生能源的间歇性和波动性，目前可再生能源发电普遍存在并网消纳问题。为了提高可再生能源供给侧灵活性，需要开发分布式可再生能源利用技术和电转气(P2G)储能技术，并在此基础上发展"互联网+可再生能源"和能源区块链技术，通过可再生能源产业在线化和数据化，利用互联网技术将分布式可再生能源转化为能源共享网络，从而实现分布式可再生能源配置渠道的集成和优化。分布式可再生能源利用技术主要包括"光伏+"多元化应用技术、分布式风电、微电网技术和生物质冷热电多联产技术等。

(3)对可再生能源利用技术进行全生命周期评价，加强标准检测体系建设。综合考虑环境、能效和经济性等影响，对可再生能源利用技术进行全生命周期评价，这需要进一步完善我国现有可再生能源完整产业链条的技术标准检测体系。目前，我国缺乏有效的可再生能源利用技术标准化数据库，对可再生能源利用技术进行全生命周期评价造成了很大限制。另外，随着我国碳交易市场的建立与完善，如考虑可再生能源碳减排优势，则有望打破能源市场垄断，实现可再生能源与传统化石能源的合理自由竞争。

(4)加强产学研结合与国际合作，推动可再生能源技术孵化和成果转化。通过人才培养、项目合作与研发机构共建等方式，加大产学研全面型人才的培养和产学研全面型研究团队的建设，集合科研院所与企业各自优势开展联合攻关，解决相关技术瓶颈问题，推动我国可再生能源应用技术孵化与科研成果转化。此外，把握全球可再生能源产业发展大势，加强国际合作，学习和引进国外先进技术和理念，不断增强和巩固我国可再生能源利用技术国际竞争力，保证我国可再生能源产业处于国际先进水平。

第3章 核 能

3.1 内涵与研究范围

核能又称原子核能，是原子核结构发生变化时释放的能量。核能可通过核裂变、核聚变、核衰变三类核反应释放。核裂变是质量较大的核俘获中子后分裂变成两个(或多个)中等质量核的反应过程，在放出中子的同时可释放出巨大的能量；核聚变指把两个或多个轻核结合成质量较大的核，同时释放出能量的过程；核衰变指原子核自发射出某种粒子而变为另一种核的过程。在曼哈顿计划期间，著名物理学家费米领导的小组于1942年12月在芝加哥大学建成人类第一台可控核反应堆，命名为"芝加哥一号堆"，开启了人类原子能时代。核能是一种绿色、高效、经济且可大规模生产的可持续能源。利用核能发电及制氢是解决我国未来能源供给问题、保证能源安全的重要支柱，建设绿色、安全的核能事业也是我国重视生态环境、低碳减排、可持续发展的关键举措。合理利用放射性核技术解决工业、生物、医疗、农业等领域的关键问题对提升我国高新科技核心竞争力具有深远意义。

目前核能的研究范围主要集中在以下4个方面。

(1)核能发电。截至2019年5月，全球共有30多个国家运行着452座核反应堆，均利用核反应堆中核裂变所释放的热能进行发电，主要涉及先进反应堆的设计、核燃料循环、核电设备制造、核电安全质量保证等技术，核能发电是和平环境下核能的主要应用领域。

(2)军事领域。包括氢弹、原子弹、中子弹、三相弹、反物质弹等核武器的研制，对国家安全和社会稳定具有重大意义，直接关系到国际政治关系，是大国军事战略的基石。

(3)核动力技术。即利用可控核反应来获取能量，在航空、深海及交通运输等方面具有广阔的应用前景，可为核动力航母、核潜艇、核动力太空飞船等提供长久动力保障。

(4)非动力核技术。包括各类加速器、核探测器、成像装置、放射线医疗设备、放射性同位素及制品、辐射材料改性等技术，涉及工业、农业、医疗健康、环境保护、资源勘探和公众安全等众多领域。

在能源领域，核能的主要应用是利用核反应堆中核裂变或核聚变所释放的热量进行发电。我国目前的能源结构过度依赖火电且环境问题突出，在清洁能源时代必将加速转型，减少环境污染，推动节能减排，突破资源环境的瓶颈性制约，实现能源、环境与经济社会的协调和可持续发展。未来核电事业有望成为我国支柱性能源产业，具有巨大的发展潜能。国务院颁布的《能源发展战略行动计划（2014—2020）》中也指出，我国未来优化能源结构的路径是降低煤炭消费比重，提高天然气消费比重，大力发展风电、太阳能、地热能等可再生能源，安全发展核电。

我国拥有发展核能的良好基础，现役核电站均处于安全运行状态，迄今未发生国际核事件分级2级及以上级别的运行事件。目前，我国已具备较强的核电自主研发设计能力、设备制造技术、较高的核电运行和管理水平，已形成完整的核燃料循环技术体系，在核安全技术的应用、第三代压水堆的设计、第四代反应堆包括高温气冷堆、快堆、熔盐堆、超临界水堆的研发等方面部分处于国际先进地位，核燃料后处理技术也取得一定突破。此外，小型化成为我国核电发展的重要趋势，小型堆的结构灵活性更加适应我国地域差异大的基本国情。我国紧跟国际步伐，在受控核聚变方面开展全面而深入的研究，包括磁约束聚变和惯性约束聚变，成果显著。

3.2 在国民经济、社会发展和学科发展中的重要意义

核能的经济利用直接或间接地推动着国民经济的发展。全球低碳经济引发世界范围内社会发展方式的重大变革，核能的利用有助于夺取低碳技术的竞争优势。目前，核能发电已成为许多国家电力的重要组成部分之一。核能的一个显著特点是能量高度集中，核电站的燃料消耗量要远远低于煤电厂，且核废料管理费用远低于化石燃料废物的管理费。同时，铀原料的体积小，便于储存和运输。因此，核能的开发利用可以减少煤炭资源的开采和运输费用，有效缓解煤炭资源紧缺的问题，节省发电成本，保证正常的能源需求。此外，核电成本中天然铀的采购费用只占极小比重，核燃料成本的波动对核电价格的影响相对较小，稳定的电价使企业和私人用户能更加自如地规划未来的动力消耗。因此，核能的利用能直接产生巨大经济效益，核电的发展具有显著的经济性。

核能及核技术的应用逐渐形成我国经济新的增长点，有利于提高工业自动化程度、农产品质量和医疗诊断水平。放射性同位素和核辐射技术是和平利用核技术的重要组成部分，正突破传统的应用领域向现代科学技术前沿渗透，形成全新的交叉应用学科，推动和实现经济社会跨越式发展，产生了巨大经济和社会效益。此外，核能及核技术的应用多为大型合作项目，容易吸纳资金、技术和人员，从而带动相关区域和行业的整体发展。

我国核能技术的应用虽已初步形成具有一定规模和水平的产业化体系，但就总体而言，与许多国家相比，我国的核能和平利用产业与国民经济的贡献率及技术水平均存在相当大的差距，尚不能满足经济和社会发展的需求。因此，我国在

经济发展中应增加核能技术应用所占比重，充分发挥核能技术在核医学、辐照加工、辐照消毒、食品保鲜和电子束处理燃煤烟气等方面的应用，优化产业结构，促进核能技术的和平利用，抓住产业跨越式发展的契机，使之成为新的经济增长点。

核能是满足未来能源增长和能源安全的重要选择。我国人均能源资源占有率较低，分布不均匀，为保证我国能源的长期稳定供应，核能将成为必不可少的替代能源之一。发展核电有利于实现能源的多元化，调整能源结构，是国家能源安全战略的重要保证之一。我国的铀资源勘探程度较低，勘察前景较好，远景储量超过200万t，预计每年新探明资源量为1万～1.2万t。我国也在积极开展海外铀资源的收购，加快铀矿资源的全球配置，通过战略储备，实现铀资源的稳定供给。

发展核电是减少环境污染、促进低碳减排的重要举措。目前，严重的环境污染、气候异常、加速的土地沙漠化过程，给社会的可持续发展带来严重影响。从国际环境来看，碳排放空间的不足将成为我国长期现代化进程中的刚性约束。当前中国能源发展既受到国内资源供应能力和环境容量的制约，也受到全球气候变化、减缓碳排放的严峻挑战。与火电相比，核电不排放二氧化硫、烟尘、氮氧化物和二氧化碳，以核电替代部分煤电是电力工业减少污染物的有效途径，也是减缓地球温室效应的重要措施。一座100万kW的燃煤电站每年排放的二氧化碳约650万t、二氧化硫约4.4万t、氮氧化物约1.3万t、灰尘约32万t(其中有毒物质400t)；而一座100万kW的核电站不释放有毒气体和温室气体，每年有约30t乏燃料含有高放射性核素，还有约800t中、低放射性废物。相比之下，核电站产生的废物总量少，核电站向环境释放的放射性对自然界的放射性本底的影响可以忽略不计。对于短寿命的中、低放射性废物只需有控制地掩埋或地表储存就可实现安全处理；高放射性废物包括乏燃料和对乏燃料进行后处理(提取铀或钚)过程中产生的液态废物，与火电每年排放到大气中的温室气体加上数千万吨有毒污染物相比数量较少，由后处理产生的高放废物可采用玻璃固化处理，它的化学性质稳定，也可实现安全储存。至于量很少的长寿命裂变产物和锕系核素，可通过分离嬗变和在快中子堆中燃烧处理。

核能技术的发展对提升高新科技核心竞争力具有重要意义。作为低碳高科技产业，核能工业的科技含量高、系统复杂、研发周期长、投资巨大。未来核能需求市场潜力大，打造全球范围内的竞争优势，有助于提升我国综合国力和科技竞争力。此外，核能利用也具有一定政治价值，对国内社会关系及国际政治关系都将产生重大的影响，直接关系到国家安全乃至人类安全。

核能的开发利用是人类对物质世界微观领域的认知和探索的成果，是物理学关于物质结构与运动理论的构建，是对原子、原子核、基本粒子理论的应用。核能学是以研究核能利用作为能源的自然、技术、经济和社会属性及被开发利用过程中的规律性问题的一门学科。核能学研究核能的产生、有效利用、安全性及核技术等领域，是一门由基础科学、技术科学和工程科学组成的具有重大生产实践意义和理论发展前景的综合性学科。核能学的研究范围有核反应堆物理学、核反应堆热工水力学、核反应堆结构与设计、核反应堆与动力厂的控制与仿真、核动力装置、核反应堆动态及安全分析、核聚变理论与实验、等离子体物理与等离子体诊断学等。

此外，核技术已经渗透到能源、工业、农业、医疗、环保等各个学科，这种学科交叉不仅促进核能技术的快速进步，也推动了整个科技领域的发展。

(1)医学学科。全世界生产的放射性同位素中，约有80%以上用于医学，将核技术用于疾病的预防、诊断和治疗，形成了现代医学的一个重要分支——核医学。采用γ相机与发射型计算机断层成像技术对人体器官进行成像与动态观察，是核技术在医学中的重要应用。诊断用放射性药物与治疗用放射性药物种类也日益增加，放射性治疗更是目前治疗恶性肿瘤的重要方法之一，我国约有70%以上的癌症患者需要接受放射性治疗。

(2)环境学科。利用中子活化分析、核仪器、核化学等方法，综合认识与解决环境问题，其典型问题包括污染源及其转移规律、钚的分布、磁性粒子分离、大气小颗粒研究等，同时在废物过滤测试设备、小颗粒与超小颗粒控制、利用感应熔化进行废物玻璃固化等方面也有较好的应用前景。

(3)农业。核技术在农业中的应用集中在辐射诱变育种、虫害防治、食品的贮藏保鲜等方面。昆虫辐射不育技术防止害虫是当今生物防治法中唯一有望在大面积内消灭害虫的防治手段，利用核技术也成功解决了农业中如何防止粮食变质的问题。

(4)现代工业。工业中核能的应用主要在工业辐照、核子仪器与放射性测量、工业射线探伤三个方面。利用电离辐射与物质相互作用产生物理、化学、生物效应，对物质和材料进行加工处理。其中，工业射线探伤因其高精度、无损性常应用在铸件、焊接件、电子元器件的结构检查上。

3.3 研究现状、存在问题及发展趋势分析

3.3.1 研究现状

根据国际能源署数据，2018年，全球发电量达到26.672万亿kW·h，其中煤电38%、天然气发电23%、水电16%、核电10%，核电与水电、煤电一起构成世界电源的三大支柱，在世界能源结构中有着重要的地位。与煤炭相比，每年核电发电可避免排放超过4亿t的二氧化碳，相当于将全球核电容量增加近15%。到2050年，核能供应有望满足全球25%的电力需求。截至2018年底，全球在运核电机组总装机容量超过4亿kW。其中，绝大多数(约92%)为轻水堆(light water reactor，LWR），其余为重水堆（heavy water reactor，HWR）及先进气冷堆（advaned gas-cooled reactor，AGR）等，轻水堆主要有压水堆（pressurized heavy water reactor，PWR）和沸水堆（boiling water reactor，BWR）两种类型，其中约 75%为压水堆。在建核电机组 54 台，总装机容量 5501.3 万 kW。中国大陆在运核电机组 45 台，装机容量 4590 万 kW，位列全球第三；在建核电机组 11 台，装机容量 1218 万 kW，规模世界第一。2018 年全国累计发电量为 67914.20 亿 kW·h，商运核电机组累计发电量为 2865.11 亿 kW·h，约占全国累计发电量的 4.22%。与燃煤发电相比，核能发电相当于减少燃烧标准煤 8824.54 万 t，减少排放二氧化碳 23120.29 万 t，减少排放二氧化硫 75.01 万 t，减少排放氮氧化物 65.30 万 t。

作为一种成熟的低碳技术，核能今后的发展趋势是提高其安全水平和功率，以利于大规模经济开发。日益增长的全球能源需求、气候变化问题、日益枯竭的石油天然气储备及化石燃料供应的不确定性，促使核能应用不断扩大。核能技术的发展很大程度上反映了国家的经济、工业和科技的综合实力，因此，世界核能强国持续开展基础科学研究与工程技术的再创新研究。在现有核电站安全经济运行、先进核能系统研发、核安全分析、严重事故的缓解和控制技术研究、放射性废物处理处置技术等方面开展了大量的研究工作，取得了技术上的突破，促进了核能技术的发展。

我国的核能技术研究与应用已有 60 多年的发展历史，经历了 20 世纪 50 年代的开创，60、70 年代的应用开发及 80 年代以来的全面发展三个历史阶段，特别是 90 年代后，我国的核能技术日益成熟，已初步形成具有一定规模和水平的科研开发与产业化体系。目前国内从事核能技术应用开发和生产的企事业单位约有 300 多家，产业规模达数百亿，总体科技水平已接近当今国际水平，某些技术已达到世界先进水平。

21 世纪以来，第三代压水堆核电机组成为世界新建机组的主流。国外具有代表性的为美国的 AP1000 技术、法国的 EPR 技术、韩国的 APR1400、俄罗斯的 VVER-1000 及 VVER-120、法国和日本合作的 Atmea-1 技术等。2002 年，世界上 10 个核能利用强国在第四代核能系统国际论坛上提出了第四代核能系统的概念。从核安全目标、经济性指标、铀资源利用最大化、废物最小化和防止核扩散五个方面，提出了第四代核能系统的总体技术要求，并确定铅合金冷却堆（lead cooled fast reactor，LFR）、熔盐堆（molten salt reactor，MSR）、超常高温堆（very-high-temperature reactor，VHTR）、钠冷快堆（sodium cooled fast reactor，SFR）、气冷快堆（gas cooled fast reactor，GFR）和超临界水冷堆（supercritical water reactor，SC-WR）6 种第四代候选堆型。此后在此第四代核能系统国际论坛（Generation IV International Forum，GIF）框架下，国际上开展了与先进核能系统相关的大量研发计划。

在核安全基础研究与理论进步的基础上,将安全设计理念融入到先进核能系统的研发中是当今新型反应堆设计的发展趋势。如第三代核电站 AP1000 的设计采用非能动安全专有设施,使核电设计的安全水平得到大幅度提高,大大降低了堆芯损毁概率,提高了核电厂预防和缓解严重事故的能力;瑞典 ABS 公司提出的基于密度锁技术的高固有安全反应堆 PIUS,实现在不需要操作人员干预的情况下,事故工况安全停堆,从而完全避免堆芯损毁事故的可能;第四代反应堆提出了 10^{-6} 堆芯损毁概率、事故工况下无厂外应急的安全目标,基本消除核电站大规模放射性物质释放的可能。

高固有安全模块化多用途小型反应堆也是目前国际上的研究热点之一。美国、法国、日本、韩国、中国、阿根廷和巴西等国家都提出了各自的小型模块化反应堆设计方案。目前已有 40 多种先进小型模块化反应堆处在研究中,其共同特点是具有模块化设计、高自然循环能力、采用非能动安全技术、建造周期短、适用面广等,拓展了核能应用的领域和市场(如海水淡化、工业制氢、工业供汽、城市供热等)。

核能安全高效利用需要先进设计、分析、预测手段提供技术支撑。基于确定论的仿真技术,由于具有安全、可控、高效、容许多次重复等特点,一直是核反应堆及系统设计、工程验证、安全分析、运行特性预测的重要手段,早在 20 世纪 70、80 年代,美、法、德等国家就已经开发出反应堆安全分析程序。随着高性能计算机和大规模并行计算方法的发展,以"数值反应堆"为代表的先进仿真建模技术逐渐成为国际上研究的焦点。美国于 2010 年启动了"轻水反应堆先进仿真联合体"计划,开发综合的、基于基本科学原理的先进建模和仿真技术,可信地预测轻水核反应堆行为,并可广泛应用于核能工业,用于增强核能利用安全性,提高可靠性和经济性,并同步开展了新一代安全分析程序 RELAP7 的研究。与之类似,欧盟也启动了"核反应堆综合仿真工程"。基于概率论的核安全分析方法,自 20 世纪 70 年代中期提出以来,21 世纪初发展出可及时评价核电厂瞬时风险的风险监测器,美国《轻水反应堆可持续研发规划》进一步提出了确定论与概率安全评价相结合的"风险指引的安全裕量控制"技术新概念,将改变核电站安全设计与评价的传统思维与理念。

在日本福岛核事故后,各国围绕严重事故机理和现象、严重事故初因事件、严重事故缓解与对策、安全壳完整性、严重事故仿真分析等内容开展了大量的研究,开发了 MELCOR、MAAP、SCDAP 等严重事故仿真分析程序,在消氢、安全壳完整性、熔融物滞留、放射性物质迁移等方面取得一系列研究成果。目前世界各国进一步加强了针对严重事故缓解和控制策略的研究。

放射性废物处理和处置是核能可持续发展的重要问题之一,20 世纪 40 年代各国便开始对低、中放废物的地质处置进行研究,至今已形成了一套相对成熟的处置方案。目前普遍采用的方法主要有：陆地浅埋法、废矿井处置法、深地质处置法等。由于高放废物半衰期较长，有较大的放射性比活度，对处置方法及处置地点要求相对较高，目前进入实施阶段的只有深地质处置法，但这种方法要求所建设的处置库的寿命至少要在 1 万年以上，其应用受到一定限制。总体来说，高放废物处理和处置技术仍处于探索阶段。

中国的核能最早起源于军用核工业，但是受到整体经济实力的影响，改革开放前我国核能应用技术较为落后。自 20 世纪 80 年代以来，我国在核电厂的建设、运行、前期准备、国产化、有关法规、管理体系方面做了大量的工作，并于 1985 年开始建设秦山一期工程，相继建成了浙江秦山二期核电厂、广东岭澳一期核电厂、浙江秦山三期核电厂，我国核电设计、建造、运行和管理水平得到很大的提升，为我国核电加快发展奠定了良好的基础。进入到新世纪，我国核电迈入批量化、规模化的快速发展阶段，成为世界上在建核电机组规模最大的国家。

我国政府高度重视核能技术的发展，在科学技术部、国防科工局、能源局、中国科学院等部委的组织和大力支持下，已经成功实施了多个专项研究计划，推动了我国核能事业的进步。我国已掌握具有自主知识产权的 ACP 系列（中国核工业集团有限公司）、ACPR 系列（中国广核集团有限公司）与 CAP 系列（国家电力投资集团有限公司）等核电技术，独自发展了具有非能动安全特征三代压水堆核电站"华龙一号"，并在 AP1000 技术引进、消化、吸收的基础上完成 CAP14000 的技术研发工作，基本形成了较为完整的具有国际先进水平的核电研发设计体系、试验验证体系、关键设备制造技术体系、建造安装体系、运行维护体系及核电标准体系。在模块化小堆研发方面，中国核工业集团有限公司、中国广核集团有限公司、中国船舶集团有限公司、清华大学等多家单位完成了多种模块化小型反应堆的方案设计，实现部分关键设备的研制，并建成了试验台架开展实验研究。

我国在第四代核电技术的几个堆型方面已处于国际前列，具有第四代安全特征的高温气冷堆技术处于世界领先地位，关键设备已基本实现国产化，全球首座高温气冷堆商业化核电站示范工程建设顺利推进。在"国家高技术研究发展计划"（简称 863 计划）支持下，中国实验快堆已实现并网发电。超临界水堆在科学技术部"国家重点基础研究发展计划"（简称 973 计划）、国防科工局核能开发计划支撑下，提出了总体技术路线，初步掌握了热工水力特性，并完成了材料筛选及堆外性能研究；中国科学院实施"创新 2020"并部署战略性先导科技专项"未来先进裂变核能"，围绕核燃料的稳定供给和放射性废物的安全处置，开展钍基熔盐堆核能系统、加速器驱动次临界系统（accelerator driven sub-critical system，ADS）嬗变乏燃料研究，目前已完成概念方案的设计与评估，确定了后续技术路线。同时，国内相关研究单位积极参与了"国际热核聚变试验反应堆（international thermonuclear experimental reactor，ITER）计划"，保持我国在热核聚变研究领域的先进水平。

此外，我国在反应堆及系统建模和仿真领域开展了几十年的研究，各科研院所、高校都在积极开展反应堆物理、热工水力、材料性能的数学模型与仿真程序的开发工作，并已完成了适用于系统设计、安全分析、运行仿真等具有自主知识产权的软件和程序，在反应堆物理热工三维耦合方法研究和程序研制等工作也取得了初步结果。但我国自主开发的程序所采用的模型还比较粗糙，程序功能有限，目前仍以引进和使用国外软件为主。

放射性废物尤其是高放废物的长期安全处置问题是核能发展的主要制约因素之一，我国一贯高度重视放射性废物处置安全问题。2003年，全国人民代表大会通过了《放射性污染防治法》，为放射性废物的处理奠定了法律基础，明确规定放射性废物少量化和高放废物深地质处置的原则。2006年科学技术部等部门共同制定了《高放废物地质处置研究开发规划指南》，确定了高放废物处置"三阶段"战略。在乏燃料后处理厂提取可用物质后，剩余高放废物形成的玻璃固化物及不宜后处理的乏燃料，是我国高放废物的主体，对其安全处置事关重大，采用深地质处置是国际上达成共识的处置方式。目前，我国50t乏燃料后处理中试厂热调试圆满成功，后处理放化实验设施已经建设完成、后处理工程技术研发中心和核临界安全实验室已经完成规划，正计划建设一座年处理规模达到800t的乏燃料后处理基地。同时，我国已基本掌握了动力堆乏燃料水法后处理技术，自主无盐试剂先进二循环PUREX流程已完成工艺流程研发，主要参数达到预期指标。

核能制氢是目前核能研究领域一个重要的方向。核能制氢就是以来源丰富的水为原料，利用核能实现氢的大规模生产，热化学循环工艺和高温蒸汽电解均为有望与核能耦合的先进制氢工艺，世界上许多国家，如美国、日本、法国、加拿大和中国，都在大力开展核电站建设的同时，高度重视核能制氢技术的发展。

进入新世纪以来，美国出台了一系列发展氢能的计划，包括2002年提出的"国家氢能技术路线图"，2003年提出的"氢燃料计划"和2004年开始执行的"核氢启动计划(nuclear hydrogen initiative，NHI)"。在下一代核电站的开发中，设计、建设高温气冷堆并用于制氢。NHI主要集中在先进核系统驱动的高温水解技术和支持这些先进技术的基础科学研究上，高温电解(high temperature electrolysis，HTE)和热化学循环是大力发展的制氢技术。在HTE领域，美国的Idaho国家实验室处于世界领先水平，重点发展固态氧化物电解池(solid oxide electrolysis cell，SOEC)技术，进行材料研发、电堆试验、动力学分析和系统建模工作。在单电池试验的基础上，开发了15kW的HTE集成实验室规模试验系统，并进行1000h的运行试验，标准状态下产氢率达到了$5.7m^3/h$，利用HTE技术实现大规模制氢的工艺可行性已初步得到证实。

日本是坚持大力发展核氢技术的国家，其核氢工艺的研发重点是碘—硫循环，日本原子力开发机构(Japan Atomic Energy Agency，JAEA)在1997年利用1L/h规模的实验台架进行了工艺验证,实验室规模使用玻璃材料的台架,于 2004 年 6 月实现成功运行,规模约 30L/h,连续运行 1 星期。目前,JAEA 正在进行工艺的工程验证,对部件的技术可靠性和系统的可控性进行考察,并计划利用高温气冷堆对核氢技术进行示范,产氢率达到 1000m^3/h(标准状态)。此外,JAEA 还进行了未来大型碘—硫循环核氢厂的设计,采用 600MW 的反应堆和直接循环气体透平进行发电,其规模是产氢率约 0.6×10^6m^3/d(标准状态),制氢用电 200MW,由高效气体透平发电提供,原料水(9 万 t/d)由海水淡化厂提供。

法国原子能委员会(Autorité de sûreté nucléaire, CEA)的核氢战略是:集中发展可以与核电或可再生能源耦合的、能够以可持续方式生产的制氢工艺。法国主要针对三种需要高温的基本工艺:高温蒸汽电解(high temperature steam electrolysis, HTSE)、硫碘循环(S-I)和混合硫循环,也对较低温度下运行的其他循环进行研究,特别是铜—氯循环。从 2004 年起,CEA 就在执行发展 HTSE 技术的重大项目,对相关问题进行了研究,包括部件和建模、材料和系统。对电解池堆的设计进行了研究,目前采用不同设计的 3～6 片电池堆在电解条件下运行的性能大约是 0.1L/(h·cm^2)。法国与美国的 Sandia 国家实验室合作进行了碘—硫循环试验,但是由于部分设备发生故障,试验进展比预期慢,不过也取得了很多有价值的热力学数据,并获得了在苛刻化学环境下的运行经验。目前,法国通过前期试验,将工艺技术与经济评估相结合,已经开展了大约 100m^3/h 的中试,选取了工艺技术的最优方案。

我国清华大学核能与新能源技术研究院也依托高温气冷堆开展核能制氢的研究工作,并且已取得初步进展。主要选择的工艺是热化学碘—硫循环和高温蒸汽电解,实现了硫碘循环连续运行并完成了 HTSE 制氢试验。我国碘—硫循环的研发工作主要包括三步反应及相关基础研究、原理验证试验台架(IS-10)的设计、构件及闭合试验,积累了大量的试验数据,证实系统的可行性和可控性。在 HTSE 的研发工作方面,以材料制备和固体氧化物电解池的组装为主,建立了材料高温电化学性能测试系统,进行了小功率电解池堆的设计和研制,2009 年成功进行了小功率电堆的制氢试验。另外,中国科学院在核能高温制氢方面也取得一定成果,已建成国内最为完备的高温制氢大型综合性研究平台。

核聚变能是模仿太阳的原理,使两个较轻的原子核结合成一个较重的原子核并释放能量。自从 1952 年世界上第一颗氢弹爆炸之后,人类制造核聚变反应成为现实。相比于核裂变燃料,核聚变的核燃料蕴藏丰富,辐射极少,但是核聚变的反应要求与技术要求极高。实现核聚变已有不少方法,最早的著名方法是"托卡马克"型磁场约束法,它利用强大电流所产生的强大磁场,把等离子体约束在很小范围内以达到聚变条件,虽然在实验室条件下已接近成功,但是要达到工业应用尚有一段距离,而且,建立托卡马克型核聚变装置需要几千亿美元,成本较高。

另一种实现核聚变的方法使惯性约束法,但是现有激光束或离子束的功率水平,无法满足需求,加上其他技术问题,惯性约束核聚变仍是可望不可即的。美、法等国在 20 世纪 80 年代中期发起了耗资 46 亿欧元的国际热核实验反应堆计划,旨在建立世界上第一个受控热核聚变实验反应堆,这一过程与太阳产生能量的过程类似,因此受控热核聚变实验装置也被俗称为"人造太阳"。

在磁约束核聚变方面,我国建成了 HL-2A 和 EAST 实验装置,并成功实现高约束模(H-模)放电,这是我国磁约束聚变实验研究史上具有里程碑意义的重大进展,标志着我国在 H-模物理机制研究和长脉冲 H-模运行方面跻身国际最前沿。针对聚变科学,我国开展了约束和输运、磁流体不稳定、等离子体和器壁表面相互作用及偏滤器物理、高能量粒子物理等方面的研究,成功将电子回旋加热应用于 HL-2A 撕裂模主动控制,在 HL-2A 和 EAST 两大装置上实现了偏滤器位形,在高能电子激发的比压阿尔芬本征模、鱼骨模、高能量粒子模方面取得重要实验结果。在工程方面,我国设计了大型托卡马克 HL-2M,建成后将实现等离子体参数的大幅提高。中性束、微波和电子回旋等大功率辅助加热系统、先进加料技术、聚变堆设计和材料的研究也取得重要进展,应用于世界第一座超导托卡马克 EAST 上,创造了连续高约束模下等离子放电 101s 的世界纪录,为 ITER 的建造和运行积累了中国智慧,也为人类实现清洁核能的利用打下坚实的基础。

在惯性约束聚变方面,我国先后研制了神光Ⅰ、神光Ⅱ/神光Ⅱ升级、神光Ⅲ原型/神光Ⅲ及星光系列激光装置,形成了较完整的激光聚变研究体系,包括支撑激光器研制的元器件产生、加工和检测能力;开展了黑腔物理、内爆物理、辐射输运、辐射不透明度和流体力学不稳定性等一系列研究,研制了以二维 LARED 集成程序为代表的激光聚变数值模拟程序体系,发展了有特色的实验诊断方法和技术,取得了重要研究成果。同时,我国还研制了"聚龙一号"装置,开展了 Z 箍缩惯性约束聚变物理研究。目前,我国激光聚变研究正在向实现聚变点火和攻克高能量密度极端条件下的科学技术难题的重要目标稳步推进。

我国在核能领域的研究现状可以概括为:先进压水堆设计和建造技术跻身世界第一阵营;中国实验快堆成功并网;高温气冷堆设计和建造技术保持世界领先水平;钍基熔盐堆核能系统取得显著进展;未来先进裂变核能——ADS 嬗变系统由研究过渡到工程实施阶段;超临界水冷堆基础技术研发完成;核聚变研究水平大幅提高;探索聚变—裂变混合堆中关键技术。

3.3.2 存在问题

1. 核电在我国能源结构中所占比重低

2018 年全国商运核电机组累计发电量为 2865.11 亿 kW·h,约占全国累计发电量的 4.22%，仍远远落后火电与水电。核能发电占比最高的国家是法国(75%)，其他国家如美国(19%)、俄罗斯(18%)、韩国(30%)等核能发电比例都很高。此外，我国核电在内陆建设相对滞后，大部分机组分布在东部沿海地区，造成我国核电发展地域分布不均匀的现象。

2. 核电设备自主化制造能力不足

核电设备自主化是制约我国核电发展的最重要因素之一。核电站设备自主化主要是提升大型关键设备的自主设计能力及其制造技术。目前，我国已形成完整的核电配套工业和生产能力，核二级、三级的大部分部件可以实现国产化，但反应堆压力容器、蒸发器等核一级大型铸锻件和蒸汽轮机、发电机的重型铸锻件存在制造质量不稳定、可靠性较低的问题。核电特殊材料从工艺的成熟性、性能的可靠性及质量的稳定性等方面还不能完全满足其使用要求。国内各个核电设备制造集团均不同程度缺乏核电设备设计分析能力和设备成套供应能力，也缺乏对所提供设备的性能保证或验证能力，与国外供货商相比尚存在较大差距。

新兴的核电产业具有广阔的发展前景，核电设备及核级材料的国产化进程加快，有利于提升我国装备制造业水平，实现高端制造能力的快速提升。其中，材料供应自主化是实现核电设备自主化制造的基础，特别是耐高温、耐辐照与耐腐蚀的关键结构材料、事故容错燃料(accident tolerant fuel，ATF)的研发，一直是我国核电自主创新需要首先解决的问题。因此，研发在运、在建大型核电机组的关键结构材料，包括特种管道、核级阀门、汽轮机焊接转子、凝汽器用钛带材及焊管、核电站辅助设备、关键电缆、大型铸锻件及堆内主设备材料等，并在模拟服役工况和辐照考验工况下评价材料的特性行为和可靠性，是当前共性研究需要解决的关键问题，也是新一代堆型研发能否取得成功的关键。

3. 核燃料"分散式"的供应布局及乏燃料的后处理技术短板

由于我国铀资源勘查工作相对滞后且铀资源分布不均衡，从铀矿冶炼、铀浓缩到核燃料组件生产的整个流程在内地跨越多省，不利于核电的长期发展。我国对铀资源勘探开发的投入较少，目前，仍有 40%的国土面积未进行过铀矿普查。此外，我国乏燃料的处理形势仍十分严峻，乏燃料处理工业化能力较弱，无论是工艺设备还是质量监控都不能满足连续的乏燃料处理需求。中国乏燃料中间贮存环节多使用核电站内的水池进行湿法贮存，但是由于核电站的持续运营，目前，大亚湾核电厂乏燃料水池已经饱和，田湾核电厂乏燃料水池接近饱和，而乏燃料离堆湿法贮存接收地中核 404 有限公司目前亦趋于饱和，乏燃料的离堆贮存和后处理显得尤为迫切。我国核电站主要位于东部沿海，而乏燃料后处理厂处在西北腹地，大量乏燃料的长距离及安全运输能力不足，成为我国核燃料循环后端面临的重大现实问题。

在基础理论方面，开展利用快堆及热堆嬗变长寿命核素的基础理论研究、嬗变装置研究及嬗变实验研究等问题是困扰我国核燃料自主创新的瓶颈。在工程实践方面，需要重点解决 800t/a 核燃料后处理厂建设及大型核燃料后处理厂自主技术的研发问题，重点开展后处理主工艺流程、高放废液分离等工艺研究，针对在线分析检测技术、后处理厂数字化控制技术及燃耗信任制等技术开展工程应用研究。针对快堆乏燃料，需要开展 MOX 乏燃料首端技术及工艺研究，开展干法后处理技术研究。

4. 核电人力资源短缺及科研能力较弱

核电产业是一个涉及众多行业的高技术密集型产业，保障核电技术安全运行及稳步发展最重要的因素就是人才。由于缺少在核电项目开发、核电项目安全管理、核电技术等领域经验丰富的高级人才，一定程度上制约了核电的快速发展。同时，我国核电科研能力仍有待提升，与核科学相关的科研机构地域分布较为分散，缺乏长期交流合作，科技人才的培养计划、科技成果的转化及共享机制也有待进一步完善，我国的自主研发能力与一些核电强国相比仍存在一定差距。

5. 体制创新不足、技术模式不统一

我国核电产业的定位、发展政策和政府宏观调控方式与我国核电产业的体制状况存在矛盾。核电行业内部存在相互矛盾的观点，影响了政府部门的决策，也影响到公众对核电的信心。中国核工业集团有限公司、中国广核集团有限公司、国家电力投资集团有限公司是垄断我国核工业的三巨头，近几十年来，我国分别从法国、俄罗斯、美国及加拿大引进了不同的核电技术，导致国内核电技术处在比较混乱的阶段，没有形成统一模式，分散了核能行业的人力、物力和财力。核能企业之间的设计标准及运营方式各式各样，对国家核能行业的长期发展极为不利。

6. 核安全监管机制不健全

实现有效地开展核安全监管是作为国际原子能成员国面临的严峻挑战。我国核安全监管还存在着监管机构与机制不健全、核安全法律法规存在空白、标准滞后、核安全技术保障手段落后及缺少独立的安全审评机构等问题。从监管层面，目前，我国还没有建立一套适合中国国情的核电厂安全目标体系。该体系应该统筹考虑我国人口众多的现实，并充分权衡各省份和地区用电需求差别较大、各地地质条件差异较大、内陆核电站急需上马等客观因素，相关指标的确定与我国自身的国家安全体系直接相关。

7. 核设施退役管理经验不足

我国运营时间最长的秦山一期核电站机组设备老化问题日渐凸显，而核电设备退役要经过解体、去污、放射性测定、解体物的再利用几个环节，处置过程要求严格，处置废物的费用较高。我国的核电站都开工于20世纪90年代，尚未有商用核电系统进入退役阶段，现阶段老化与延寿的问题并不凸显，因此管理经验不足，缺少系统的核电站老化管理大纲和实践，需要逐步提升核电产业自主运营的管理水平。目前的核设施退役技术研究主要针对研究堆等早期核设施，核电站重要构筑物及设备材料老化与退化行为的预测、监测、评估技术、延寿技术及设备材料老化参数在线监测系统还没有开展充分研究。

3.3.3 发展趋势

1. 我国核电总量将不断提升

核电作为一种高效、清洁的能源，在我国能源体系中所占规模将不断扩大，具有很大的发展潜能。考虑到煤炭资源、运输能力、环境容量等承受力的制约，预计到2020年，中国燃煤电厂总装机量的比例将下降到61%，而核电在全国发电装机容量中的比重将超过4%，核电投运规模将达到4000万kW，核电年发电量达到2600亿～2800亿kW·h。"十三五"规划以来，国家也相继出台了一系列举措，支持和推动核电平稳、快速地发展。

2. 积极开展核能相关基础研究

开展基础科学研究是提高我国核能原始性创新能力、积累智力资本的重要途径，是跻身世界核能强国的必要条件，也是建设核能创新型国家的根本动力和源泉。逐步完善学科布局，培育和支持新兴交叉学科，在核能前沿领域实现重点突破，解决一批核能发展中的关键科学问题。

另外，核能领域的原始创新离不开大科学仪器系统和大科学装置的支撑。我国将逐步建造大功率高中子通量的材料辐照反应堆、新的连续运行的高通量散裂中子源、连续运行的高通量质子或重离子辐照加速器和高通量D-T聚变中子辐照源等一批新的辐照装置。在此基础上，实现全面引领世界核能发展的目标。

3. 进一步提高核电安全性

人类历史上已发生三次严重核事故，造成了重大的财产损失，产生了严重的社会影响，重挫了核能发展势头，甚至对世界局势产生了深远的影响。与此同时，这些事故也提供了宝贵的经验和教训，促进了核安全技术和核安全管理水平的提高。我国核电站已经采用最高核安全标准,特别是《核安全与放射性污染防治"十二五"规划及2020年远景目标》要求"十三五"及以后新建核电机组力争实现从设计上实际消除大量放射性物质释放的可能性;《核电安全规划(2011—2020年)》中已明确指出,要推动我国核电逐步进入固有安全时代。但福岛核事故提醒我们,核安全问题依然是核能利用的首要问题。核安全科研工作并未及时跟上核能行业发展规模与速度,在核安全基础科学和应用技术研究上与美、法等发达国家仍存在一定差距,自主创新能力不足,核心关键技术受制于人,与核能大国地位极不相称,亟需通过科技创新,提升我国的核安全技术的整体水平,保障核能产业的可持续发展。

4. 积极研发新型核反应堆

第四代核反应堆是下一代反应堆类型,具有燃料利用率高、安全性好等特点。2012年12月31日,中国实验快堆通过科学技术部验收,这标志着我国在第四代核电技术方面已达到世界先进水平。目前,我国首座具有第四代核电特征的高温气冷堆核电站正在建设,正在规划建设的多座核电站也拟采用第四代核电技术。另外,小型化也是中国核电的一个发展趋势。小型模块化核反应堆具有更强的适应性,应用范围更加广泛,适合我国地域差异大的基本国情。同时,核聚变发电是未来核电技术发展的大方向,中国也正在积极探索可控核聚变技术。一旦可控核聚变技术取得重大突破,并能够投入商业化运行,中国的能源现状有望得到极大改善。

5. 开发核能制氢相关技术

随着人类发展进程的加快,从工业革命以来的二百余年中,化石燃料(煤、石油、天然气)是人类利用的主要一次能源,但是可预见的是,未来几十年这种依靠化石能源的世界能源体系是不可持续的。从资源、环境及社会角度来看,人类都要为向后化石能源时代的过渡做好准备。可再生的清洁能源——氢的广泛利用将会使世界能源体系发生重大改变。进入21世纪,以美国为首的核能发电国家已经开始了核能制氢技术的研究,旨在利用核能技术制备氢气,以提供足够的能源。目前,蒸汽高温电解及热化学循环工艺制备氢气都已取得令人振奋的进展,尽管距离目标的实现还有很长的距离,但是核能制氢必然会成为未来核能发展的趋势之一。我国也已确定了积极发展核电的方针,对氢能技术的发展也很重视,核能制氢技术的发展已成为中国新能源领域的一个热门课题。

6. 立足自身建设,积极推进"走出去"战略

"走出去"将成为中国核电发展的主要趋势。2013年,国家能源局首次提出

核电"走出去"战略，推动我国从核电大国向核电强国的转变。2015 年，国务院发布《关于加快培育外贸竞争新优势的若干意见》，积极推动核电装备走向国际市场。目前，核电"走出去"已成为我国与潜在核电输入国双边政治、经济交往的重要议题。中国核电"走出去"上升到国家战略层面，吸引了来自国内外的目光。中国积极推进"走出去"核电战略，既能优化国内能源结构，实现经济的转型增长，又能为国际的能源改革、世界的可持续发展带来新生动力。为推动国家的"一带一路"倡议，核电和高铁成为两张重要名片，与陆上及海上沿线国家之间的经济、贸易的关系更加紧密，参与其他国家的基础建设，增强我国在世界上的影响力。目前，中国广核集团有限公司向英国三个核电厂出资，Blood Well B 采用"华龙一号"机组；中国核工业集团有限公司与阿根廷签署建设"华龙一号"合同；以罗马尼亚为据点，签署了《切尔纳沃德核电 3、4 号机组项目开发建设运营及退役谅解备忘录》，开展面向欧洲的核电技术服务，与法国共同实施后处理计划；国家电力投资集团有限公司、美国西屋公司和土耳其国有发电公司 EUAS 签署合作备忘录，启动在土耳其开发建设 4 台核电机组的排他性协商，与南非签订 CAP1400 项目管理合作协议。

3.4 未来研究前沿与重大科学问题

对于以反应堆发电为代表的核能和平利用，未来研究前沿主要以第四代核反应堆为中心，以核电运行与建设、核电科技创新、核燃料产业、核电装备制造、核能安全保障为研究方向。核能领域的重大科学问题包括以下几个方面。

1. 大型先进核反应堆技术的优化与应用推广

目前，在 ACPR 系列与 CAP 系列基础上诞生的"华龙一号"和"国和一号"(CAP1400) 已经成为我国"一带一路"倡议与核电"走出去"战略的拳头产品。我国大型先进核反应堆技术充分借鉴了国际三代核电技术的先进理念，汲取福岛核事故的经验反馈，采用能动与非能动相结合的设计理念，使我国形成了具有国际竞争力的自主品牌，打破了国外核电技术的长期垄断，进入了核电技术先进国家行列。未来的研究将围绕"华龙一号"示范工程和"国和一号"(CAP1400) 开展设计优化工作；大力推动"华龙一号"的应用推广，形成批量化、规模化能力，增强具有自主知识产权的核电机组国际竞争力；开展 CAP1700 和"华龙二号"标准设计与相关技术研究；开展能动与非能动相结合的安全系统研制、关键试验验证、堆芯熔化机理及防范策略等研究。

2. 第四代核能系统的自主创新和关键核心技术的研发

新型核反应堆的研发一直都是核能发展的中心。第三代核反应堆在经济性、安全性等方面具有较大改进，但其在防止核扩散、提高核燃料利用率等方面存在一定的问题，因而世界核能强国均积极开展第四代核反应堆的研发工作。我国于2006年正式加入第四代核能系统国际论坛，在第四代反应堆的研发处于世界先进行列，选择适合我国国情的堆型并进行相关前沿研究是我国核能发展的重中之重。清华大学核能与新能源技术研究院在高温气冷堆的研究和建设方面具有丰富的经验，已建成10MW的高温气冷实验堆，并已实现满功率运行发电，其安全性高、发电效率高等优点使其成为未来我国第四代核反应堆的重要组成部分之一。在示范工程的基础上，我国高温气冷堆技术的未来发展规划包括：研究具有固有安全性、出口温度达950℃的第四代超高温气冷堆核心技术。重点研究反应堆超高温运行中功率、流量、温度之间的变化规律，开发中间换热器技术，并开展相应的性能试验，研制工程样机进行热态验证考核；陆续建设60万kW模块式高温气冷堆热电联产机组，研发超高温气冷堆氦气透平直接循环发电技术；另外，鉴于高温气冷堆的特性，还将开展高温气冷堆核能制氢技术的研发。核能制氢是高温气冷堆发电之外最重要的用途，将为高温堆的应用拓展新的领域，也为未来氢气的大规模供应提供了一种有效的解决方案，对实现我国未来的能源战略转变具有重大意义。

3. 小型模块化反应堆关键技术研发

小型模块化反应堆的研发成为了国际核能发展的新趋势，是谋求核能应用多元化的一条重要途径。从20世纪70年代开始，国际上推进了创新型中小型反应堆的研发以支持多种应用，包括偏远地区未并入邻近电网的中小型电网、海水淡化等。小型堆的建设和运行相对简单、安全、经济性强，为核能领域增添了新的发展空间，将为能源转型做出重要贡献，但目前小型模块化反应堆开发进展较为缓慢。对于小型堆的自主创新，未来前沿问题主要包括自然循环冷却堆芯的设计优化，高效紧凑式蒸汽发生器、汽水分离装置等设备及其关键材料的开发，以及安全保障技术的研究等。

4. 空间核动力技术的深入探索

空间反应堆是利用核裂变反应产生的能量为空间飞行器提供能源的一种核反应堆。根据不同的任务需求，通过不同的方式，空间反应堆可以把核能转变为电能和推进动力，这样的装置分别称为空间核电源和核推进。空间反应堆是未来空间活动的重要能源，随着空间技术的发展，大功率卫星、深空探测等都需要大功率、长寿命的空间能源相匹配,空间反应堆将成为这些大功率航天器的优选能源。自从20世纪60年代美国和苏联两个超级大国将核能成功应用于太空,至今已累计发射了37个装备空间核反应堆电源的航天器,在不同规模的航天活动中应用了50多个放射性同位素电源和数以百计的放射性同位素热源,并且,对核火箭发动机、核能飞机、核推进装置等也进行了卓有成效的研究。空间核动力技术融核能、航天、材料、信息、控制、环境等科学为一体,是一门综合性的前沿科学工程技术,是国家战略核心技术,它的研发和应用将对国防军事、民生经济、科学探索及拓展人类生存空间、开发宇宙资源、推进社会进步产生重大影响。空间核动力技术属于未来研究前沿。

5. 核电安全性的提升

核电安全一直都是核能发展的重中之重,为了满足核能的发展,进一步提高核电安全性是未来的研究前沿之一。目前,主要的方法是从设计上避免大规模放射性物质释放,保持安全壳完整性,预防严重事故发生。此外,还进行了耐事故燃料及先进的废物处理和处置技术的开发及应用研究,如ATF是为提高燃料元件抵御严重事故能力而开发的新一代燃料系统,采用先进包壳材料(碳化硅包壳)提高反应堆的安全性能,并且可采用二氧化铀芯块掺杂改性、高密度陶瓷材料、金属基体微封装燃料、全陶瓷微封装燃料等方法提升核燃料耐事故性能。另外,ATF与非能动等安全技术相结合,突破了传统安全做"加法"的纵深防御理念,可简化核电厂安全系统设计,显著提升核电厂的安全性及经济性,赋予核电更大的发展空间。

此外,落实新一代人工智能在核能领域的应用,以工业机器人、图像识别、深度自学习系统、自适应控制、自主操控、人机混合智能、虚拟显示、智能建模等为代表的新型人工智能技术能够大幅度提高核电运行的安全性,加强核电关键系统和设备的自动运行监控,提高系统、设备的可靠性,对人不可达区域通过机器人进行维修,减少工作人员的受辐照剂量,为严重事故处理创造技术条件。

6. 提高核燃料使用效率,寻求更优核废料处理方案

核废料泛指在核燃料加工和核反应堆用过的不再需要的并具有放射性的废料,也专指核反应堆用过的乏燃料,经后处理回收钚-239等可利用的核材料后,余下的铀-238等不再需要的并具有放射性的废料。解决核废料问题可通过两个途径,一是提高燃料利用率,减小核废料的产量;二是找到一个最佳的废料处理方案,从根本上解决核废料处置问题。在工程技术方面,我国需要尽快掌握乏燃料安全暂存技术、后处理工艺技术、后处理分析检测技术等围绕闭式燃料循环而产生的技术问题,攻克后处理关键设备的技术瓶颈。

7. 可控核聚变技术研究的推进

核聚变技术一直是世界核能发展的前沿问题，在我国参加的国际热核聚变实验堆项目及自主设计、研发中国聚变工程实验堆中，正在开展一些关键问题研究，如磁体及相关的供电与控制技术研究、稳态燃烧等离子体技术、高热负荷材料、包层技术、中子能量慢化及能量提取、中子屏蔽及环保技术研究。此外，探索实现高增益的燃烧等离子体，创造和维持氘、氚燃烧等离子体，检验和实现各种聚变技术的集成，进一步研究和发展能直接用于商用聚变堆的相关技术，也是核聚变堆研究的重大科学问题。

3.5 核能在交通系统中的应用

核能学科与能源领域的交互最为密切，除建造各种反应堆发电或采用核能制氢之外，核动力技术在航空、深海及交通运输等方面具有广阔的应用前景。在航空领域，核能作为宇航动力，可为太空探索提供长久的动力保障；核反应堆废料的循环利用可成为宇宙飞船的动力来源。在深海领域中，核能动力船舰可几十年不用补给燃料。在交通运输方面，若技术上能突破反应堆压缩并且解决核能受控性问题，就能制造出核能汽车、核能飞机、核能火车等先进交通工具。

3.6 未来发展规划

目前，核能的应用主要集中于利用核反应堆进行核能发电。我国在运核电厂已达 45 台，总发电量超过 4590 万 kW，但核电在国内能源的比重仍较小，迈向核电强国任务艰巨。今后我国核工业的重点发展方向，包括建设满足国防需求的先进反应堆，构建强大核燃料循环体系，建立完善的核应急体系，保证我国核工业的安全发展。我国核能领域的未来发展规划包括：提升核电发电总量，完善核能安全体系，加快核聚变技术研发，促进核能制氢与氢能冶金的结合，积极推进"走出去"战略。这些规划的顺利实施，有助于实现我国核能技术由"跟跑"，到"并跑"、最终实现"领跑"的目标。

1. 提升核能发电总量在能源结构中所占比重

提升核能发电总量在能源结构中所占比重，是基于我国是能源大国这一国情提出的基本要求。针对目前核能在我国资源总量中占比不足的情况，应大力提升我国核能发电总量，加大核能在能源总量中的占比，抓紧以核电代煤、治霾、减碳、供热的开发工作。截至 2016 年底，我国核电运行装机容量占全国电厂装机容量的 2.04%，这一占比远远小于国外核电强国，根据我国的核电中长期发展规划，我国核电装机容量还将不断提升。除了大型机组的建造，还应促进中小型反应堆的发展，利用其操作灵活、模块化建造等优点，在偏远地区、海岛开发等应用中提高小堆的使用率。大型发电机组及小堆的发展能减少传统煤炭等化石能源的使用，解决我国资源紧张、燃煤污染严重等重大问题。

2. 加大核能基础理论研究的投入

核能基础理论的发展为促进核能技术进步提供理论支撑，基础理论研究的成果是核能发展的先导，加强基础研究是提高我国原始性创新能力、积累核能相关知识的重要途径，是跻身世界核能强国的必要条件，是建设创新型核能国家的根本动力和源泉。我国要完善核能相应的学科布局，培育和支持新兴交叉学科，在核能领域实现重点突破，解决一批核能发展中的关键科学问题，建设一支高水平的基础研究队伍，为建设创新型核能强国奠定坚实的基础。对于国外核能强国，其核能的快速发展都离不开几十年的基础理论研究，由于核物理、反应堆燃料、反应堆结构设计、乏燃料后处理等基础理论研究在核能发展中必不可少，这些基础理论在反应堆的建造、运行及后续处理等具有重要的指导作用，因此大力支持核能基础理论研究是我国未来的发展方向之一。

3. 加大核能科研基地与研究平台的建设

为促进我国核能事业的全面发展，核能国家实验室的建设也应跟进。对于国家实验室的建设，国外已有丰富的经验，比如美国建于 1943 年的橡树岭国家实验室，开始时主要从事核能研究，经过近 70 多年的发展，美国橡树岭国家实验室已成为先进计算、先进材料、生物系统、能源科学、纳米技术、国家安全、中子科学的研究中心，是目前国际先进的大型科研基地，为美国开展基础和应用研究、解决复杂问题、巩固美国在主要科学领域里的领先地位提供了巨大的支持，其国家实验室中的人才培养机制、经费安排、科研发展被视作目前的典型优秀范例。目前，我国核能技术创新体制机制有待完善，产学研结合不够紧密，缺少长远谋划和战略布局。现有核科学技术与核电技术研发设计单位之间的合作交流较少，应加强核能创新机构的合作与联系，利用已经相对成熟的研发平台、完善的设施和人才队伍，以国外优秀的国家实验室案例为参考，组建独立运行、联合开放的核能国家实验室。

4. 完善核能安全体系

核能安全一直是国内外核能发展的重点关注问题。核电产业的各个环节分散，需要完整的工业标准体系、健全的政府监管、与核能相关的立法框架，开展系统的核安全监管。近几十年,我国核能安全水平不断提高,安全业绩良好,在世界核电运营者协会(World Association of Nuclear Operators,WANO)综合排名中,大多数指标处于世界中等及以上水平,部分指标处于世界领先水平。为促进我国核能利用的稳步发展,安全性的提升是未来核能发展的重要方向之一。首先要提升我国核反应堆设备的安全性,改善我国乏燃料的处理工艺,解决目前乏燃料增长与后处理能力不足的矛盾,同时,进一步完善核能安全监督体系的建设。

5. 加快核聚变技术研发

根据我国"热堆、快堆、聚变堆"三步走的核能发展战略,我国发展核能的终极目标就是实现核聚变能源的和平利用。核聚变能源是人类最理想的洁净能源之一,开发核聚变能源符合可持续发展战略。我国通过参加ITER(国际热核聚变实验堆,International Thermonuclear Experimental Reactor)计划,消化吸收ITER技术,分享ITER知识产权,推进国内磁约束核聚变研究、积累聚变堆科学和工程技术知识,解决稳态燃烧等离子体的控制技术、氚的循环与自持、聚变能输出技术,同时开展聚变堆材料研究、聚变堆包层及聚变能发电等工作。此外,在国内的EAST、HL-2M等装置上搭建聚变堆部件验证工程平台,进行聚变堆单项技术攻关,开展示范堆设计研究,掌握并完善建设商用聚变堆所需的工程技术,早日实现核聚变堆的商用化,在我国率先利用聚变能发电,实现能源利用的跨越式发展。

6. 坚持核电"走出去"战略

核电"走出去"是我国未来核电发展的重要规划,目前世界核电的发展呈百花齐放的格局,美国、俄国、法国等核电强国具有较高的发展水平。对于世界能源发展来说,核能未来将会占据很大的比例,争夺国外核电市场是核电强国的目标之一。作为我国实施"一带一路"倡议的重要载体,当前中国企业在"走出去"的时代特征下,国际领域的核电建设交流与合作不断深化,核电海外市场也将得到拓展。根据国际原子能机构提供的数据,未来10年,全球将新建60~70个核电机组,全球核电市场的空间将达到万亿元人民币的规模。近年来,我国不断突破欧洲市场,拓展亚非拉市场,已相继与英国、罗马尼亚等国达成合作协议,中国核工业集团有限公司、中国广核集团有限公司、国家电力投资集团有限公司核电企业都开始在国际舞台亮相。因此,针对目前核电市场的发展,未来我国必须大力支持核电"走出去"战略,这对我国核能发展具有深远影响。

7. 实现核能制氢与氢能冶金的结合

氢能被视为21世纪最具发展潜力的清洁能源,是人类的战略能源的发展方向，在未来全球能源结构变革中占有重要地位。核能制氢将核反应堆与先进制氢工艺耦合，进行氢的大规模生产，并用于冶金和煤化工，是取代传统化石能源大量消耗、缓和世界能源危机的一种经济有效的措施。以世界领先的第四代高温气冷堆核电技术为基础，开展超高温气冷堆核能制氢的研发，并与钢铁冶炼和煤化工工艺耦合，依托我国钢铁产业的发展需求，实现钢铁行业的二氧化碳超低排放和绿色制造，将是一项划时代的技术革命和产业创新。

第 4 章 储能与氢能

4.1 内涵与研究范围

储能即能量存储,是指通过一种介质或者设备,把一种能量形式用同一种或者转换成另一种能量形式存储起来,基于未来应用需要以特定能量形式释放出来的循环过程。氢能是指以氢及其同位素为主导的反应中或氢在状态变化过程中所释放的能量,是一种通过氢的热核反应或氢与氧化剂的化学反应来产生的二次能源。储能与氢能技术是提高能效、应对气候变化压力和保障能源供应安全等的重要手段,渗透服务于社会经济的各个方面,具有重要的战略价值和辉煌的产业前景。

按照能量转换和存储形态,储能技术可以分为电化学储能(锂离子、铅蓄电池、钠硫、液流、储氢等)、物理储能(抽水蓄能、压缩空气、飞轮、电磁储能等)和热储能(显热储能、潜热储能和化学储热等)等类型。不同储能技术具有不同的优缺点,应用场合适应性也有所不同,各种储能技术的应用能力如表 4-1 所示。

表 4-1 各类常见储能技术的主要应用模式

储能类型		典型额定功率	典型额定能量	优点	缺点	应用场合
电化学储能	铅炭电池	0kW~100MW	数小时	技术成熟、成本低	寿命短、比能量低	调峰填谷、备用电源
	液流电池	5kW~200MW	一至数小时	寿命长	比能量低,能量效率低、成本高	辅助可再生能源接入
	钠硫电池	100kW~100MW	4~6h	比能量高	安全性能差、成本高	辅助可再生能源接入,调峰填谷
	锂离子电池	0~100MW	数分钟至数小时	响应快,比能量高,能量效率高	安全性有待提高	辅助可再生能源接入、调峰、调频、备用电源、电网稳定性调节
	超级电容器	1~100kW	1s~1min	充电速度快、功率密度高、循环寿命长	能量密度低、放电时间短	电能质量调节、可再生能源系统
物理储能	抽水蓄能	10~2000MW	数小时	超长寿命,稳定性好	选址条件要求苛刻	削峰填谷、应急电源、电能质量
	压缩空气	0.5~300MW	一至数十小时	环境友好、储能周期长,适于大规模	响应慢、能量效率低	调峰、调频、系统容量备用
	飞轮储能	5kW~10MW	1s~30min	响应快、比功率高	比能量低、成本高	UPS、电能质量调节
	超导储能	10kW~50MW	1~30min	响应快、比功率高	成本高、运行维护复杂	电能质量调节、电网暂态稳定调节

续表

储能类型		典型额定功率	典型额定能量	优点	缺点	应用场合
热储能	显热储能	0.001M~10MW	数小时至数天	系统集成相对简单；储能成本低，储能介质通常对环境友好	储能密度低、设备体积庞大、自放热与热损问题突出	太阳能热发电、间歇性余热利用
	潜热储能	0.001M~1MW	数小时至数周	热量输出稳定且换热介质温度基本不变，储能密度明显高于显热且设备体积减小	储热介质与容器的相容性通常差、热稳定性需强化；相变材料较贵	废热回收、太阳能储存、供暖和空调系统热机、太阳能电站、磁流体发电及人造卫星
	化学储热	0.01M~1MW	数天至数月	能量密度高,常温下储存能量,且在储存期间没有热损失,可供选择的储热材料或者可逆化学反应较多,适用温区广	系统复杂、体积大,投资较高,整体效率仍较低	工业余热/废热的利用、太阳能热储存及化学热泵等

物理储能是目前最为成熟、使用规模最大的储能方式，电化学储能是近年来技术发展最迅速、应用范围最为广泛的储能技术。作为储能技术中进步最快的储能技术，截至 2018 年底，各类电化学储能的应用规模见表 4-2。受益于政策刺激和锂电池成本降低，我国电化学储能市场取得了持续快速增长。截至 2019 年底，我国已投运电化学储能项目的累计装机规模为 1592MW，较 2018 年增长 48.4%。

表 4-2 电化学储能项目技术分布及占比

序号	技术类别	累计投运装机规模/MW	占比/%
1	锂离子电池	2213	75.62
2	钠硫电池	394.5	13.48
3	铅蓄电池	204.7	6.99
4	液流电池	74.3	2.54
5	超级电容	6.9	0.24
6	其他	33.2	1.13
7	电化学储能总装机	2926.6	

氢能作为一种清洁能源，也作为一种高能载体，是连接化石能源向可再生能源或未来能源过渡的重要桥梁，有利于实现我国的能源多元化战略。要实现规模化的氢能利用首先需要解决制备和存储两大关键问题。根据制备原料的不同，氢气制备主要有化石燃料制氢(煤制氢、天然气制氢、石油制氢)、水制氢(电解、光解和热解水)和生物质制氢(热化学转换法和生物法)等方式。各种方法的优缺点如表 4-3 所示。其中，化石燃料制氢是我国目前主要获取氢气的方法。

表 4-3　常见制氢方式的特点比较

制氢方式	具体方法	优点	缺点
化石燃料制氢	煤制氢、石油制氢、天然气制氢	工艺相对成熟	原料储量有限、污染严重、碳排放量大、投资成本高
水制氢	电解水、光解水、热解水	原料充足，对环境无污染	电解水制氢耗电多、光解水制氢能量转换效率低、热解水工艺不成熟
生物质制氢	热化学转换法、生物法	原料来源广泛、总体储量大	产氢速率慢、效率低

氢气的储运技术是影响其规模化应用的瓶颈之一。当前氢气的储备技术主要有高压气态储氢、低温液态储氢、有机物液体储氢、金属氢化物储氢、氨储氢等方式。不同储氢技术的原理、储氢密度及应用场合如表 4-4 所示。目前我国加氢站主要采用高压气态储氢方式，高压气态储氢气瓶的设计、生产和使用必须要有相应的标准规范，以保障运行安全性。

表 4-4　不同储氢技术的原理、储氢密度及应用场合

储氢技术	原理	质量储氢密度/wt%	体积储氢密度/(g/L)	优点	缺点	应用领域
高压气态储氢	利用高压储氢瓶等设备升高气体压力，从而增加气体密度方便存储	4.0~5.7	~39	技术成熟、成本较低、充放速度快、动态响应好	储氢密度较低，存在不安全因素	大部分用氢领域，如车用、化工、运输等
低温液态储氢	将氢气压缩后冷却到-252℃以下，使之液化并存放在绝热真空储存器中	>5.7	~70	储氢密度大	易挥发、成本高、附属系统庞大	航天、电子、运输等
有机物液体储氢	利用不饱和液体有机物催化加氢和脱氢的可逆反应来实现氢的储存和利用	>5.7	~60	储氢量大，便于储存和运输	成本高、操作条件苛刻	车用、运输等
固体吸附储氢	利用活性炭、过渡金属或稀土材料与氢反应，以物理吸附或金属氢化物形式吸附氢，然后加热氢化物释放氢	1~4.5	~50	体积小、安全，操作条件易实现	成本较高、质量储氢密度低	潜艇、船舶等对重量不敏感的大型器械
以氨储氢代氢	利用空气中的氮气与氢气化合生成氨	16.7	120	无碳，储氢密度非常高，储运体系成熟，可直接作载氢燃料	味道刺激	大型或长期储用氢装备

4.2　在国民经济、社会发展和学科发展中的重要意义

能源和环境是当今世界所面临的两大问题。清洁能源技术的发展，特别是可再生能源开发利用技术的飞速发展，对减少温室气体排放、提高社会资源有效利用、促进经济可持续发展具有重要意义。

电能是未来能源利用领域最重要的二次能源，可再生能源发电往往具有显著

的间歇性和随机性,导致能源供需的时空不平衡矛盾越来越突出,储能将成为提高能源系统效率、安全性和经济性的重要手段,是发展安全、高效、低碳能源的关键技术。在电网运行过程中,储能装置作为"采—发—输—配—用—储"中的重要环节,不仅可平滑电力负荷,实现需求侧管理,提高设备运行效率和经济性,而且必将促进可再生能源发电大规模发展和为能源系统的安全稳定运行提供保障。在轨道交通中,储能装置可以通过制动能量回收可以减少能源浪费,增强列车在突发状况下的应变能力,实现应急供电和自牵引。大容量储能装置可以在特殊工况中(如车站调车场、无法架设牵引供电网的山区等)辅助甚至替代内燃机组出力。

氢能是连接化石能源向可再生或未来能源过渡的重要桥梁,有利于实现我国的能源多元化战略。氢能为化学能的载能体,可以克服电难以大量储藏和转化的缺点,起到氢电互补的作用。如果把氢能作为二次能源来利用,就有可能构筑面向可持续发展社会的低环境负荷能源体系。与电能类似,氢能源系统建立的源头既可依赖化石能源,又可依赖于可再生能源。此外,在化石资源向可再生能源过渡的过程中,其他的环节包括氢的分离、输运、分配、存储、转化和应用均不需要很大改变。氢能的终端用途广泛,其中燃料电池是高效、洁净利用氢能的新技术平台之一。通过燃料电池能将氢方便地转换成电和热,具有较高的能源效率,能实现低污染甚至是零排放,为实现交通电动化提供了可行技术路径,也被认为是氢能系统构建的重要推动力。除此之外,氢在冶炼、化肥等领域的应用也非常广泛。在这些领域采用绿氢达到的降碳减排规模和效果并不逊色于燃料电池,而且更容易实现规模化,有利于降低成本,因此日、德、澳等国家都在积极示范推广绿氢在合成氨等领域的大规模应用,我国也应当在发展氢燃料电池的同时,兼顾氢能在冶炼、化肥等领域的规模化应用。

储能和氢能是推动主体能源由化石能源向可再生能源更替的关键技术,是构建智能电网、促进能源新业态发展的核心基础,是提升能源系统灵活性、经济性和安全性的重要手段,对于国民经济、社会发展及学科发展都具有重要意义。

4.3 研究现状、存在问题及发展趋势分析

储能和氢能技术的发展可推动能源结构向低碳化、清洁化、高效化发展。当前已取得了一定的进步。据中关村储能产业技术联盟2020年2月发布的不完全统计,截至2019年底,我国已投运储能项目累计装机规模为32.2GW,占全球18%,同比增长3.2%。其中,最大份额的抽水蓄能为93.7%。电化学储能累计装机规模为1592.3MW,占比4.9%,比去年同期增长了1.5%。2019年新增储能装机约520MW,年增长率是48.4%。储能产业仍在稳步增长的轨道上。虽然我国在此领

域积累了很多经验和技术,但是与国际先进技术前沿依然存在一定差距。

4.3.1 研究现状

不同储能技术的特点是不同的,其发展状态也各有不同。氢能的体系是建立在氢能制备、存储、运输、转换及终端利用基础上的能源体系。

4.3.1.1 储能技术研究现状

1. 电化学储能

电化学储能是通过电能与化学能相互转换来实现能量存储与释放的储能技术。目前,铅炭电池、锂离子电池、液流电池、钠硫电池、超级电容器等发展最为迅速。

1) 铅炭电池

铅炭电池储能的主要优势是效率较高、成本适中、占地面积较小、循环次数较好,比较适用在土地资源有限、充放电次数高的用户储能。

目前,国内外科研机构针对在铅炭电池应用于储能装置开展了大量研究工作。Furukawa 和 Ecoult 公司生产的铅炭电池已经在美国、澳大利亚和亚洲地区等储能装置上应用,平滑可再生能源出力波动,提高电网稳定性和可再生能源发电利用率。East Penn 公司的铅炭储能项目已为美国东部横跨 13 个州、超过 5800 万人服务。我国浙江南都电源动力股份有限公司生产的铅炭电池通过国家级能源科技成果鉴定,提高了铅酸电池循环寿命及高倍率充放电等特性。超威集团、天能电池集团股份有限公司与哈尔滨工业大学、北京化工大学等院校合作也在铅炭超级电池研究方面也做了很多有意义的工作,成功解决了负极析氢、碳材料选型、合膏新工艺等核心技术难题。

2) 液流电池

液流电池具有充放电应答速度快、充放电性能好、自放电低、能量效率较高、安全性能好等优点。在可再生能源发电、电网调峰和分布式电站等领域有着良好的应用前景,国内外已有相关示范工程开展性能及其应用验证。

我国从 20 世纪 80 年代末开始液流储能电池的基础研究工作,目前已掌握自主知识产权的百千瓦级全钒液流储能电池系统的设计、集成技术等。2012 年,北京普能公司参与了张北国家风光储输示范工程一期项目,为该工程提供了 2MW/8MW·h 的全钒液流电池储能装置。资料显示,全钒液流电池储能电站度电成本下降速度非常快。然而,全钒液流电池的研究开发时间相对比较短,从材料到应用完整的产业链仍需要时间。

3) 钠硫电池

钠硫电池体积小、容量大、寿命长、效率高，并具有显著的功率特性，在电力储能中广泛应用于削峰填谷、应急电源、可再生能源发电等领域。

日本在 1992 年进行了第一个钠硫电池示范储能电站的建设，到 2002 年实现了商业化，至今已有 200 座以上功率大于 500kW、总容最逾 300MW 的储能电站投运，分别用于电网峰谷差平衡、电能质量改善、应急电源、可再生能源发电的稳定输出等，最大功率的电站达到 34MW。我国成为继日本之后世界上第二个掌握大容量钠硫储能电池核心技术的国家。在 1977 年 4 月成功组装并示范运行了国内第一辆 6kW 钠硫电池电动车。在 2009 年 3 月我国第一条产能达 2MW 的钠硫电池试生产线建成，可以小批量化制备容量为 650Ah 的单体电池。

钠硫电池原材料易燃，安全问题突出，且投运时需要外部进行加热加温，最好还要使用真空绝热的技术才能使用等。这些不足限制了钠硫电池的发展。

4) 锂离子电池

用于电网大规模储能的电化学储能目前主要是磷酸铁锂电池。美国电科院早在 2008 年就开始了磷酸铁锂电池储能电站研发，并后续开展了大量技术应用示范工程，主要用于系统调频、电压控制及平滑风电出力等。

我国非常重视电化学储能在电力系统中的应用。同样，2008 年我国比亚迪公司就开发出 200kW/800kW·h 的柜式磷酸铁锂电池储能电站，并于 2009 年在深圳建立了我国第一座 1MW/4MW·h 的磷酸铁锂电池储能电站，用于削峰填谷、支持新能源发电稳定等。河北省张北县建立运营的国家风光储示范工程在解决风力发电和光伏发电并网技术、减少弃风弃光和提高可再生能源发电接纳能力等方面方面积累了丰富的运行经验。

5) 超级电容器

超级电容器具有充电速度快、功率密度高、循环寿命长的优点。许多国家将超级电容器项目作为国家级的重点研究和开发项目，提出了近期和中长期发展计划。目前，美国 Maxwell 公司在高性价比超级电容器储能和输电解决方案的开发和制造领域居全球领先地位。我国超级电容器产业近年来飞速发展。宁波中车新能源科技有限公司依赖强大的资金和技术，研制出适用于有轨和无轨电车的石墨烯超级电容器，单体容量达到万法级，处于世界领先水平。

2. 物理储能

物理储能指的是利用物理方法实现能量的存储，主要有抽水蓄能 (pumped hydroelectric storage，PHS)、压缩空气储能 (compressed air energy storage System，CAES)、飞轮储能 (flywheel energy storage，FES) 等。

1) 抽水蓄能

抽水蓄能技术是目前最成熟、应用最广泛的储能技术。抽水蓄能在电力系统中可以起到移峰填谷、调频和为系统提供备用容量等作用。我国抽水蓄能电站的土建设计和施工技术已经处于世界先进水平,机组的设备国产化进程正在加快,设备安装水平正在大幅度地提高。未来主要攻关方向是高水头、大容量抽水蓄能机组的制造技术。

2) 压缩空气储能

压缩空气储能装置具有储能容量较大、储能周期长、效率高和投资相对较小等优点。传统的压缩空气储能技术已趋于成熟,德国、美国已有商业运营的压缩空气储能装置电站。传统压缩空气储能装置依赖燃烧化石燃料提供热源、构建大型储气室的适合地理条件,因此发展受限。

新型压缩空气储能装置可完全摆脱对化石燃料的依赖,同时可采用地面高压储气容器,系统更加灵活,近年来备受关注。我国已有MW级新型压缩空气储能装置示范应用。

3) 飞轮储能

飞轮储能系统具有充电时间短、响应快、效率高、使用寿命较长等优点。美国、英国、德国、日本在飞轮储能技术的开发和应用领域位于前列。我国的中国科学院电工研究所等单位也进行了大量的研究,并取得了阶段性成果。能量密度不高、自放电率高等缺点限制了飞轮储能大规模应用,当前主要应用于高品质不间断电源市场。

4) 超导储能

超导储能具有无直流电流焦耳热损耗、响应速度非常快、维护简单等优点。此外,除了真空和制冷系统外,超导储能装置没有转动磨损部分,因此装置使用寿命长。现有超导材料的局限性限制了超导储能的大规模工业应用,比如使用低温超导材料制作的超导磁储能装置需要在液氦温区(4.2K)附近工作,导致与之配套的制冷成本很高等。

3. 储热技术

储热技术大体可分为显热储能、潜热储能和化学储热 3 类。显热储能通过提高介质的温度实现热存储。潜热储能,即相变储能,利用材料相变时吸收或放出热量,目前以固—液相变为主。化学储热利用可逆化学反应储存热能,可实现宽温域梯级储热,能量密度可达显热和潜热储能的 10 倍以上。化学储热技术要求储热介质具备可逆的化学反应,储热材料选择难度大。目前储热技术仍以显热和潜热储能为主。

4.3.1.2 氢能技术研究现状

对于氢能的利用，美国和日本在国际上处于领先地位。日本是全球最早提出"氢能社会"愿景的国家，在 2017 年发布了《氢能基本战略》，加速推进氢能社会。目前，日本已经成的加氢站数量接近 100 座，以氢为燃料驱动的燃料电池汽车有约 1 万台。我国早期对氢能源的认识不足，企业参与推进氢燃料电池技术进步及商业应用的热情并不高，而且关于氢能供—储—运全产业链关键技术与标准法规等体系不完善。为适应氢能燃料电池汽车发展需求，2018 年 9 月，中国汽车技术研究中心有限公司发布了 2018 年《车用氢能产业蓝皮书》，旨在推动我国氢能产业的发展。氢能作为一种清洁能源，其开发利用需要综合考虑制取、储存和利用等环节。

1) 氢的制备

氢的制备主要有 5 条路线：①天然气重整制氢。利用甲烷与水或氧气反应生产氢气和一氧化碳，再通过变压吸附提纯提高氢气纯度。该工艺简单、应用广泛。②石油制氢。该技术中氢气来源主要是水，工艺原理与天然气制氢类似。③煤制氢。该技术主要有煤气化制氢和焦煤炉气制氢，我国主要采用前者。④电解水制氢。在无机酸或碱金属氢氧化物水溶液中，通电后在阴极生成氢气并收集。该方法制备的氢气纯度高，制备工艺历史悠久，制氢效率可达 75%～85%，但耗电大，成本中电费占总成本约 80%。⑤氯碱工业副产物制氢。氯碱工业上电解饱和 NaCl 溶液的过程中可得到副产品氢气，通过提纯也可获得高纯度的氢气。

在氢气制备方面，国内外对化石燃料的依赖都很严重，我国由煤等化石燃料生产的氢气占了将近 70%，电解水制氢占不到 1%。虽然以化石燃料制氢具有产量大和价格相对较低的优点，但是生产过程碳排放量大且原料资源有限。我国煤储量丰富，石油和天然气相对较少，因此以煤制氢的能源结构将长期存在。

2) 氢的存储

与国外相比，我国的氢能储运和加注产业化整体滞后。由于氢是所有元素中最轻的，在常温常压下为气态，其高密度储存是各国需要解决的难题。针对车载储氢技术，根据美国能源部公布的标准，质量储氢密度须达到 7.5%，体积能量密度达到 70g/L，操作温度为 40～60℃。从参数指标而言，目前的技术都存在一定的局限性，与国外差距较大。氢气的存储主要有以下 5 种方式。

(1) 高压储氢技术。该技术相对成熟，但储氢密度较低，存在不安全因素。高压储氢技术的关键是开发轻质、耐压、高储氢密度、高安全性的新型储罐。高压气态储氢容器主要分为纯钢制金属瓶（Ⅰ型）、钢制内胆纤维缠绕瓶（Ⅱ型）、铝内胆纤维缠绕瓶（Ⅲ型）及塑料内胆纤维缠绕瓶（Ⅳ型）4 个类型。其中，Ⅰ型、Ⅱ型储氢密度低、氢脆问题严重，难以满足车载储氢密度要求。国内目前主要采用Ⅲ型储氢瓶，主要有张家港富瑞特种装备股份有限公司、浙江巨化股份有限公司、北京科泰克科技有限责任公司等公司，而国外主要采用Ⅳ型，且丰田、通用等公司的高压储氢瓶设计制造技术已处于世界领先水平。由于技术的限制，目前，国内主要采用 35MPa 的Ⅲ型储氢瓶，储氢密度低，70MPa 已研制成功并小范围应用，其储氢密度可以达到 5.7%。

(2) 低温液态储氢。从储氢密度角度分析，低温液态储氢是较理想的储氢技术。在低温液态储氢领域，储存容器绝热问题、氢液化能耗是两大技术难点。液氢需要采用特殊的容器储存，从而避免其蒸发，并且在实际氢液化中，其耗费的能量占总能量的 30%。虽然美国通用汽车已成功将液氢在轿车上使用，但低温液态储氢还存在着成本高、易挥发及安全性问题。目前，北京航天试验技术研究所在液氢的制备、储运、应用上具有相对成熟的经验，但液氢在汽车上应用还未实现。

(3) 有机液体储氢。有机液体储氢材料是利用不饱和有机物液体的加氢和脱氢反应来实现储氢。常用储氢的有机液体包括苯、甲苯、萘、咔唑及四氢基吡啶等。有机液体储氢技术不仅储氢密度上较高(5.0%~7.5%)，并且由于其液体的性质，与汽油类似，可用现有管道设备进行储存和运输，安全方便。然而，为达到规定标准，所需反应压力在 1~10MPa，反应温度为 350℃左右，并且需要贵金属催化剂。因此该技术难度高，技术操作要求苛刻，成本高、寿命短，目前仍不成熟。扬子江汽车集团有限公司与武汉氢阳能源有限公司在 2017 年利用该技术联合开发了一款城市客车，加注 30L 的氢油燃料，可行驶 200km，但该储氢技术要实现商业化还具有很长距离。

(4) 固体吸附储氢。该技术是利用活性炭、纳米材料、过渡金属或合金与氢反应，以物理吸附或金属氢化物形式吸附氢，然后加热释放氢。当以金属单质储氢时，释放氢的温度超过 300℃，因此往往采用合金来降低反应温度，其质量储氢密度约为 1%~4.5%。虽然金属氢化物储氢已在车上有应用，但储氢密度较低。

(5) 以氨等载体储氢代氢。将氢与空气中的氮气或者二氧化碳化制成氨或者合成气等实现储运和使用。氨既可以直接作为无碳燃料使用，也可以通过裂解释放出氢。氨储氢的质量密度高达 17.6%，相同体积液氨的储氢含量比液氢液高出至少 40%，因此日本、德国、澳洲、加拿大等国已经将氨直接作为内燃机的燃料推广使用，也作为大规模储运氢的主要方案之一。但氨的气味刺激，略有毒性，虽然储运的技术和体系都很成熟，但被民众普遍接受还需要一段时间。

3) 氢气的输运和加注

氢能的规模应用取决于长距离运送。国内加氢站的外进氢气均采用气氢管束拖车进行运输，成本较高。适合大规模、长距离的氢气管道运输网络，美国和欧洲发展较成熟，已建成 2400km 和 1500km 的输氢管道，而我国规划的管道网络只有 400km，与欧美相比还有一定距离，仍处于起步阶段。通过管道运输氢气有两种方式：一是纯氢管道，即使用现存或新管道运输浓度为 100%的纯氢；二是管道掺氢，即向现有天然气管道中注入氢气至指定浓度，通常体积浓度低于 20%。目前的研究表明，当掺氢量低于 20%时，不会对现有天然气管网产生明显影响，但是否采用掺氢的方式还需考虑终端用户的设备对氢的接纳与否。

在终端加氢设施方面，2018 年，欧洲正在运行的加氢站 152 座，加氢站保有量居世界第一，亚洲 136 座，北美 78 座。其中，日本、德国和美国位居前三位，加氢站数量分别为 96 座、60 座和 42 座。中国 23 座，加氢站数量位居第四，主要分布在上海、北京、佛山等地，在建的加氢站 38 座，以 35MPa 为主，也正在规划建设 70MPa 加氢站。

4）氢的利用

氢能作为一种清洁的新能源和可再生能源，其利用途径和方法很多。它可以直接作为燃料用于交通运输、热能和动力生产中。在汽车、火车等运输工具中，可以用氢产生动力来驱动车、船，也可以用燃料电池发电实现交通工具电动化。燃料电池是氢能利用的重要方式之一，是将氢和氧的化学能通过电极反应直接转化为电能的装置。现有的燃料电池主要基于 5 大体系，包括碱性燃料电池(alkaline fuel cell，AFC)、磷酸燃料电池(phosphoric acid fuel cell，PAFC)、熔融碳酸盐燃料电池(molten carbonate fuel eell，MCFC)、固体氧化物燃料电池(solid oxide fuel cell，SOFC)、质子交换膜燃料电池(proton exchange membrane fuel cell，PEMFC)。

燃料电池具有突出优点，主要表现在：①效率高。在燃料电池中，燃料不是被燃烧成为热能而是直接发电，不受卡诺热机效率的限制。理论效率高达 90%，实际效率也达到了 80%以上。在相同的电负荷下，燃料电池的热载为燃烧发电机的 2 倍。②可靠性好。与烧涡轮及循环系统或内燃机相比，燃料电池的转动部件很少，因而系统更加安全可靠；当负载发生变化时，燃料电池可以很快调节输出出力。③燃料电池的环境效益良好，氢燃料电池的排放仅为水。

由于燃料电池模块化、功率范围广和燃料多样化等特点，能被应用于多种场合：小至代步车电源、移动充电装置，大至兆瓦级发电站，成为全世界研究热点。目前燃料电池的研究热点主要集中在车用低温质子交换膜燃料电池及电站用高温固体氧化物燃料电池技术，主要的应用障碍是燃料电池的成本与寿命及氢的储运。车用燃料电池主要使用低温 PEMFC，其商业化随着日本丰田公司在 2014 年 12 月发售首款燃料电池车"Mirai"拉开序幕，但是与传统内燃机汽车相比，车用质子交换膜燃料电池仍然需要进一步降低成本与提高寿命。PEMFC 的高成本主要因其昂贵的关键材料和核心组件，尤其是 Pt 催化剂，高的 Pt 用量及有限的 Pt 资源更是燃料电池汽车产业化的主要瓶颈。MCFC 和 SOFC 工作温度在 600℃以上，通常称为高温燃料电池。高温燃料电池由于电极活性高，不需要使用贵金属催化剂，成本被大大压缩；燃料来源广泛，可以使用各种各样的碳氢化合物作为燃料。特别是 SOFC 由于其全固态结构，没有电解液的泄露和腐蚀的风险，没有类似于 PEMFC 水管理或 MCFC 中 CO_2 管理的问题，电堆设计更为灵活，系统更加简化，效率也最高。正是由于高温燃料电池的这些优势，其在提高化石能源利用方式上具有巨大潜力。

4.3.2 存在问题

我国的储能技术得到了快速发展，但是各类储能技术的成熟度并不均衡，即使是成熟的储能技术在技术经济性上仍不能满足大规模应用的需求，特别是某些前沿技术与国外相比仍有一定的差距。在氢能领域，我国起步时间晚，与国外差距明显。

(1) 多种储能技术发展迅速，但各类储能技术成熟度不均衡。电化学储能技术是当前储能技术中发展最为成熟的技术，其中，锂离子电池能量密度和综合循环效率很高，尤其是磷酸铁锂材料的单位价格不高，具有广泛的推广应用前景；钠硫电池具有能量高，密度大，寿命长，可模块化制造，运输和安装方便，但当前的技术水平限制了其推广应用；液流电池在 21 世纪初逐步实现商业化生产，目前只有少数厂家具备全钒液流电池商业化量产能力。物理储能技术中，抽水蓄能技术历史悠久，装机容量最大。新型压缩空气储能和飞轮储能技术研究水平与国外的科研机构处于并跑阶段，距离商业化应用还有一段距离。电磁储能技术还处于探索阶段，亟需开发低成本超导材料和降低运行维护成本。各类储能技术成熟度发展的不均衡，带来了储能应用场景和选型配置等方面的限制。

(2) 各类储能装置都已有示范项目或小规模商业应用，但是对于大规模应用还需提高储能装置的技术经济性。各类储能装置在技术性上有待进一步提升。电化学储能装置中，锂离子电池价格高且可能存在热安全性问题、钠硫电池仅当钠和硫都是处于液态的高温下才能运行等；物理储能装置中，压缩空气储能效率较低、飞轮储能能量密度不够高、超导储能超导体及其运行费用相当可观等；在储热装置中，热电相变蓄热材料在液态时易发生泄漏、热泵储电技术对热功转换设备要求高等，这些技术特性使得其在大规模应用中建设成本高昂。同时，当前储能多重价值收益尚不明晰。储能产业的盈利模式主要是依靠峰谷电价差套利，而该差价相比于储能电站建设成本，导致储能项目在商业化运营上存在经济吸引力不足的问题，储能价值难以体现，极大限制了其大规模的推广和应用，亟待通过开放的电力市场和灵活的市场机制去体现储能商业化价值。

(3) 前沿技术发展与国外相比有一定的差距。毋庸置疑，我国在各类储能技术的研发及工程应用都取得了显著进步，比如锂离子电池、铅炭电池和抽水蓄能等储能领域已位列国际先进水平技术；我国研发的新型压缩空气储能装置与国外的科研机构处于并跑阶段。但是，也应该看到，某些前沿技术和国外相比有一定的距离，比如在材料方面，关键电池材料、具备可逆化学反应的储热材料和低成本超导体等；在基础技术研究方面，新型压缩空气储能装置的中宽负荷压缩机、高负荷透平膨胀机和紧凑式蓄热(冷)换热器等核心部件的结构与强度设计技术和超导储能装置的运行维护技术等；在商业化量产方面，钠硫电池、液流电池、兆瓦级等温压缩空气储能装置等；在规模化推广方面，大电网中调峰调频的大容量储能技术应用和储能的开放市场机制等。

(4)氢能制备、储运、使用等方面，与国外差距明显。当前我国在冶炼、合成氨、炼油等规模化用氢领域的推广研究力度远低于燃料电池技术，进展慢，需要全链条各环节氢能科学与技术的新突破。目前，氢能产业发展初具条件，但仍存在关键材料和核心技术尚未自主、基础设施建设不足、商业化推广模式尚未建立等诸多瓶颈：①在关键材料和核心技术方面，我国虽然已有突破，但与发达国家相比，关键材料和零部件主要依靠进口。②在基础设施建设方面，关于氢品质、储运、加氢站和安全标准较少，氢气品质检测和氢气泄露等重要测试装备欠缺，权威检测认证机构尚未形成。"加氢焦虑"成为氢燃料电池汽车发展的重要制约因素。我国氢燃料电池汽车尚处起步阶段，加氢站的建设运营无法通过规模经济效应平衡收支，导致建设运营模式不够成熟，加氢设备产业化能力不足、成本偏高。③在商业推广模式方面，由于从氢气制备、存储、运输、加注到利用的产业链成本高，制约了商业化运行。④在政策体系方面，虽然我国从战略层面肯定氢能及燃料电池产业发展，但专项规划及政策体系缺位，产业发展方向、目标和重点尚待明确。

4.3.3 发展趋势

依据当前世界能源前沿技术的发展方向及我国能源发展需求，储能与氢能技术领域发展呈现出以下趋势。

1. 电化学储能技术突破

现有电化学储能技术在电池安全性、循环寿命、成本等方面实现突破性提升，并以具备多电子、多离子反应潜力的轻元素化合物为重点研究目标，构建高能量密度电池新体系。通过技术研究、装备研制、示范工程实施及技术创新平台建设，形成较为完善电化学储能产业创新体系，突破电化学储能产业的技术瓶颈，在新能源发电、智能电网、电动汽车等需要的关键技术与装备上实现自主化，部分技术和装备达到国际先进水平，提升国际竞争力，促进电化学储能产业的良性发展。

2. 物理储能技术大规模应用

开展物理储能展项目示范，加强压缩空气储能、飞轮储能等技术中关键器件和设备的自主研发，在大规模应用中实现理论和技术的创新。通过示范，完善与规范相关标准、检测与认证体系，全面掌握适合我国国情、针对多种应用场景、不同规模的储能系统集成技术，提高物理储能技术经济性。

3. 大容量储热技术产业化

开发新型的潜热储热和化学储热技术，结合可再生能源消纳与清洁供热，在综合能源系统和智能电网中，建立冷热电联供系统，提升能源利用效率。

4. 大规模、低成本、高效率的制氢技术的发展

继续攻关水制氢和生物质制氢两大领域。为充分发挥电解水制氢高效、高纯度的优势，应充分利用太阳能、风能等自然能量进行水的电解，改进电解水的工艺和设备来降低电解水的耗能。在光解水方面，开发具有可见光响应的、高效的光催化材料体系，提高能量转换率。在生物质制氢方面，应从原料和反应途径入手，提高制氢的选择性和产氢率。

5. 高密度储氢技术与装置的性能提升

针对我国目前应用最广的高压储氢技术，需要进一步优化储氢瓶的设计、提高其耐压能力来提高储氢的密度。同时，在原料方面，应在基础材料方面进行攻关，实现产业原料的国产化，自给自足。需要继续攻克耐超低温和保持超低温、抗压且严格绝热的特殊容器。氢气的输送是氢气利用的重要环节，为降低输运成本，首先要提高储氢密度，其次要设计和建设适合大规模氢气输运的网络。

4.4　未来研究前沿与重大科学问题

1. 新一代储能技术

重点开展储能机制、储能过程、储能材料方面的原始创新和集成创新，着重提升储能效率、安全性、预期寿命并降低储能成本。对于具有重大应用前景但尚未掌握的关键技术，有望达到示范验证水平的项目，包括全固态电池、锂硫电池、液态金属电池、钠离子电池、金属空气电池、高介电常数电介质储电技术等；对于确实有重大应用前景、进展良好、技术成熟度高的技术，包括高性价比锂离子电池、低成本液流电池、超长寿命铅碳电池、新型超级电容器、超临界压缩空气、变速抽水蓄能技术、高温超导储能技术等，应进一步强化支持，推进相关技术向产业化和商业化发展。

2. 储能产业先进生产装备技术

针对相关企业在提升技术水平面临的装备落后问题，支持先进装备技术的发展，包括生产线自动化、数据化技术，产品智能化、标准化技术等，推进储能产业生产水平的提高。

3. 储能系统集成与综合利用技术

针对先进能源领域关注的智能电网、分布式能源、可再生能源技术等子领域的应用需要，开展储能系统集成技术研究，包括储能电站网络化、智能化、互联化技术；智能电网关联的储能技术；开发大容量储热系统，满足储热技术在用户侧的应用。

4. 开展储能规模应用评估体系建设

建立相应数据库，开展储能大数据分析研究。研究储能系统在电力系统、交通系统和新能源发电系统中最优工作模式；开展全产业链技术经济性分析，评估我国储能产业产生的经济效益、社会效益和环境效益；充分调研多种储能技术的投资效益，推进储能项目效益考核。

5. 氢能系统及整体产业链

氢能作为一种新能源，发展时间短，而且有别于其他能源，对氢以能源形式运用时所需的制备技术、安全、储运等方面涉及的问题认识不足。当前氢能产业的基础设施投资建设不足，限制和影响了氢能的使用。对氢能未来发展，并没有像国外发达国家那样上升到能源战略高度，重视不够。氢能的发展需要依赖材料、化学、动力等多个行业的共同进步，涉及制氢、储运、安全、使用等多方面，需要大量的技术研究与资金支持，而且，氢能的应用推广需要相关标准、产业规划、政策导向等方面的支持和引导，促进氢能产业的规模化，从而降低成本，扩大氢能的应用，同时带动相关技术的进步。

4.5 储能技术在交通系统中的应用

目前，储能技术在交通领域的应用主要是电化学储能中的电池在各类交通工具的应用。锂电池已被广泛应用于各类电动汽车动力电池。城市轨道交通如地铁、磁浮列车、有轨电车等，多以锂电池和超级电容作为储能装置。同时，作为应急电源等辅助供电系统应用比较广泛。大铁路中，调车机车中曾提出通过不同储能元件的混合实现能量包动力驱动，将锂电池与超级电容混合的形式作为驱动，来实现机车无电区高效运行和减少内燃污染排放,在试行中取得了良好的效果。车用燃料电池主要使用低温 PEMFC,其商业化随着日本丰田公司在 2014 年 12 月发售首款燃料电池车"Mirai"拉开序幕,Mirai 可实现 3min 充氢,最大输出功率 100k~110kW,续航里程可达 700km,美国售价仅为 5.75 万美元。但是与传统内燃机汽车相比,车用质子交换膜燃料电池仍然需要进一步降低成本与提高寿命。

2010 年 9 月 2 日,欧洲航宇集团公司(EADS 公司)全电飞机 Cri-Cri 在巴黎 Le Bourget 机场正式进行首飞。这架四引擎的特技飞行飞机由 EADS 创新工厂、Aero Composites Saintonge 公司和绿色 Cri-Cri 协会联合开发,在首飞中进行了 7min 的不间断飞行。2010 年 7 月 28 日,中国制造的世界首架商用纯电动 E430 电动飞机在美国威斯康星州奥什科什市机场"飞来者大会"试飞成功,起飞平稳,飞行高度达到 3000m 左右。2009 年 7 月,世界首架利用燃料电池驱动的有人驾驶飞机"安塔里斯"号在德国汉堡升空。"安塔里斯"利用氢作为燃料,通过和空气中的氧发生电化反应产生能量。在最佳情况下,这种飞机可连续飞行 5h,飞行半径达到 750km。2019 年,由中国船舶重工集团公司第 704 研究所总成、武汉长江船舶设计院设计、长航集团绿色航运公司提供技术支持的长江三峡通航管理局"海巡 12909"号新能源动力改造项目已顺利完成了全部改建和初步测试,成为长江流域第一艘纯电动公务船。该船搭载 0.68MW·h 宁德时代磷酸铁锂电池,最大航速 21km/h。

4.6 未来发展规划

1. 电化学储能

电化学储能转换效率高,具有一定优势。未来短时间内电化学储能应用仍然将集中在锂离子电池、液流电池等体系,同时,半固态电池和固态电池有可能进入市场导入期。电化学储能主要需要解决的是安全、寿命和成本三方面,需要突破核心技术是电芯技术、成组技术、电源管理技术等。液流电池、钠硫电池、超级电容器等体系实际工业应用尚处于起步阶段,电池关键材料、电堆技术、系统控制和运营管理等方面,需要在市场发展中不断取得经验和完善。动力电池使用之后应用于储能的梯级利用技术,可显著降低储能投资成本。

2. 物理储能

物理储能主要问题是高制造成本及低能量密度。传统的抽水蓄能和压缩空气储能技术已趋于成熟,并有典型的商业应用;以超临界压缩空气储能为代表的新型技术尚未成熟,未来需突破的关键问题包括中宽负荷压缩机和高负荷透平膨胀机、紧凑式蓄热(冷)换热器等核心部件的流动、结构与强度设计技术;突破大规模先进恒压压缩空气储能装置、太阳能热源压缩空气储能装置、利用 LNG 冷能压缩空气储能装置的关键技术；突破压缩空气储能装置集成及其与电力系统的耦合控制技术；示范系统的调试与性能测试技术；储能装置产业化与推广应用等。

3. 氢能

氢能的制、储、运、用的全产业链布局是未来需要重点关注的。在制取方面，开发和推广基于风、光、水、核能的绿氢制造工艺，研究和推广高压电解水和高温热解水材料、设备和技术，提高电解池的调幅范围，并与能源微网结合，有效实现"氢电互补"。在储运方面，研制和推广具有独立产权的正仲氢转化催化剂，减少液氢的蒸发；研制和推广氢化物的合成催化剂和工艺，降低合成能耗与成本；充分利用我国现有的合成与储运氨体系，发展新型"氢"载体，用于储运氢。在应用方面，大幅度提高氢燃料电池质子交换膜和电极催化剂的寿命，大幅降低使用成本；开发和研制高温固体氧化物燃料电池余热的利用技术，提高氢能的综合能效；研制和推广高温固体氧化物燃料电池技术，降低对贵金属催化剂的依赖，大幅度提高氢能的利用效率；研制和推广直接以氨为燃料的燃机和燃料电池技术，充分利用现有的内燃机体系及氨的输运体系；同等重视氢在冶炼、化肥及炼油等行业的规模化应用。

总体来讲，储能和氢能技术亟待大力发展。安全性好、能效高、成本低、循环寿命长、易于安装、模块化、易于系统集成、维护成本低是各国竞相发展的方向，随着我国电力体制改革政策的落实、现货市场的逐步建立、可再生能源实现大规模并网、分布式能源体系的完善、电动汽车的快速普及及智能电网的发展完善等，将持续推动储能和氢能市场规模稳步攀升。同时，未来储能与氢能技术与应用策略的成熟、标准与规定的制定、成本下降与规模化生产的实现、储能应用市场与价格机制的建立将保障储能为支撑中国实现能源结构向低碳化转型发挥更坚实的作用。

第5章 智能电网

5.1 内涵与研究范围

目前,各个国家电网的发展阶段不同,各国资源(特别是能源资源)存在着巨大的差异,导致能源保障及电力供应方面的问题也不尽相同,因此各国对智能电网的理解和发展侧重点也有所不同。目前,在国际范围内尚未形成统一的智能电网的定义。从智能电网具有主要的特性和采用的主要技术角度,一些组织和国家给出了各自对智能电网的理解和定义:①美国电力科学研究院(Electric Power Research Institute,EPRI)对智能电网的定义为:由多个自动化的输电和配电系统组成,以协调、高效和可靠的方式运作;快速响应电力市场和企业需求;利用现代通信技术,实现实时、安全、灵活、可靠的信息流,为电力用户提供经济可靠的电力服务;具有快速诊断、消除故障的自愈能力。②美国国家能源部(Department of Energy,DOE)对智能电网的定义为:采用先进的传感技术、通信技术和控制技术来保证更为高效、经济和安全的发电、输电和供电的现代电网,集成了从发电、输电和配电及用电设备的大量有益于社会的创新技术和手段,以满足不断变化的未来社会需求。③欧洲技术论坛对智能电网的定义为:智能电网集创新工具和技术、产品和服务于一体,利用高效的感应、通信和控制技术,它实现了与客户的双向交换,从而提供更多信息选择、更大的能量输出、更高的需求参与率和能源效率。④IBM公司对智能电网的定义为:通过传感器提高电力设备的数字化程度,建立数据的整合体系和收集体系;提高数据分析能力、优化运行和管理能力。⑤我国国家发展与改革委员会、国家能源局对智能电网的定义为:在已有电网的基础上,通过集成新能源、新材料、新设备及先进传感技术、信息技术、控制技术、储能技术等新技术,形成的新一代电力系统,该系统具有高度信息化、自动化、互动化等特征,可以更好地实现电网安全、可靠、经济和高效的运行。

由于世界各国对智能电网发展的侧重点不同,其对智能电网的特征描述也不相同。综合上述定义,可以将智能电网的主要特征归结为灵活性、可观可控性、互操作性3方面:①灵活性。灵活性是指系统功率/负荷发生较快的变化,造成较大功率不平衡时,通过调整发电或负荷保持可靠供电的能力。功率的不平衡可能由于负荷变化而引起,也可能由间歇式能源发电功率的变化而引起。智能电网中,间歇性可再生能源的大量接入,使电源的不可控性增加,而灵活性降低。同时,电动汽车等主动负荷的接入,又使得需求侧可控性增加,灵活性加大;②可观可控性。智能电网连接着众多的不可控源和灵活源，为保证电网的安全稳定运行，需要进一步提高电网的可观测性和可控性。如基于广域测量系统(wide area measurement system，WAMS)对电网的运行状态进行监测，通过柔性交流输电技术(flexible alternating current transmission systems，FACTS)技术、高压直流技术等，对输电线路和进行控制，都是以提高电网可观测性和可控性为目的；③互操作性。互操作性是指保证多个网络、系统、设备、应用或元件之间相互通信及在不需要过多人工介入即可有效、安全、协调运行的能力。提高智能电网的灵活性、可观测性和可控性，离不开先进的传感技术、网络通信技术及自动化技术。智能电网是现代量测、通信、控制和决策技术的结合体，需满足互操作性。

智能电网的特征包括：能量和信息的双向流动性，以及基于此建立的高度自动化和广泛分布的能量交换网络；引入的分布式计算、通信及互联网，实现了信息的实时交互及达到设备层次上的近似供需平衡。为了实现智能电网的特征，需要展开的研究包括：①灵活的系统拓扑结构的研究。灵活的可调度的系统拓扑结构，是未来智能电网的重要功能。它可以保证系统在最优化的系统拓扑下运行，可以保障系统在故障时减小失电范围，同时快速通过不同的系统连接方式对失电区域供电；②集成的能量和信息网络系统的研究。智能电网需要具有实时监控、实时分析及实时控制的能力。在系统中，安装监测传感器、远程控制装置并将它们连接到一个安全的信息网络系统中，是保证实时监控及实时控制的基础；③快速的仿真和模拟系统的研究。快速仿真与模拟是提供风险评估、系统自愈控制、系统优化等的基础。它为智能电网提供数学支持和预测能力，以达到改善电网的安全性、稳定性、可靠性及高效运行的目的；④分布式电源的研究。分布式电源包括小水电、风力发电、光伏发电、燃料电池、储能装置等。一般来说，这些分布式电源靠近负荷中心，降低了对电网扩展的需要，并提高了供电可靠性。大量分布式电源的接入彻底改变了传统配电系统单向潮流的特点，要求系统使用新的电压控制、仪表、保护方案等来满足双向潮流的需求。同时，这些分布式电源也为系统运行提供了巨大的灵活性，比如，在极端天气时，分布式电源可以自行形成微电网向医院、交通枢纽等重要用户提供紧急供电。具体的研究包括：为了实现实时调度分布式电源，必须提供安全的信息网络系统，并实现分布式电源的协调控制；保证分布式电源与已有电力系统的兼容性问题；⑤高级配电自动化的研究。高级配电自动化包含系统的监控控制、配电系统管理功能和与终端用户的交互。高级配电自动化与智能电网其他组成部分的协同运行，可以改善系统的无功与电压管理、降低系统的损耗及提高系统资产利用率，也可以更好地辅助优化人员调度和维修的作业安排。具体的研究包括：系统需要在一个开放式的信息网络系统结构内并具有协同工作的能力；需要基于分布式计算的分布式控制；需要协同传感器、信息网络系统和分布式控制，对电力系统上的扰动快速做出反应，以使其影响最小化；⑥电力电子的研究。电力电子技术和产品是未来智能电网的主要组成部分，包括智能电子装置、多功能固态开关、柔性输电系统装置等。很多新型的电力电子装置具有独立控制的特点，智能电网可以使用基于这些电力电子设备的新的系统控制逻辑，使它们协同运行，以便实现多重电力电子装置的集成控制，实现电力系统的最大的可用传输能力；⑦智能量测系统研究。智能测量系统是用来测量、收集、储存、分析用户用电信息的完整网络和系统，主要包括智能测量装置、通信网络及量测数据管理系统。智能量测系统在双向计量、双向实时通信、需求响应的基础上，支持用户分布式电源与电动汽车接入和监控，实现智能电网与电力用户的双向互动。

5.2 在国民经济、社会发展和学科发展中的重要意义

智能电网的建设是一个系统化的过程，涉及多方面的投资和建设，在很长一段时间内将是我国经济发展的一个先导产业。比如，智能电网中数字化变电站的建设需要土建、数字化设备、电力设备、通信设备等诸多行业的支撑；智能电网中的关键元件——智能电表涉及全国亿万家庭，其产业规模巨大；智能电网对新能源的良好兼容性推动了新能源行业的发展，将在很大程度上促进新能源设备制造行业的迅速发展。

除此之外，智能电网对我国经济可持续发展起着重要作用。目前我国能源结构中矿产资源占比很大，但矿产资源是不可再生资源。随着矿产资源的减少及世界经济对资源的需求日趋增加，这就导致了矿产资源的供需不平衡。如果不降低对矿产资源的依赖，我国经济增长的动力将受到影响，经济发展的可持续难以实现。智能电网有助于可再生能源的引入，这对保障我国国民经济可持续发展有着重要的意义。

智能电网作为承载我国能源革命的重要平台，对能源结构调整和全局发展具有深刻影响。通过智能电网技术的普及应用，将进一步提高电网友好接纳和优化配置多种能源的能力，实现能源生产和消费的跨区域综合调配，可推动清洁能源、分布式能源的科学利用，从而全面构建安全、高效、清洁的现代能源保障体系。发展智能电网技术同时将对我国正在实施的创新驱动发展战略具有引领性作用。通过智能电网技术的普及应用，不仅将给电力工业带来革命性变化，还可实现我国能源科技和装备的全面提升，并带动上下游产业转型升级，从而抢占全球战略性新兴产业的制高点。

智能电网是将先进的传感测量技术、信息通信技术、分析决策技术、自动控制技术、能源电力技术及电网基础设施高度集成化而形成的新型现代化电网，智能电网的发展必将促进传感测量技术、信息通信技术、分析决策技术、自动控制

技术、能源电力技术及电网基础设施等相关学科的发展。

5.3 研究现状、存在问题及发展趋势分析

5.3.1 研究现状

1) 美国智能电网的研究

美国对于智能电网的研究起步较早。在 2001 年，美国电力科学研究院首次提出了 IntelliGrid 的概念，并强调通过开放、标准化、基于各类需求的方法实现电网数据与设备的整合，同时允许不同产品和系统之间的互操作性。2003 年，美国能源部电力传输与配电委员会发表了《"电网 2030"——电力的下一个 100 年的国家设想》报告，指出了美国逐渐老化的电网已经不能与创新的电子信息技术同步，并分析了影响未来电网发展的诸多因素，展望了电力系统的远景，最后提出了实现远景设想的智能电网分阶段发展规划。2005 年，美国能源部联合太平洋西北国家实验室(Pacific Northwest National Laboratory，PNNL)等研究机构及工业界共同提出了 Grid Wise 方案，致力于通过信息技术整合发、输、配电系统及终端电气设备，推动电网规划和运行的数字化和信息化，提高资产利用率。2006 年，美国能源部下属的国家能源技术实验室牵头了"现代电网(Modern Grid)"项目，提出了构建智能电网的基本概念框架，逐渐明确了对美国智能电网技术发展方向的广泛共识。2007 年 12 月，美国颁布了《能源独立与安全法案》，首次明确了智能电网的概念，确立了国家层面的电网现代化政策，同时，为有效促进智能电网建设，由能源部、环境保护署、国家标准和技术研究院等机构联合组建了联邦智能电网工作小组，并建立了智能电网实时的问责机制和激励机制。2009 年，美国总统奥巴马就任后发布的《美国的新能源》报告中特别强调了对智能电表、分布式发电和储能应用、用户参与调峰等技术的投入和支持，并公布了高达 45 亿美元的智能电网技术投资计划，正式将智能电网提升到美国国家战略的高度，掀起了国际智能电网研究的又一个高潮。此外，美国政府为了吸引各方力量共同推动智能电网的建设，积极制定了《2010—2014 年智能电网研发跨年度项目规划》，旨在全面设置智能电网研发项目以促进该领域技术的发展和应用。例如，美国标准与技术研究院已公布"智能电网"的标准化框架——75 个标准规格、标准和指导方针；美国 Silver Spring Networks 公司为电力公司提供面向智能电网的高级电表架构(advanced metering infrastructure，AMI)搭建与运行的解决方案；美国埃森哲公司承担科罗拉多州博尔德智能电网试点项目"智能电网城市"与荷兰阿姆斯特丹、日本横滨智能城市项目的项目管理。2013 年 6 月，第一个大规模"智能电网"在佛罗里达投入运行，该系统共使用 450 万个智能电力仪表及 1 万多个其他仪器设备，突出特点是实现仪器仪表的联网，从而提高电网的灵活性和恢复力。

可以看出，美国智能电网发展的特点为：①与信息产业密切结合。世界著名信息产业巨头（IBM、Google、Intel 等）均已提出自己的智能电网解决方案，主要侧重于数据采集和传输协议、应用集成标准、数据信息的架构化存储和分析、信息展现等电网信息技术范畴；世界著名电气设备制造商与电网运营商合作，开展了不同专题的智能电网应用示范研究，主要集中在智能电表和分布式电网管理、用户侧分布式发电和热电联产、智能城市和智能家庭、"插入式"混合动力汽车等项目；②研究重点向配电和用户侧应用倾斜。近几年美国开展大量"智能电网"试点和示范工程，多数集中在配电和用户侧，包括智能电表的铺设和量测信息的集成、智能家居和智能家电、小型分布式风力和光伏发电接入、客户需求响应、储能技术应用及"插入式"混合动力汽车等。目前，试点内容正逐渐从单项示范工程向综合示范发展，如智能电网城市等示范项目。

2）欧洲智能电网的研究

欧洲在智能电网的发展和建设方面也有较大进展。在 2005 年，欧洲成立了针对智能电网的"欧洲智能电网技术平台"。2006 年，该组织发布《未来的欧洲电网——愿景和策略》，全面阐述了欧洲智能电网的发展理念和思路，介绍了智能电网的研究策略、结构、研究重点和任务，并提出了未来欧洲电网应满足灵活性、分布式及可再生电源的开放接入、高可靠性和经济性的要求。2007 年，该组织发布的《未来的欧洲电网——战略性研究议程》讨论了智能配电系统、智能运行、智能电网资产管理、欧洲智能互连电网、智能电网交叉学科问题等 5 个研究领域和任务。2008 年，该组织继续发布了《未来的欧洲电网——战略部署文件》，进一步指出了智能电网计划的优先级和路线图，包括优化电网体系、整合较大等级的分布式电源、信息和通信技术、有效的配电网络、新的市场定位及用户和电能效率等六个优先级。

此外，欧洲各国还结合各自的科技优势和电力发展特点开展了各具特色的智能电网研究和试点项目：英国已制定出"2050 年智能电网线路图"，大力支持智能电网技术的研究和示范，其建设工作将严格按照路线图执行；2013 年 1 月，德国联邦经济技术部、联邦环境部和联邦教研部提出"未来可实现的电力网络"联合倡议，倡议资助的研发计划明确限定在电网领域，重点包括智能配电网、传输网络及离岸风电的连接和相关的接口等的应用解决方案；2013 年 2 月，欧洲标准化委员会、欧洲电工标准化委员会和欧洲电信标准化协会制定智能电网、智慧型电表及电动车充电三项标准；2013 年 6 月，法国 ALSTOM 公司与美国 Intel 公司签署全球合作协议，将在智能电网与智能城市等领域携手合作，开发相关技术和解决方案，将重点关注嵌入式智能和 IT 系统安全，继而推出未来电网新架构；2013 年 7 月，美国 S&C Electric、韩国三星视界、英国电网公司与德国 Younicos 将联合开发"欧洲最大的智能电网储能项目"；丹麦在 2013 年启动新的智能电网战略，以推进消费者自主管理能源消费的步伐，综合推行以小时计数的新型电表，采取多阶梯电价和建立数据中心等措施，鼓励消费者在电价较低时用电；苏格兰坎伯诺尔德研究中心正在研究智能电网的优化问题，并利用微电网对新技术进行相关测试，致力于提升发电效率。

与美国相似的是，欧洲运行的大部分电网设备同样已接近老化，面临大量更换的需求。更加关注"低碳"和"减排"的欧洲，在风力发电和太阳能发电的规模和普及程度方面居全球首位，亟须构建与可再生电源发电相匹配的开放的电力网络和电力市场机制。然而，欧洲电网又有其独有的特点，表现在对跨国的电力交换和电力市场服务(包括备用电源和辅助服务)的巨大需求。欧盟各国的电源构成差异很大，北部的风能和南部的太阳能发电间存在较大的互补性，部分国家的高比例间歇式风电也需要其他国家提供备用电网支撑。欧洲的跨国电力交易不仅引起了输电通道容量不足和输电阻塞问题，也要求建立相对完善的电力服务市场运作机制。为保障欧洲电网的安全有效运行，必须依靠"智能电网"实现以下目标：①跨国的电网运行数据信息的标准化和透明化；②对风电、光伏发电等间歇式电源发电量的提前预测和对各类电源的优化调度；③全系统的、高度自动化的远程控制以保障电网安全；④构建高度信息化的电力市场，以电价为杠杆引导家庭微型发电机并网和用户用电的安排。通过需求侧服务，使刚性的负荷需求柔性化，更好地匹配新的电源结构，实现"移峰填谷"，提高电网资产的利用率。

3) 日本智能电网的研究

日本发展智能电网主要目的是解决资源匮乏，促进能源高效利用。日本智能电网的发展采取政府主导、行业协会组织敦促、研究机构积极投入、电力企业主推、相关设备企业的联合参与模式。在零售业务全面自由化改革的背景下，日本在智能电网建设中引入大量的可再生能源、能源管理、高性能储能等技术，在分布式光伏发电、风能发电、分布式电网储能、微电网、电动汽车方面展开了大量的实验工作。日本发展智能电网主要面对的问题是应对越来越多的分布式电源，因此日本将家庭能效管理、建筑能效管理、电动汽车交通能源管理及"光伏发电+储能"等方面作为智能电网发展方向和主要模式。丰田市以新能源汽车和家庭用电为重点开展智能电网试点项目研究，该项目研究的核心是通过能够预测地区电力需求的能源数据管理系统及交通需求管理系统，整合光伏发电、燃料电池、新能源等电力单元，在分析电力相关信息的基础上对电力设备进行有效控制，实现家庭、社区能源的有效利用，实现交通供需最优，促进低碳能源消费。北九州市示范项目的特点在于独立于大电网，通过天然气热电联供系统实现电力和能源的供应，该项目建设储能系统、光伏发电系统、小型风机、燃料电池等能源系统，通过需求侧管理系统调节用户电力需求，实现区域内部电力供需平衡，实现地区整体能源的优化利用。

4) 中国智能电网的研究

随着国家"智能电网"热潮的兴起，国家电网公司于 2009 年提出并制定了"坚强智能电网"的发展规划，全面推进坚强智能电网的建设。国家电网公司提出的"坚强智能电网"概念与欧美国家智能电网的最大区别在于对高压骨干输电网建设的侧重。在国家相关部门的支持和全行业的共同努力下，我国取得了举世瞩目的成就：建成了世界上电压等级最高的±1100kV 特高压直流输电工程和一批±800kV 特高压直流输电工程、世界上电压等级最高的 1000kV 特高压交流单回、同塔双回和穿越长江的地下气体绝缘管道等输变电工程，以及世界上电压等级最高的±420kV 柔性直流输电工程等。预计 2020 年还将建成世界上首个±800kV 特高压三端混合直流输电工程、世界上首个±500kV 张北柔性直流电网工程，相关技术和设备填补了该领域的国际空白；特高压直流输电、特高压交流输电、柔性直流输电、灵活交流输电等技术打破了国外垄断；大电网安全控制和变电站智能化等关键技术和装备取得世界性突破；新能源并网、电动汽车换电等方面保持国际领先地位；大容量储能系统建设、分布式电源接入和微电网技术等方面也已跃居国际先进水平。

此外，我国还开展了一大批关于"智能电网"的研究和试点项目。2009 年 8 月，国家电网公司启动第一批城市配电自动化试点工程，其主要目标是针对不同可靠性需求，采用合理的配电自动化技术配置方案，建设具备系统自愈、用户互动、高效运行、定制电力和分布式发电灵活接入等特征的智能配电网；2010 年 6 月，国家电网公司发布《智能电网技术标准体系规划》，覆盖 8 个专业分支、26 个技术领域、92 个标准系列；2012 年 5 月，科学技术部发布《智能电网重大科技产业化工程"十二五"专项规划》，规划把大规模间歇式新能源并网技术、支撑电动汽车发展的电网技术、大规模储能系统、智能配用电技术、大电网智能运行与控制、智能输变电技术与装备、电网信息与通信技术、柔性输变电技术与装备、智能电网集成综合示范等九大技术列入"十二五"期间发展的重大任务；2013 年 10 月，863 计划电网关键技术研发(一期)重大项目第 19 课题"提升电网安全稳定和运行效率的柔性控制技术"仿真试验方案通过，其研究成果在中国电科院"电网安全与节能国家重点实验室"建成示范工程仿真试验平台；2013 年 11 月，南方电网公司与中国移动公司续签战略合作框架协议，提出借助 4G 技术构建智能电网；2013 年 11 月，国电南瑞公司完成的国家 863 子课题"智能配电网优化调度关键设备研制及应用"通过中国电机工程学会科技成果鉴定，突破智能配电网优化调度关键技术，研制支撑智能配电网优化调度的关键设备，开发智能配电网的优化调度系统，并开展示范应用，实现智能配电网高效运行。为落实《国家中长期科学和技术发展规划纲要(2006—2020 年)》、《能源发展战略行动计划(2014—2020 年)》等提出的任务，国家重点研发计划启动实施了"智能电网技术与装备"

重点专项，该重点专项目标是持续推动智能电网技术创新、支撑能源机构清洁化转型和能源消费革命。从基础研究、重大共性关键技术研究到典型应用示范全链条布局。该重点专项涉及了大规模可再生能源并网消纳、大电网柔性互联、多元用户供需互动用电、多能源互补的分布式功能与微网、智能电网基础支撑技术5个创新链。

尽管如此，我国智能电网的发展与欧美等国家相比，仍存有差距，缺少国家层面上"从整个能源体系结构和国家能源发展战略出发"的对智能电网发展目标与重点的引导和规划。因此，我国的"智能电网"战略应该面对推动能源革命和经济发展新常态的现实要求，大力推进大规模新能源并网消纳技术、大电网柔性互联技术、电源与用户供需互动技术及多种能源互补的分布式供能与微电网技术的研究，致力于实现推动能源结构清洁化调整、实现能源跨区优化配置、支撑能源消费方式革命、加速能源科技创新、带动战略新兴产业发展等重大使命。

5.3.2 存在问题

实施智能电网发展战略不仅能使用户获得高安全性、高可靠性、高质量、高效率和价格合理的电力供应，还能提高国家的能源安全，改善环境，推动可持续发展，同时能够激励市场不断创新，从而提高国家的国际经济竞争力。要实现这些目标，面临着很多严峻的挑战，涉及许多技术和社会问题。在其发展的各个阶段，从基础科学和工程技术的研究到开发、示范和运行会出现障碍。具体包括以下几方面。

1) 基础设施

由于更多的分布式电源渗透在配电系统中，智能电网需要新的灵活的可重构的网络拓扑结构、新的保护方案、新的控制系统、新的电气设备(比如高压大功率(insulated gate bipolar transistor，IGBT)器件、高压大功率碳化硅器件、新型绝缘材料和新型磁性材料等)、新的高性能的实时仿真平台等，同时需要构建安全、开放的通信系统，以实现信息实时交换。在基础设施扩展、升级和开发的过程中，挑战性问题主要包括以下方面：关于未来电网的典型网络拓扑结构的构想还不够清晰；量测设施如智能电表、相量测量单元等支持电网的规划和运行的方式仍然不确定，其安置原则和功用还需大力挖掘；为了保证通信网络有效覆盖、高效服务和可靠传输，需要扩展适用于多互联的通信基础设施；采用基于新技术的基础设施，可能遇到经费、风险和运行人员知识不足等问题。

2) 标准和协议

智能电网的建设涉及多系统的融合、多种新技术的整合、多种能源及新型设备入网，通信、互操作、数据收集与管理等标准和协议的制定至关重要。因为标准化的缺乏会抑制各个运行单元(发电、输电、配电和电力消费者)之间的数据(信息)交换，阻碍系统的完全优化，使系统效率降低。目前，美国电气和电子工程师协会(Institute of Electrical and Electronics Engineers，IEEE)致力于制定一套智能电网的标准和互通原则(IEEE2030)，主要包括电力工程、信息技术和互通协议等方面的标准和协议。与此同时，国际电工委员会和美国国家标准与技术研究院也在为开发这些标准做出巨大努力。国内电网公司也为此做了大量工作，然而标准(尤其是互操作性标准)是需要由国家主持、开放式建立的，具有较大的挑战性。

3) 计算机网络安全

智能电网的诸多功能和应用需要依托信息通信技术(information and communications technology，ICT)才能实现，而且为了涵盖外部系统，ICT 的范围必将扩大，智能电网将是一个复杂大规模的赛博—物理系统(cyber-physical systems，CPS)。计算机网络开放、兼容和互联，必然伴随着风险，必须确保其安全，以保证信息的保密性、完整性和可用性。

4) 能源效率、需求响应和负荷控制

为了提高电网利用率，需要开发高级配电市场，实现更具弹性的负荷需求特性，但这同时会使电网运行更加复杂和难以预测。为了实现有效的能量管理，达到设备层次上近乎瞬时的平衡，存在如下关键的挑战性问题：缺乏充分可信的、大家共同接受的能源效率、需求响应和负荷控制的评估、测量和证实方法；需要保证信息的私密性(对负荷操作的保密)、真实完整性(确保所接收到的负荷操作的信号是正确的)、可用性(确保需要时已准备好)和访问控制等；电动汽车的充电功率和储能量均很大，充放电时间的安排是否恰当直接关系到电网峰谷差的改善还是加剧，电网需要为大量电动汽车的接入提供市场与技术支持。

5) 系统状态感知

对于电网运行人员和用户而言，仅停留在信息管理和数据共享是不够的，还要求数据的能见度，需要增强态势感知能力。有效的态势感知应能帮助运行人员在数据/信息库的基础上，实时准确地掌握系统当前状态并能预测系统的未来状态，估算出可用于采取有效措施的时间并制定控制策略，以提供本质上实时的可控性，最终提高电网的自愈功能和抗干扰能力。

6) 市场设计

需要出台旨在开放电力市场和激励智能电网投资的新法规，所面临的挑战性问题如下：实施分时/实时电价，使"电能"作为一种商品的市场价值得到合理地体现；制定鼓励分布式卖电回电网和作为后备电源使用的政策；建立智能电网投资成本回收的政策。

5.3.3 发展趋势

智能电网的发展趋势是通过对新能源技术的探索，改变对现有化石能源的过度依赖，以可再生清洁能源为主重组能源利用方式和能源消费结构，进而催生以新能源为主导的全球新技术和新产业革命。智能电网的发展趋势具体包括以下几方面。

(1) 调整能源结构，构建多元互补的能源供给系统。通过发展分布式电源及新能源，实现能源结构的重组，建立分布式与集中式协调、多元融合、供需互动、高效配置的能源供给体系。

(2) 推动能源消费革命，提高能源利用效率。通过支撑分布式能源的广泛发展，提高新能源的开发和利用效率，加快经济转型与可持续发展。

(3) 实现与终端用户的互动。通过需求侧响应机制，实现能源与用户间的高效互动，满足差异化的需求，提供更为丰富便捷的用电服务。

(4) 优化电网资产应用，使系统高效运行。全面贯通电力生产消费的业务流程，提升运行管理的效益，实现"源—网—荷"的高效多向互动，加快各类新能源/分布式能源/储能设备的安全无缝地接入电网，实现"即插即用"，全面提高能源的优化配置水平。

(5) 自适应和自愈功能。具有自适应能力和主动应对电网中各种突发事故的自愈能力，使电网具有更强大的"免疫系统"。

(6) 带动相关产业的跨越式发展。积极促进新能源、电力电子设备、通信技术、储能、超导等产业核心技术的研发和部署，带动相关产业的跨越式发展。

5.4 未来研究前沿与重大科学问题

1) "智能电网+"

智能电网的核心要义是"智能"，但到目前为之，电网的智能水平还处在浅层阶段，远远不能够满足电网的需要。纵观我国智能电网的建设成果，现有的成果还主要集中在智能输配电装备、数据系统构建等层面，而大数据的挖掘分析应用等软件层面的研究应用工作才刚刚起步。人工智能技术的快速发展，为智能电网的发展提供了绝好的机遇，也提供了强大的手段，所以，智能电网的发展已经到了升级阶段，要走向更高层次的深度智能。基于此，"智能电网+(smart grid plus, SG+)"的概念应运而生，其涵义是借助人工智能技术实现智能电网的升级版，使电网具有更高级、更深层的人工智能，从而进一步提升电网运行的安全性、经济性和可持续性。该领域的重大科技问题如下：①能源电力大数据。重点布局能源和电力的大数据质量、多数据源融合、大数据挖掘技术、AI 算法；②电源侧 AI。

重点布局新能源发电功率预测、新能源接入"即插即用"式建模、发电设备的故障诊断与预警；③电网侧 AI。重点布局基于数字仿真的电网 AI 分析、电网状态智能感知、输变电设备巡检与诊断、基于微扰动的电网动态特征提取识别；④负荷侧 AI。重点布局负荷构成分析、主动负荷功率预测、主动负荷在线建模、柔性负荷控制、多能优化互补。

2）基础材料与器件

材料作为电工技术的重要物质基础，其发展一直是促进电工技术进步的根本动力之一，因为电工装备的功能和性能在很大程度上取决于材料的电磁特性。纵观电工技术 100 多年来的历史，最为显著的发展源动力均来自新材料技术的进步。例如，基于半导体材料的发展而产生的电力电子技术，已成为 20 世纪电工技术领域最具变革性的进步动力，对现代电网技术的发展产生重大影响；又如钕铁硼永磁材料和非晶合金铁磁材料的发展，对现代电机和变压器制造技术的发展产生深刻影响；氧化锌避雷器、碳纤维复合芯导线等技术发明，其根本创新之处在于新材料的应用；超导材料如能在电工技术中得到广泛应用，将对电工技术产生革命性的影响。该领域的重大科技问题如下：①绝缘材料，在我国现有绝缘材料的研究基础上，在高性能绝缘材料的研究与开发、极端条件下绝缘材料的失效规律与机理及环境友好型绝缘材料的研究与开发等方面重点布局；②磁性材料，在我国现有磁性材料研究基础上，在非晶纳米晶软磁材料及其应用技术、纳米复合磁性材料及其应用技术、复合功能磁性材料及其应用技术，通过特性探索研究、材料制备技术和应用技术等方面重点布局；③高压大功率 IGBT 器件技术，在我国 IGBT 器件研究的基础上，重点布局 2500~4500V 压接用 IGBT 器件技术、千伏千安级压接 IGBT 产业化技术、万伏千安级压接 IGBT 技术；④高压大功率碳化硅器件技术，在我国碳化硅电力电子器件研究基础上，重点布局 50~300μm SiC 外延技术、电网用中低压 SiC MOSFET 器件产业化技术、电网用 15kV SiC IGBT 技术和超高压 30kV 碳化硅器件技术。

3）高比例新能源并网消纳

实现高比例新能源的全额消纳是智能电网技术与装备重点专项的核心目标之一。随着电力系统中风电、光伏等新能源发电比例的不断增加，大规模新能源并网消纳面临诸多挑战。面对这些挑战，提炼了 4 个未来研究前沿与重大科学问题：①高比例新能源并网的电力系统规划与稳定性理论；②大型新能源基地多端直流互联与送出；③分布式新能源并网技术及装备；④适应新能源消纳的多能源互补协调调度与控制。其中，高比例新能源并网的电力系统规划与稳定性理论属关键科学问题，是实现系统健康可持续发展的基础；大型新能源基地多端直流互联与送出、分布式新能源并网技术及装备属重大共性关键技术，是实现我国大规模新能源集中式与分布式并网的重要技术内容；适应新能源消纳的多能源互补协调调度与控制属于典型应用示范技术，是实现高比例新能源消纳的技术手段。

4) 高比例电力电子电网的安全经济运行

我国电力系统规模日益扩大，网络架构趋于复杂，新能源异军突起，在这种背景下，我国电网面临一系列新的挑战，这些挑战包括高比例新能源消纳压力大、大容量远距离输电技术、复杂电力系统安全稳定运行等。面对这些挑战，提炼了4个未来研究前沿与重大科学问题：①未来电网形态与规划。包括能源革命背景下电力发展需求分析预测技术及电网结构形态、多类型电源规划、大型互联电网规划、电网规划综合评估；②先进大容量输电技术与装备。包括±1100kV特高压直流输电、新型输电装备、高电压大容量柔性直流输电、直流网输电技术；③适应高比例电力电子装置接入的系统分析与实时仿真。包括电力系统建模、高比例电力电子装置接入的系统特性及稳定性机理、电力系统在线实时仿真等卡脖子问题；④未来电网调度、保护与控制。包括面向智能电网的状态估计、时空和多目标协调的智能电网有功与无功控制、高比例电力电子装置接入后的电网保护、实时状态感知与广域安全稳定控制。

5) 高比例新负荷智能高效配用电

智能配用电作为智能电网最为活跃的重要领域，涉及的领域非常广泛，从常规的配电自动化系统建设、有功无功的优化调度、电压的自动控制，到与发电和电源侧相关的分布式能源(太阳能、风能、储能装置)接入；从与用电和负荷侧相关的需求侧响应管理，到电动汽车充放电技术、微电网、主动配电网及直流配电技术。该领域重点需要研究的科技问题有：①未来配电网形态与规划；②高比例分布式能源集成与利用；③高级配电运行；④电力电子化配电系统的控制保护；⑤智能用电及配用电侧综合能源系统。

6) 综合能源系统

智能电网内涵丰富从常规的电网建设，到多能互补的能源技术，再到基于通信和信息技术建设的能源—信息融合平台，然后到最终搭建的智能电网交易互动平台，涉及电网、新能源、通信、储能、多能转换、大数据、网络交易等多种技术。该领域关键科技问题有：①多能互补的能源网络技术。包括直流电网技术、能量路由器技术、先进储能技术；②智能电网平台。包括交易平台、能源大数据平台、用户互动平台。

7) 能源互联网

依托电网信息物理融合系统理念，传感技术、通信技术和信息技术已经成为智能电网ICT领域的关键组成技术方向，它们将在智能电网发展中起着十分关键的技术支撑作用。该领域关键科技问题有：①电网信息物理融合。包括电网信息物理融合理论、智慧城市能源互联技术装备、智能芯片、移动互联及新型人机交互技术；②传感技术方向。包括智能传感与物联装置、复杂电磁环境下高可靠无线传感网络、光纤传感技术、基于磁阻效应的微弱磁场和微小电流检测技术、基于声表面波响应理论及无源无线电流传感技术、智能传感器自取能技术、通信技术方向、骨干网通信技术装备、接入网通信技术装备、下一代互联网、电力无线通信技术、平流层通信技术、通信网评估与优化技术、电力时频同步网系统；③信息技术方向。包括智能电网大数据智能分析平台、分布式云计算数据中心、信息安全及自主可信技术装备、电网工业控制安全、高性能计算技术、电网空间信息系统与GIS、电网AR/VR技术研究与应用、电网数据存储与管理。

5.5 智能电网在交通系统中的应用

未来，交通网与能源网有机融合是大势所趋。交通电气化已成为能源转型的重要途径，是交通网与能源网实现有机融合的关键环节。

在电动汽车方面，根据中国汽车工业协会统计，2017年新能源汽车产销分别为79.4万辆和77.7万辆，其中纯电动汽车销量占比高达84%（纯电动乘用车占比60%，纯电动商用车占比24%）。在智能电网的充电桩建设方面，2017年充电量达到23.0亿kW·h，充换电5700万次，各运营商已建充电桩16.9万个，其中社会运营12.3万个，国家电网自营4.6万个，已初步形成"九纵九横两环"高速城际快充网络，覆盖19省、150个城市，里程超过3.1万km，初步形成了互联互通的全国"新能源一张网"格局。

在港口岸电布局方面，国家电网的港口岸电已经覆盖全国15个省（直辖市），形成了东部沿海港口、京杭大运河港口和长江沿线港口的"两纵一横"格局。国家电网公司在长江三峡船闸的建设岸电，现已投入试运行，这是世界上最大的一个岸电工程。此外，在长江上还第一次出现了电动客轮，电池可存储2200kW·h，充一次电能行驶120km。客运和货运船只在技术上小吨位电动化后，还会迅速向大吨位发展，进一步向沿海货轮、近海货轮发展。国家电网把交通运输领域作为推进电能替代的四个主要领域之一。国家电网建设的智慧车联网，一开始是为充电场景服务，现在正在向"港口岸电"、"机场油改电"等类似的用电场景延伸，本质是创新打造了绿色低碳、清洁高效的交通—智能电网互联系统，推动电能在交通终端消费占比提升。

在电气化轨道交通方面，城市轨道交通作为城市电网的重要用户，一般直接从城市电网获取电能，供电系统主要由电源系统、牵引供电系统和动力照明系统组成。其中外部电源可以看作是城市轨道交通供电系统与城市电网的接口，将电能从城市电网引入供电系统；牵引供电系统主要负责向全线运行的车辆提供电能；动力照明系统为除城市轨道交通车辆以外的其他所有地铁用电负荷提供电能，其中包括通信、信号、事故照明和计算机系统等负荷。智能电网的高度信息化、自动化、互动化等特征可以满足电气化轨道交通复杂用电需求，促进电气化轨道交通整体的高效协调运行。

5.6 未来发展规划

(1) 支持分布式电源的发展。分布式电源是能源发展的一大趋势，为支持分布式电源发展，需要全方位提升电力系统灵活性和适应性，以支持能源的分散开发、就近消纳，提高电网对分布式电源的接纳能力、提高能源利用效率。

(2) 提升输电智能化水平。为了提升输电智能化水平，需要推进先进直流输电和柔性交直流输电技术的研发和应用，推广输电线路的在线监测等技术，加大线路新材料、新技术的应用，提高输电智能运维水平，支持电网实时监测、实时分析、实时决策，提高输电网运行安全灵活性、防灾抗灾能力和资产利用效率。

(3) 开展主动配电网建设。开展主动配电网、交直流混合配电网示范建设，提升配电网柔性化水平，提高配电网灵活性及适应性，满足分布式能源及多元负荷"即插即用"需求，实现"源—网—荷"高效互动，推动配电网实现由被动控制到主动控制的转变。

(4) 推进综合能源服务业务。与传统的售电业务相比，综合能源服务的能源提供方式和服务方式更加多元化。开展综合能源服务业务既可以提高供电质量，提升能源利用效率，又能改善电网企业在供应市场中的竞争力，激发电网企业活力，促进电网企业转型升级。

(5) 打造客户服务智能平台。打造全方位、多层次、立体式的客户服务平台，实现一套数据多方应用。通过个人电脑、智能交互终端、手机登设备，利用门户网站、移动客户端等多种途径为客户提供灵活、多样、友好的互动方式，实现与客户的现场和远程互动，为用户提供用电、节能、需求响应等各方面的个性化服务。

(6) 智能电网交叉学科人才培养。以电力系统为基础，结合自动控制、电力电子、信息处理、计算机应用、物联网、新能源等技术展开新学科的建设和发展。基于科技创新 2030—"智能电网"重大项目，建立以高校为依托的"国家重点实验室"来促进智能电网学科及相关学科的转型，实现高校的智能电网学科及相关学科的发展由"虚"向"实"的转变。

上篇主要参考文献

阿诺德·皮科特, 卡尔海因茨·诺依曼. 2016. 能源互联网. 温瑞玉, 董晓青译. 北京: 机械工业出版社.

艾新平, 杨汉西. 2014. 浅析动力电池的技术发展. 中国科学(化学), 44(7): 1150-1158.

岑可法. 2014. 中国煤炭清洁高效可持续开发利用战略研究: 先进清洁煤燃烧与气化技术. 北京: 科学出版社.

岑可法. 2018. 煤炭高效清洁低碳利用研究进展. 科技导报, 36(10): 66-74.

陈军, 陶占良. 2014. 能源化学. 2版. 北京: 化学工业出版社.

陈俊国, 秦宇彤, 马德勋, 等. 2014. 国际核事故风险管理的现状与发展趋势展望. 科技视界, 4: 147-148.

陈小砖, 李硕, 任晓利, 等. 2018. 中国核能利用现状及未来展望. 能源与节能, 8: 52-55.

陈允鹏, 黄晓莉, 杜忠明, 等. 2017. 能源转型与智能电网. 北京: 中国电力出版社.

丁明, 陈忠, 苏建徽, 等. 2013. 可再生能源发电中的电池储能系统综述. 电力系统自动化, 37(1): 19-25, 102.

国家自然科学基金委员会. 2011. 工程热物理与能源利用学科发展战略研究报告(2011-2020). 北京: 科学出版社.

国家自然科学基金委员会, 中国科学院. 2012. 未来10年中国学科发展战略:能源科学. 北京: 科学出版社.

国家自然科学基金委员会, 中国科学院. 2018. 中国学科发展战略: 能源化学. 北京: 科学出版社.

国家发展和改革委员会. 可再生能源发展"十三五"规划. (2016.12.10)[2019.12.20]. http://www.nea.gov.cn/135916140_14821175123931n.pdf.

国家可再生能源中心. 中国可再生能源产业发展报告 2017. (2018.10.18)[2019.12.20]. http://www.cnrec.org.cn/cbw/2017-12-26-534.html.

国家能源局. 太阳能发展"十三五"规划. (2016.12.08)[2019.12.20]. http://zfxxgk.nea.gov.cn/auto87/201612/P020161216571084852847.doc.

国家能源局. 风电发展"十三五"规划. (2016.11.16)[2019.12.20]. http://www.nea.gov.cn/135867633_14804706797341n.pdf.

国家能源局. 生物质能发展"十三五"规划. (2016.10.28)[2019.12.20]. http://zfxxgk.nea.gov.cn/auto87/201612/W020161205345785970165.docx.

郭晴, 苏罡. 2016. 我国核电战略性新兴产业"十二五"培育与中长期发展展望. 中国工程科学, 18(4): 55-60.

蒋凯, 李浩秒, 李威, 等. 2013. 几类面向电网的储能电池介绍. 电力系统自动化, 37(1): 47-53.

李建林, 田立亭, 来小康. 2015. 能源互联网背景下的电力储能技术展望. 电力系统自动化, 39(23): 15-25.

刘振亚. 2010. 智能电网技术. 北京: 中国电力出版社.

马栩泉. 2014. 核能开发与应用. 2版. 北京: 化学工业出版社.

彭小圣, 邓迪元, 程时杰, 等. 2015. 面向智能电网应用的电力大数据关键技术. 中国电机工程学报, 35(3): 503-511.

邱卫林, 于雯. 2017. 新时期我国核能产业发展现状及对策研究. 科技经济市场, 2: 184-186.

苏著亭, 杨继材, 柯国土. 2016. 空间核动力. 上海: 上海交通大学出版社.

王继业. 2017. 智能电网大数据. 北京: 中国电力出版社.

谢克昌. 2017. 推动能源生产和消费革命战略研究. 北京: 科学出版社.

余贻鑫, 秦超, 栾文鹏. 2014. 智能电网基本理念阐释. 中国科学: 信息科学, 44(6): 693-701.

余贻鑫, 曾沅, 刘洪, 等. 2010. 中国工程院咨询研究报告: 中国电网智能化、柔性化技术发展战略. 天津: 天津大学.

张建军, 周盛妮, 李帅旗, 等. 2018. 压缩空气储能技术现状与发展趋势. 新能源进展, 6(2): 140-150.

张平, 徐景明, 石磊, 等. 2019. 中国高温气冷堆制氢发展战略研究. 中国工程科学, 21(1): 20-28.

中华人民共和国国家统计局. 2018. 中国能源统计年鉴2018. 北京: 中国统计出版社.

周孝信, 鲁宗相, 刘应梅, 等. 2014. 中国未来电网的发展模式和关键技术. 中国电机工程学报, 34(29): 4999-5008.

邹长城. 2011. 中国核电产业自主化发展研究. 长沙: 中南大学.

Alonso D M, Bond J Q, Dumesic J A. 2010. Catalytic conversion of biomass to biofuels. Green Chemistry, 12: 1493-1513.

Alobaid F, Mertens N, Starkloff R, et al. 2016. Progress in dynamic simulation of thermal power plants. Progress in Energy & Combustion Science, 59: 79-162.

Blaabjerg F, Teodorescu R, Liserre M, et al. 2006. Overview of control and grid synchronization for distributed power generation systems. IEEE Transactions on Industrial Electronics, 53(5): 1398-1409.

Carrasco J M, Franquelo L G, Bialasiewicz J T, et al. 2006. Power-electronic systems for the grid integration of renewable energy sources: A survey. IEEE Transactions on Industrial Electronics, 53(4): 1002-1016.

Chen C, Wang J, Qiu F, et al. 2016. Resilient distribution system by microgrids formation after natural disasters. IEEE Transactions on Smart Grid, 7(2): 958-966.

Clark II W W, Rifkin J. 2006. A green hydrogen economy. Energy Policy, 34(17): 2630-2639.

Cooper M. 2014. Small modular reactors and the future of nuclear power in the United States. Energy Research & Social Science, 3(3): 161-177.

Fang X, Misra S, Xue G, et al. 2012. Smart Grid-The New and Improved Power Grid: A Survey. IEEE Communications Surveys and Tutorials, 14(4): 944-980.

Glarborg P, Miller J A, Ruscic B, et al. 2018. Modeling nitrogen chemistry in combustion. Progress in Energy & Combustion Science, 67: 31-68.

Hashimoto A, Yokoyama A. 2015. A new control method of multiple sets of battery energy storage system for load frequency control in power system with massive integration of renewable energy resources//Power Systems Computation Conference. Wroclaw, Poland: 1-8.

He Z, Zhong C, Su S, et al. 2012. Enhanced power-conversion efficiency in polymer solar cells using an inverted device structure. Nature Photonics, 6: 591-595.

Jiang X, Mira D, Cluff D L. 2018. The combustion mitigation of methane as a non-CO_2 greenhouse gas. Progress in Energy and Combustion Science, 66: 176-199.

Kempton W, Tomic J. 2005. Vehicle-to-grid power implementation: From stabilizing the grid to supporting large-scale renewable energy. Journal of Power Sources, 144(1): 280-294.

Kleinhans U, Wieland C, Frandsen F J, et al. 2018. Ash formation and deposition in coal and biomass fired combustion systems: Progress and challenges in the field of ash particle sticking and rebound behavior. Progress in Energy & Combustion Science, 68: 65-168.

Li J, Ma X Y, Liu C C, et al. 2014. Distribution system restoration with microgrids using spanning tree search. IEEE Transactions on Power Systems, 29(6): 3021-3029.

Li J L, Tian L T, Lai X K. 2015. Outlook of electrical energy storage technologies under energy internet background. Automation of Electric Power Systems, 39(23): 15-25.

Li X, Hui D, Lai X. 2013. Battery energy storage station(BESS)-based smoothing control of photovoltaic(PV) and wind power generation fluctuations. IEEE Transactions on Sustainable Energy, 4(2): 464-473.

Ma S, Chai J, Jiao K, et al. 2017. Environmental influence and countermeasures for high humidity flue gas discharging from power plants. Renewable & Sustainable Energy Reviews, 73: 225-235.

Niu D X, Song Z Y, Xiao X L. 2017. Electric power substitution for coal in China: Status quo and SWOT analysis. Renewable & Sustainable Energy Reviews, 70: 610-622.

Pohekar S D, Ramachandran M. 2004. Application of multi-criteria decision making to sustainable energy planning-A review. Renewable and Sustainable Energy Reviews, 8(4): 365-381.

Ragauskas A J, Williams C K, Davison B H, et al. 2006. The path forward for biofuels and biomaterials. Science, 311: 484-489.

Wang C, Liu H, Zhang Y, et al. 2018. Review of arsenic behavior during coal combustion: Volatilization, transformation, emission and removal technologies. Progress in Energy & Combustion Science, 68: 1-28.

Wu F, Argyle M D, Dellenback P A, et al. 2018. Progress in O_2, separation for oxy-fuel combustion–A promising way for cost-effective CO_2, capture: A review. Progress in Energy & Combustion Science, 67: 188-205.

Wuestenhagen R, Wolsink M, Buerer M J. 2007. Social acceptance of renewable energy innovation: An introduction to the concept. Energy Policy, 35(5): 2683-2691.

Xu Y, Liu C C, Schneider K P, et al. 2018. Microgrids for service restoration to critical load in a resilient distribution system. IEEE Transactions on Smart Grid, 9(1): 426-437.

Zhang J J, Zhou S N, Li S Q, et al. 2018. Overview and development tendency of compressed air energy storage. Advances in New and Renewable Energy, 6(2): 140-150.

Zou P, Chen Q X, Xia Q, et al. 2016. Evaluating the contribution of energy storages to support large-scale renewable generation in joint energy and ancillary service markets. IEEE Transactions on Sustainable Energy, 7(2): 808-818.

下篇　交通领域战略研究

交通运输在国民经济中具有先导性、基础性、战略性和服务性等功能属性，是社会生产、生活组织体系中不可缺少和不可替代的重要组成部分，被赋予了发展先行官的历史定位。党的十九大报告做出了建设"交通强国"的战略决策，这是新时代党和国家赋予交通运输业的崇高使命。2019年9月，中共中央和国务院发布了《交通强国建设纲要》，明确了我国交通未来发展的目标。交通强国旨在建成一个更安全、更便捷、更高效、更普惠、更可持续、更具竞争力的现代综合交通运输体系；在基础设施、运输服务、装备技术等硬实力方面位居世界前列；拥有与硬实力相匹配的现代行业治理体系、科技创新体系、创新型人才队伍等交通运输软实力；实现"人民满意、保障有力、世界前列"的交通强国战略目标。因此，交通强国战略的实施为我国交通领域的高质量创新发展提供了重大机遇。

实现交通运输由大向强的历史性转变，关键要靠科技创新。我国交通运输行业始终瞄准国际交通科技发展前沿，在交通装备、交通信息化与智能化、交通安全和交通基础设施等方面的技术创新取得了重大突破，极大地提升了我国交通运输业的核心竞争力和可持续发展的能力。当前，在经济社会快速发展和新一代信息技术跨界融合的新形势下，载运工具智能化、交通设施生态化、管理服务协同化发展推动了交通运输领域新产业、新业态不断涌现，交通运输系统自主创新和升级换代呈现出前所未有的活力。在新时代，我国交通运输业需要更加依靠创新驱动战略，增强交通科技研发力量，加强关键领域和薄弱环节核心技术攻关。根据具体交通方式的不同，本篇选择道路交通、水路交通、轨道交通、民用航空及综合交通5个子领域展开研究。

第6章 道路交通

6.1 内涵与研究范围

1. 道路交通研究的内涵

1) 道路交通的定义

道路交通是指人们依靠自身或借助于载运工具，在道路上完成人和物空间位置移动的社会活动。依据道路交通级别及服务区域的不同，道路交通通常可分为城市道路交通与公路交通。城市道路交通是指城市道路系统间的公众出行和客货运输。随着城镇化水平的不断提高，居民对机动化出行的需求越来越大，城市道路交通承担着大量的客货运需求。公路交通是指以公路作为基础设施、以汽车作为主要载运工具的运输方式，涉及城乡、区域间旅客、货物运输等方面。

道路交通具有门对门服务、中短途运输优势明显、机动性强和开放性高等特点。同时，道路交通在承担客货运输需求时，具有运输工具快捷灵活、运输网络覆盖面广的优势。因此，道路交通作为区域间的全方位联系纽带，可以促进区域产业结构优化升级，支撑区域的经济发展。

2) 道路交通研究的内涵

道路交通的完善和发展对城市社会经济的发展具有重要意义。我国道路交通在规划设计及运营管理中存在着诸多不完善现象，诱发了包括道路出行结构不合理、道路交通拥堵频发、交通事故形势严峻等问题。为了缓解这些问题，需要对道路交通理论和实践进行相关研究，在不同的阶段所面临的道路交通问题也并不相同，道路交通的研究目标也随之不断变化发展。

在现代交通发展的初级阶段，道路交通发展的首要目标是满足人民日益增长的客货运输需求。在这一阶段，道路交通的研究目标是实现道路交通的"畅"和"达"。前者即"通畅"，注重缓解道路拥堵与提升交通效率。后者意为"可达"，注重完善与优化道路网络。

20世纪90年代以来，随着我国改革开放的不断深化，国民经济实力持续增强，人民对机动化出行的需要日益迫切，刺激我国机动车保有量和机动车驾驶员数量井喷式增长，由此也带来了道路交通事故发生率陡增。据交通管理部门统计，2018年我国道路交通事故24.5万起，造成6.3万人死亡，直接经济损失高达14亿元。作为同时影响生命安全和日常出行效率的关键问题，交通安全成为公众关注热点。在此背景下，道路交通的研究目标在"畅"和"达"以外，加入了代表交通安全的"安"。

道路交通领域的理论研究不断深入完善，在一定程度上缓解了我国道路交通拥堵问题，道路交通事故率也较之前有所降低。而社会经济水平的不断提高，也推动了人民群众对生活美好品质的追求与向往。习近平总书记在十九大中强调，"永远把人民对美好生活的向往作为奋斗目标"。具体到道路交通领域，相关研究开始愈发关注人民舒适的出行体验与美观规范的出行环境，即"舒"和"美"。由此，道路交通的研究内涵体现出了实现"畅、达、安、舒、美"5个各有侧重的发展目标。

2. 道路交通研究的范围

一直以来，交通都是人类生产生活过程中不可或缺的重要组成部分。随着科学技术的不断发展和进步，交通出行早已从原始的步行、畜力等体力方式转向以汽车、火车、飞机为代表的机动化出行，交通出行方式的变革极大提高了出行效率、扩大了人类活动半径。作为现代化交通系统中历史最为悠久的道路交通方式，其在人类发展的不同时期肩负着截然不同的历史使命。面对新时期人民群众对道路交通出行的美好愿望和憧憬，未来道路交通研究的范围应同样与时俱进。

1) 基础设施

在道路交通基础设施建设与技术方面，国内通过一系列重大工程项目，极大提升了道路交通基础设施建设水平，在道路交通基础设施设计理论与方法、施工质量控制、养护与管理等方面取得显著成效；形成了特殊气候、地质、环境条件下设计与施工成套技术；绿色、低碳、功能型基础设施结构与材料有所突破；设施远程安全健康监测技术得到长足进步；新型养护材料层出不穷。然而，某些主要运输装备及核心技术水平与世界先进水平还存在较大差距；长寿命结构、材料循环利用、设施可持续性发展等方面的研究不足；大型自动化养护设备仍然被进口产品垄断；高端和核心材料技术仍有差距；建设与养护的分离模式问题较多，等等。

针对现有研究的不足，道路交通基础设施的研究应重点在于：加大对长寿命桥梁、隧道、路面等构造物的研发力度，增加道路交通基础设施使用寿命；面向桥梁、隧道等道路交通基础设施研发集管理、检测、维护于一体的综合运管技术及设备，实现对道路交通基础设施的常态化管理与及时维护；研发多山、隧道条件下的车辆通讯基础设施及配套设备，消除多山地区通讯覆盖盲区。

2) 运载工具

在运载工具研究和监管方面，在政府层面，工业和信息化部、国家发展和改革委员会、科学技术部在2017年4月共同发布了《汽车产业中长期发展规划》；工业和信息化部、公安部、交通运输部于2018年4月联合发布了《智能网联汽车道路测试管理规范(试行)》。在产业层面，中国智能网联汽车产业创新联盟、全国汽车标准化技术委员会于2018年8月联合发布了《智能网联汽车自动驾驶功能测试规程(试行)》等文件。北京、上海、重庆、江苏等地建设了智能网联汽车测试示范区。我国智能网联汽车发展的政策标准体系持续完善，基础设施建设改造也在稳步推进，支撑汽车智能化、网联化发展的信息技术产业实力在不断增强。此外，公安部、交通部等部门制修订了《机动车登记规定》、《道路运输车辆技术管理规定》、《专用校车安全技术条件》、《机动车运行安全技术条件》、《机动车强制报废标准规定》等技术标准，提高了在用机动车安全运行条件要求。然而，在智能网联汽车关键核心技术、测试评价技术、法规标准体系方面仍待完善；在用危险货物运输车、大型客车安全技术性能有待进一步强化，车辆安全技术标准体系尚不完善。

针对现有研究的不足，运载工具的研究应重点在于：开展对多类别传感器融合感知、车载智能计算平台、车用无线通信网络、实车道路测试等技术的研发，形成智能网联汽车技术标准体系和成套产品装备，促进智能网联汽车发展；完善大型客货运车辆安全技术标准体系，制定道路客运车辆安全技术条件标准，提升营运客车本质安全性能；完善危险货物道路运输法规标准体系，强化危险货物道路运输托运、充装、运输、道路通行及应急救援全过程安全管理。

3) 营运管理

"十二五"期间，全国公路通车总里程达457万km，实现了由"初步连通"向"覆盖成网"的重大跨越，99%以上的乡镇和建制村通公路。国内大多数主要城市已经完成了新一轮城市交通规划，城市道路交通系统规模、结构得到一定改善。我国道路交通管理水平进一步提升，道路交通运行安全得到进一步改善。但是，区域道路交通组织管理水平相对较低，应急反应能力不足，交通运输一体化服务不够，运输服务信息不共享，运输能力匹配性较差；城市交通供给以被动适应交通需求增长为导向，缺乏对城市形态、交通模式、供给布局等因素之间的耦合机理的深刻认识；道路交通安全基础理论研究、前沿技术开发与工程示范应用脱节，由此带来的成果孤立化、碎片化、分散化现象显著；长期制约我国道路交通安全水平提升的基础性问题尚未解决，特别是在有别于发达国家文化背景、基础设施水平、法律与执法环境的中国特定社会条件下出行者行为特征及其相互影响机理缺乏深度研究，导致现有大量技术成果针对性不强，应用效果不佳，难以推广。

针对现有研究的不足，营运管理研究应重点在于：研究物联网、车联网条件下的车辆调度优化策略，强化道路交通系统智能化建设与管理水平，充分挖掘道路交通系统运输能力，提高道路交通系统的运行效率；研究道路交通与其他运输方式间的协同运作技术，实现多种运输方式之间的"无缝"衔接，提高道路交通系统在综合运输的协作能力。紧握交通系统高度信息化的发展机遇，研究车—车、车—路联网条件下的车辆运行机制，提高城市道路交通运行效率。引入区域特征和经济发展指标分析，深入研究不同区域环境下的驾驶人认知机理，把握驾驶员的驾驶行为特性；以历史交通事故记录资料为基础，重点分析交通事故成因、建立事故预测模型，研究减少事故发生的对策；研究道路交通事故仿真系统，建立完善的"事前—事中—事后"评估机制，提高道路交通事故还原能力，为道路交通管理部门对道路交通事故处理提供参考。

6.2 在国民经济、社会发展和学科发展中的重要意义

交通运输系统是现代人类活动与货物运输的主要载体，是社会经济发展和城市区域间联系的纽带。道路交通系统作为其重要的组成，无论是在城市内还是区域间均发挥着基础性、先导性作用：一方面，道路交通网路具有其他方式网络无法比拟的强连通性特征，道路网络通达性强，道路交通系统承载了大量的居民出行与货物运输需求，特别是在交通系统还并不完善的部分中西部及偏远地区，道路交通往往是居民出行的首要甚至是唯一选择；另一方面，道路交通系统在出行的首末端、换乘端与其他出行方式间连接与串联，在为居民出行与货物运输提供更多方式组合的同时，更提升了交通运输系统的整体运行效率。这种道路交通系统体现出的对城市及区域经济发展与对外文化、生活交流的直接与间接影响，具体表现在助力国家重大战略、支撑区域与城市发展、惠及社会及民生、推动交通系统及交通学科进步等几方面。

1) 助力国家政策落地，推动国民经济快速发展

(1) 道路交通发展推动国家新型城镇化战略落地。2014 年，《国家新型城镇化规划(2014—2020 年)》发布。按照规划目标，到 2020 年我国常住人口城镇化率将由 2013 年的 53.7%提高到 60%左右，以城市群为主体形态，推动大中小城市和小城镇协调发展，实现 1 亿左右农业转移人口和其他常住人口落户城镇。这其中，道路交通运输是城镇群发展的重要基础，在单中心城市向城镇群的发展过程中，道路交通运输建设与运管的好坏是决定性发展要素。同时，随着经济圈的扩大，对以道路交通运输为基本核的交通运输系统提出了更高的服务要求。构建并实现覆盖面广、连通性好、服务效能高、安全保障能力强的道路交通系统十分紧迫，是支撑"以人为本"的新型城镇化战略实施的重要环节。

(2) 道路交通发展促进区域间协同统筹建设。在国家经济转型发展、产业结构调整步伐加快的进程中，经济社会发展正面临以中心城市为核心的"极化带动"

向以城市群为主要平台，推动跨区域城市间产业分工、生产要素自由流动和优化配置的"区域协同"新模式的重大变革。近年来，"京津冀协同发展"、"长江经济带"等一系列发展战略及"一带一路"倡议的实施，推进了区域协同发展、城市间分工协作和功能互补，城市群一体化发展格局正在逐步形成。作为沟通区域间交通运输、实现资源配置和综合利用的主要方式，个性化、多样化、门对门的道路交通需求显著增强，通过优化道路交通网络结构，提升道路交通运输效率，完善交通基本公共服务和交通安全保障体系，对促进集聚效率高、辐射作用大、城镇体系优、功能互补强的新型城镇化发展意义深远。

(3) 道路交通发展服务城市功能提升。2011年，交通运输部下发《关于开展公交都市建设示范工程有关事项的通知》，提出并启动了公交都市创建工程。在我国当下，城市交通结构与出行需求间失衡，交通系统，尤其是公交系统无法满足居民的基本出行需求，导致以交通拥堵为代表的交通问题频发，降低了城市交通系统的运行效率。相比城市发展，城市交通系统发展滞后，难以支撑社会经济与城市的快速发展。通过构建与城市形态、结构和功能相匹配的交通系统，形成以城市公共交通为主导的城市交通发展模式，可以有效优化城市交通出行结构，明确城市公交系统的主体地位，进一步发挥交通对城市发展的引领作用，缓解城市交通拥堵状况，满足广大人民群众的多样化出行需求。

(4) 道路交通发展助力实现交通强国。党的"十九大"报告明确提出了"交通强国"的战略部署。目前，我国的交通运输规模总量已位居世界前列，是名副其实的交通大国，但是距离"交通强国"仍有一定差距。"交通强国"发展战略，要求道路交通系统由"规模速度型"转向"质量效率型"，优化存量资源配置，扩大优质增量供给，实现供需动态平衡。着眼未来，道路交通作为国民经济的基础性、先导性产业的战略地位仍将持续保持，通过构建公交主导型城市交通供需平衡模式，强化道路交通网络优化，重视多模式交通协同；推动道路交通科技创新，深化城市交通管控与协同服务，提升城市综合交通系统效能；着力构建与交通强国相适应的道路交通框架体系，实现道路交通系统从高速增长向高质量发展的跨越升级。

2) 服务百姓生产生活，促进民生和谐发展

(1) 道路交通运输总量大。道路交通承载了大量区域与城市交通运输需求。据交通运输部统计，2017年，全国拥有81.61万辆载客汽车，承载了全社会78.8%的客运量和29.7%的旅客周转量，而1368万辆载货汽车完成了全社会78.0%的货运量和34.6%的货物周转量；2017年全年完成城市机动化客运量1272.15亿人，其中道路交通承担了85.5%的城市客运量。道路交通是交通运输行业中规模最大、运送客货最多、贡献最突出的子行业之一。

(2) 道路交通行业吸纳就业多。道路交通涉及领域多，准入门槛相对较低，属

于劳动密集型服务行业，是交通运输吸纳就业的"主阵地"，也是老百姓创业择业的"大舞台"。根据交通运输统计显示，截至2018年底，全国道路交通相关行业从业人员超过4000万人，其中，货运从业人员超2100万人，区域公路运输业从业人员近400万人、巡游出租汽车从业人员近400万人，城市公共汽电车从业人员超100万人。道路交通行业为改善全社会就业环境、提升相关行业百姓收入、服务社会百姓生产生活起到了积极的作用。

(3) 道路交通形式惠及民生。道路交通具有覆盖面广、适应性强、灵活机动、门到门等特点，既是中距离客运出行与中长距离货物运输的重要方式，也是实现客、货运最初一公里和最后一公里的重要机动化手段。随着我国道路交通网络的不断建设与优化完善，道路交通的网络化运行优势已逐渐显现。道路交通运输通达至全国超过99%的乡村，连接了所有的城市社区、厂矿企业、商业网点，是交通运输行业中离老百姓最近的民生领域，为服务百姓民生做出了巨大贡献。

3) 促进交通科技进步，实现交通学科协同发展

现代交通运输工程学科是一门学科交叉、理论与实践相结合的工程应用型科学。交通运输学科伴随着交通运输业发展、交通运输技术进步而逐步发展起来，是一门以交通运输相关技术为研究对象，与包括统计、数学、物理学、工程学、控制学、自动化、信息技术等在内的多学科相结合的科学。道路交通作为交通运输系统的重要组成部分，其飞速的发展变化同样也给交通运输学科的覆盖领域和研究内涵带来了新的变革。道路交通的发展促进了交通科技的进步，相关的研究更加聚焦与务实，研究的成果更具有现实意义。特别是在交通一体化建设与运管的背景之下，道路交通发展所面临的机遇与挑战要求交通学科需要多维度协同发展；而交通学科的协同发展反过来又推动了道路交通领域的不断进步，指导了大量工程项目实践。

目前，交通运输工程学科下设5个二级学科方向：交通运输规划与管理、道路与铁道工程、载运工具运用工程、交通信息工程及控制、交通安全与环境工程。传统的交通运输工学科较为关注工程应用本身，研究的方向以指导工程实践为第一要务。随着道路交通方向研究的深入，及相关研究关注焦点的转移与变化，对交通运输工程学科建设的内涵与学科知识的更新产生了一定的影响。以交通运输规划与管理为例，该学科在道路交通领域的传统研究内容主要包含道路规划、设计、运营与管理等，主要涉及的交叉学科与领域包括规划、建筑、土木、管理、运筹学等。随着信息技术的发展、大数据技术和人工智能的涌现，道路交通的研究发生了根本性改变，数据驱动下的道路交通研究开始逐步重构经典模型、算法，相关研究的结论也得以进一步优化。由此，交通运输规划与管理开始涉及包括信息技术、通信、大数据理论、程序设计与开发等更加前沿的领域。以道路交通安全、道路交通环境与能耗问题为代表的新兴研究方向已经成为道路交通研究的主

流方向之一，道路交通安全与环境相关的研究自成体系，且与4个传统二级学科方向均存在研究内容的交叉、研究过程的协同，因此，形成了以研究交通安全与环境工程为方向的二级学科。

6.3 研究现状、存在问题和发展趋势分析

道路交通科学的研究，其本质是一种基于数据驱动的严密经验整理与理论逻辑推导。通过整理近15年国际知名期刊道路交通领域各研究主题论文，基于论文总数和增长倍数两个指标开展象限图分析。图6-1考虑了29种交通领域国际知名期刊不同研究主题论文发表情况，从不同视角揭示了道路交通工程领域的学术前沿、学术边缘、学科高地与学科洼地。图中横坐标代表不同年份各研究主题论文发表数量，纵坐标则代表最近5年论文总数与10~15年前的5年论文总数的比值，以此作为衡量不同方向论文增长速度的指标。通过象限图分析可知，交通规划、交通安全、交通流理论是当前国际交通领域的研究热点，道路工程材料是国际交通学科的经典研究方向，而智能运输系统、路基路面材料及交通设计研究正成为国际交通学科研究前沿。

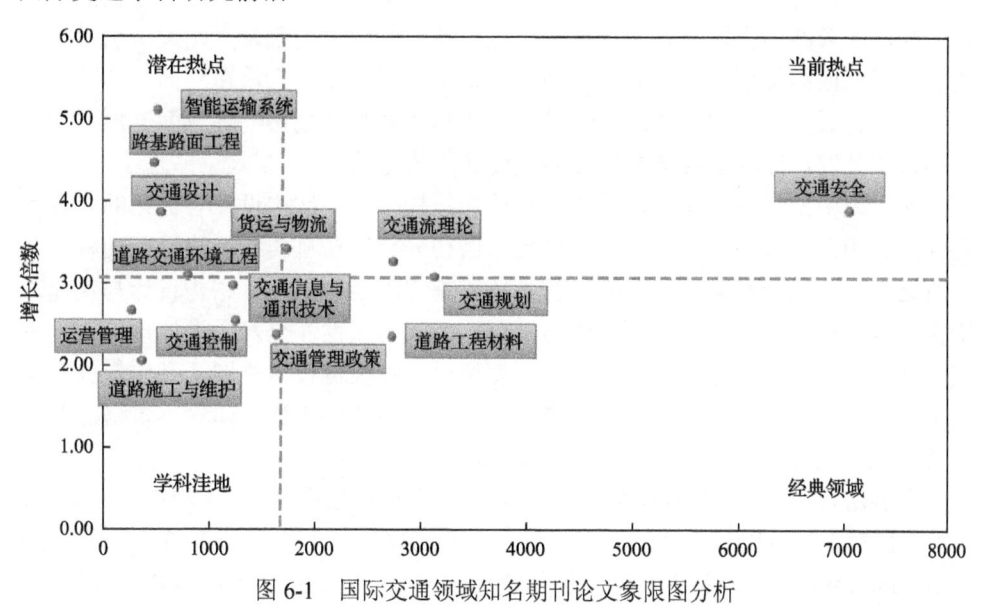

图6-1 国际交通领域知名期刊论文象限图分析

自2015年起，由原来的"973计划"、"863计划"、国家科技支撑计划等整合而成的国家重点研发计划，是根据国民经济与社会发展的重大需求和科技发展优先领域，进行基础前沿、重大共性关键技术研究和相关产品的研发，既代表国家未来科研发展的最高指向标，也将引领相关研究领域的发展潮流。2018年度国家

重点研发计划"综合交通运输与智能交通"重点专项共立项16项,其中,有10个项目属于道路交通领域,研究领域主要集中在道路基础设施智能仿真与感知、车路协同智能控制与服务、城市多模式交通仿真与控制、城市交通智能治理大数据等方面,充分体现了当前道路交通学科的研究热点及学术前沿。

结合目前最新研究发展趋势,下面从基础设施、运载工具、营运管理三个方面对道路交通领域的研究工作做进一步分析。

6.3.1 研究现状

1) 基础设施

我国交通运输基础设施建设坚持适度超前的原则稳步推进,伴随着交通基础设施的建设,一系列的世界技术难题得到突破。

在公路建设技术方面,我国现行公路沥青路面设计规范基于弹性层状体系理论,并制定了相应的设计标准。这一设计指标体系是新中国成立以来历版设计规范在以路表弯沉为控制指标的指导思想下扩充后提出的。这种设计方法主要针对半刚性基层沥青路面结构设计,适应了我国当时的经济状况,贯彻了"强基薄面稳土基"的思想,对我国公路发展起到了很大的推动作用。随着经济建设的高速发展和高速公路的大规模建设,根据交通量特点的变化,我国开始逐步引进柔性基层沥青路面结构型式。针对复杂地质、地形及气候条件下,在路面设计理论与方法、材料设计与选用、修筑关键技术、极端气候与环境影响等方面开展基础研究和技术开发,保障了我国高速公路建设品质的提升。

在大型桥梁建设方面,桥梁概念设计、结构分析、结构设计与优化的综合性理论得到不断完善。概念设计不断创新,结构分析已经从传统的线性平面杆系分析改进为非线性的空间分析,并能仿真桥梁施工和运营过程;结构设计与优化理论在大量试验研究基础上得到改进与发展,桥梁耐久性和全寿命设计理论得到重视。针对超大跨径、超长、连续跨越大型桥梁建设关键技术难题,开展重大关键技术攻关、集成创新与示范应用,支撑了多座大型桥梁工程的建设,多塔连跨悬索桥和大跨拱桥的建设技术处于世界领先地位。

在隧道建设方面,随着复杂地质条件下大埋深和长洞线隧道工程的不断增多,工程勘察综合利用了遥测遥感、多点高频物探、地理信息系统(geographic information system,GIS)、全球定位系统(global positioning system,GPS)等技术,不仅提高了勘测效率,也大幅提高了控制精度的等级。突水突泥灾害源的定位定量预报技术取得了较大突破,灾害预测预警尝试建立以微震为载体的多元信息综合预报预警系统,以实现对灾害源动补给水量和涌水量的预测预警。以防排水材料、衬砌混凝土材料及反光材料为代表,隧道结构新材料及工艺不断涌现。隧道风险监控方面发展了无线智慧感知及可视化技术,研发了隧道结构健康快速检测车，突破了长大隧道防灾救灾和通风照明技术的难题。在水下隧道建设、隧道耐久性设计、通风防灾和安全预警等方面取得技术突破，提升了我国隧道设计、施工、运营与管理水平。

2) 运载工具

随着通信技术、计算机技术、人工智能技术的飞速发展，传统汽车正在逐步实现车与 X(人、车、路、后台等)的智能信息交换共享，并逐步具备复杂的环境感知、智能决策、协同控制和执行等功能，在近期实现安全、舒适、节能、高效行驶的优化目标，在远期实现完全无人驾驶的目标。由于智能网联汽车具有巨大潜力推动当前社会与经济发展，并可通过改造传统的汽车制造与交通运输行业带来大量的就业机会，所以，发达国家纷纷加大投入进行该领域的研发、试验和示范应用。我国的智能网联汽车发展定位从原来车联网概念的一个重要组成部分，向智能制造、智能网联等智能化集成行业转移。目前，在上海、重庆、北京、西安等地建立了 10 多个智能网联示范区，并开展了智能网联汽车部件与应用场景的测试工作。与此同时，科研机构对汽车智能化、网联化的研究，也产生了丰富的成果。

《中国制造 2025》首次提出了智能网联汽车概念，明确了其发展目标：2020 年掌握智能辅助驾驶总体技术及各项关键技术，初步建立智能网联汽车自主研发体系及生产配套体系；2025 年掌握自动驾驶总体技术及各项关键技术，建立较完善的智能网联汽车自主研发体系、生产配套体系及产业群，基本完成汽车产业转型升级。为了促进自动驾驶地图等新型地理信息产品的应用与发展，国家测绘地理信息局发布了《关于加强自动驾驶地图生产测试与应用管理的通知》，该通知加强和规范了自动驾驶中高精度地图数据的管理和应用。在"互联网＋"行动的意见指导下，国家发展改革委员会和交通运输部等相关部门充分认识到交通与互联网融合发展有利于交通出行、优化资源配置、提高运输效率、带动和促进相关产业发展，2016 年发布的《推进"互联网＋"便捷交通促进智能交通发展的实施方案》促进了交通与互联网更广泛、更深层次的融合，推动了智能交通发展。2016 年中国汽车工程学会制定了智能网联汽车中 5 级智能化和 3 级网联化标准。

在智能网联汽车研究方面，中国智能网联汽车发展已上升至国家战略层面，发展定位从原来以车联网概念的一个重要组成部分，向智能制造、智能网联等智能化集成行业转移。科学技术部于 2011 年启动了"智能车路协同关键技术研究"和"车联网应用技术研究"两个 863 项目，极大地推动了车联网产业的发展。清华大学从"十五"期间开始车路协同相关技术、无线通信传输关键技术的研究，通过开展"智能车路协同关键技术研究"项目研究，项目组完成了智能车路协同系统总体设计与体系框架研究、智能车载系统关键技术研究、智能路测系统关键技术研究、车车／车路信息交互与协同控制技术研究、车路协同系统集成和仿真技术研究及车路协同的 12 个典型应用系统的集成验证。同济大学承担了国家自然基金项目"基于车路协同环境的下一代道路交叉口交通控制技术探索研究",开展了通信仿真、测试研究,建立了"基于 WAVE 的车路协同试验系统平台"。智能化人车路协同研究围绕智能网联汽车技术、人车路协同智能化交通管理技术和交通安全保障技术展开,车路协同等技术研究已从以解决交通管控为重点的阶段向以车车/车路通信下的智能联网为特征的新一代智能交通系统阶段发展。

总的来说,中国智能网联汽车产业仍处于萌芽阶段,需要国家在出台相关法规政策,同时通过大型项目加大对智能网联汽车研发的支持,完善和规范各智能网联汽车示范基地建设。中国发展智能网联汽车不仅符合汽车工业发展的大趋势,更是中国汽车工业向产业链的中高端转移的有力抓手。

3) 营运管理

近年来,我国在城市交通管理、公路交通管理和交通安全研究方面取得了一系列研究进展。

城市道路交通规划与管理构建了城市发展的经络,其与城市规划具有强关联关系。自从 1950 年代末交通规划在美国诞生,近 70 年来,交通规划的理念、方法、技术与手段已经有了显著的发展。传统以满足交通需求为目标的城市交通规划理念正逐步被提升交通系统整体效能、引导多模式交通协同发展的观念所替代。学者提出了考虑可持续发展的交通规划新理论体系,并建立了交通系统可持续发展的综合保障体系;设计了多层次、多模式互相协调的出行方式架构,优化交通资源配置,加强交通网络结构的紧密性,实现各交通方式的协同作用和交通信息的联通互动,促进了交通服务一体化和交通系统效率的整体提升。交通规划过程中更加注重与城市规划的互动一体,强调城市空间发展形态、土地利用、交通供需的模式匹配以提高交通运行效率,由被动适应交通需求的增长向主动调节供需平衡转变。

《国家公路网规划(2013—2030 年)》明确提出,到 2030 年构建布局合理、功能完善、覆盖广泛、安全可靠的国家干线公路网络,要求布局合理、结构优化、衔接顺畅、规模适当、绿色发展。公路交通规划是进行路网建设的基础和前提,是区域经济发展、文化交流的重要保障,相关领域的研究一直是学者的研究重点,在包括发展区域、需求预测技术、道路网络结构与一致性及相关方案的评级体系与方法等方面取得了具有我国特色的研究成果,形成了成套区域道路规范体系与模型方法。基于规划的指导,公路交通设计则从传统地着重设计本身向着设计的科学化、标准化与安全化转变,提出了科学标准的设计技术,并形成了包括《公路工程技术标准》(JTG B01—2014)、公路路线设计规范(JTG D20—2017)及《公路交通安全设施设计规范》(JTG D81—2006)在内的多项国家、行业标准。近年来,随着国家对交通安全研究的逐步重视,我国在基础理论和技术应用方面均取得显著成绩。基础理论层面研究成果主要集中在交通安全基础数据采集、驾驶行为特性、交通事故致因分析等方面。技术应用层面研究成果主要集中在交通参与者安全意识提升、车辆辅助驾驶、道路运行主动安全保障、人—车—路协同智能系统研究等方面。

道路交通安全研究包括事故致因理论、交通行为特征、交通安全基础数据采集、交通系统安全性提升等方面研究。事故致因理论研究涵盖不同环境下驾驶员行为特性研究、不同环境下车辆营运状态研究、风险辨别研究及交通安全发展战略规划等，通过运用统计方法对事故发生频次和严重程度进行评估，从而对各种相关因素进行安全效应的估计，并提出相应的改善方式，取得的突破性技术和成果为人—车—路—环境风耦合作用下公路交通事故的形成机理。交通行为特征研究包括基于驾驶模拟器的不同道路、交通、环境条件下驾驶员（主要为新手及熟练驾驶员）行为研究，自然驾驶实验等，取得的突破性技术和成果为构建了驾驶行为多元分析技术方法体系。交通安全基础数据采集技术研究围绕新的信息技术在道路交通安全领域转化展开，包括高速公路、城市道路交通安全数据采集和交通气象信息服务、公共交通运营数据采集等，取得的突破性技术和成果为国家公路网运行状态获取与管理技术及应用。交通系统安全性提升技术研究涵盖了交通参与者安全意识综合提升技术、基于人因工程的车辆运行安全性提升技术、山区公路交通安全保障技术、灾害气象下公路运行安全管理与保障技术、农村公路安全保障技术等，取得了较为丰硕的成果。公安部、交通运输部和科学技术部联合启动了国家道路交通安全行动计划第一期研究和示范应用的重大项目，该重大项目涉及数十家参研和示范单位，涉及若干课题和几十项专题，通过该项目群的研发，突破了一批交通安全的重大应用技术研发，包括智能交通控制和管理系统、基于GPS技术的车辆自动导航和安全系统、车内辅助驾驶系统、恶劣天气条件下的实时预警系统、交通信息智能发布系统、事故自动报告系统等。实施了较大范围的示范应用，为大项目的实施积累了宝贵经验。

6.3.2 存在问题

1) 基础设施

特殊的地域和荷载条件，如高寒区、永冻区、大温差区、重载化等基础设施建设方面的技术储备仍然不足，节能化、环保化、绿色化、功能化、智能化的交通基础设施可持续发展技术尚处于探索阶段，需要提升交通基础设施建养的生态化水平，实现交通与环境的共生、共荣。随着交通基础设施网络的基本形成，其长期服役性能问题尤为突出，低成本、高质量、快速维护的技术体系尚不完善；交通基础设施的寿命仍然不足，耐久性和长期性能的研究不够充分；交通基础设施的长期实时智能监测、服役行为评估及预测、养护管理及智能决策发展尚未成熟，亟须提升交通基础设施健康水平、服务质量和安全水平；地质灾害、气候突变等条件下交通通道的保障与应急技术亟须突破，提升交通基础设施防灾减灾技术水平，实现重大自然灾害下交通运输生命线的畅通。面对"一带一路"倡议走出国门的需求，仍然面临技术、知识产权和标准壁垒等方面的风险和困难，且国际竞争日趋激烈，而其他交通领域中国际独立的技术标准和装备体系还没有建立。

2) 运载工具

近年来，我国在智能网联汽车技术研发方面取得了很大的进展，但智能网联汽车技术标准体系尚未完善，存在核心关键技术装备比较薄弱、智能化基础设施建设不足等问题。智能网联汽车是车辆、通信、安全等技术交叉互通的新兴产物，跨界融合的特点明显，但缺乏多部门协调推进机制，智能网联汽车信息通信、测试评价等技术标准体系建设不足，对智能网联汽车技术乃至智慧城市交通系统的发展支撑不够。目前，在智能网联汽车的车载视觉、激光雷达、毫米波雷达等高性能传感器、专用芯片、高精度地图导航等关键基础装备领域，核心技术与产品主要被国外企业所垄断，存在对国外依赖度过高、基础技术空心化严重等问题。智能网联汽车的发展对包括道路交通基础设施、通信和网络基础设施及不同基础设施间的互联互通都有迫切需求，而我国智能网联汽车基础设施与世界发达国家相比较为落后，这也是制约智能网联汽车研究应用的一个重要因素。此外，我国危险货物运输车、大型客车安全技术标准体系尚未完善，车辆安全技术性能有待进一步强化。

3) 营运管理

把握城市道路交通供需分析理论，构建多种出行方式之间的竞争与协作模型，精细化研究出行者的出行行为，是实现优化供给、引导需求仍须解决的问题。基于出行效率最大化的城市规划与交通规划协同设计、资源配置及运行组织技术仍有待解决。考虑到城际—市域—中心区一体化交通协同运行优化分析的需求，综合交通运输系统仿真与决策支持技术严重短缺，适合中国国情的交通仿真系统与平台急需研发。区域公路网与其他交通方式之间的互融互通仍比较薄弱，公路交通与城市道路交通之间的衔接仍有待加强，客运周转与货物的多式联运等区域交通领域虽有部分研究，但仍需进一步探索，确保更科学、系统的理论体系支撑区域道路交通一体化规划、实施等过程。中国特定社会条件下(基础设施水平、法律与执法环境等)出行者行为特征及其相互影响机理缺乏深度研究，迫切需要开展基于人因工程的道路交通安全研究，重新审视道路交通安全核心要素，全面把握道路交通安全核心机理，提升道路交通安全水平。道路交通安全研究方法和技术手段仍需要突破创新，道路交通规划设计的安全优化技术、道路交通运行安全的主动调控技术、道路交通安全管理的效能提升技术亟待新的突破。

6.3.3 发展趋势

(1) 从传统道路交通研究，转向道路交通与其他方式互联互通、相互协同(设计、运营、调度、优化均协同)及竞争方面研究的趋势。重点突破区域交通运输态势监测、综合交通运输组织调度、应急指挥与协调联动、综合交通信息服务走廊等关键技术，研发综合交通运行监测与智能化分析平台、综合交通应急指挥与协调联动平台、综合交通信息公众服务集成平台、运输通道交通信息综合服务平台，提升综合交通运行效率和服务水平。

(2) 从传统交通事故分析，转向道路交通安全行为特征及解析、安全系统风险评估与态势辨识；从面向交通事故的被动评价分析，转向面向规划设计的主动交通安全评价与决策支持体系研究。国际交通科学理论界正在逐步从主要面向交通效率的单目标方法转向综合考虑安全、环境、能源、经济等多目标方法的研究。交通规划、交通需求管理与政策、交通工程设计等均对交通系统安全水平有重要影响，因此，理应将交通安全考量有序、全面地融入交通系统分析方法体系，探索面向交通规划、管理、政策和工程决策支持的"主动交通安全评价方法"，以突破传统交通安全工程被动应对、微观改善和定性评价的局限性。集聚交通安全状态感知、数据采集、融合与挖掘技术、车路协同技术和车联网技术、交通安全系统风险评估与预测技术，研发基于人机交互与智能车联网环境下的交通安全信息服务平台，并在此基础上形成实时交通环境感知的道路交通安全主动防控技术体系。

(3) 从道路交通设施建设，转向极端条件下的设施结构分析、设施性能演化与分析、设施全寿命服役期管养护；满足交通基础设施材料长寿命与绿色可持续发展的需求，提升交通基础设施服役能力，发展我国交通基础设施服役性能保持和提升的先进检测和预警技术与装备，构建我国交通基础设施全寿命周期性服役性能综合评价体系和标准，揭示复杂条件下交通基础设施的服役性能演变机理、规律和失效模式，实现服役性能演变规律的科学表达和预测；掌握交通基础设施的协同服役理论，实现共线交通基础设施的空间协同、功能协同和寿命协同；解决交通基础设施性能状态的快速、定量、精准感知与解析问题，提出可靠的设施状态诊断、评价方法和标准，形成设施智能决策能力；突破交通基础设施协同服役能力保持与提升的技术瓶颈，有效实现交通基础设施服役性能的优化与提升。

(4) 交通系统大数据的兴起对交通学科的发展已经产生深远的影响，带来的交通数据采集、应用与管理、交通规划等方面的重大变革，使交通研究从传统经典理论转向数据驱动的研究。大数据背景下的交通研究是将数据组织成为信息，从信息中提炼特征，从特征中发现规律，并就对策进行追踪评估的信息处理过程。数据驱动模型从数据出发，是一个自下而上的建模过程，无需了解机理，精度较高。同时，交通大数据还将给智能交通系统带来变革，主要体现在基本概念、面临问题和建模方法等方面。大数据驱动的智能交通系统具有海量的监控对象，并对其进行全面感知，通过快速网络通信，形成高效的疏浚处理、存储、共享与应用平台，从而为广泛的服务对象提供优质综合服务。

(5) 在交通系统的集成上，借助互联网的发展，以云计算、物联网技术、智能传感/大数据挖掘技术为代表的新一代信息技术有效地集成应用于道路交通系统，使交通系统集成呈现智能化、网联化、协同化趋势。车路协同技术研究已从以解决交通管控为重点的阶段向以车车/车路通信下的智能联网为特征的新一代智能交通系统阶段发展。交通参与者、运载工具、设施一体化协同系统成为交通系统发展的大趋势。

6.4 未来研究前沿与重大科学问题

1. 研究前沿

《国家中长期科学和技术发展规划纲要(2006—2020 年)》明确提出了发展协同化交通运输体系，提升交通系统运输效能，改善交通运输系统安全，解决交通能耗与污染，突破交通建设与养护关键技术等战略需求。《"十三五"交通领域科技创新专项规划》进一步提出了支撑和引领新型城镇化发展，构建安全、便捷、高效、绿色现代交通运输体系的总体目标。为满足国家科技战略需求，实现交通战略目标，未来在道路交通领域研究前沿如下。

(1) 构建多方式城市交通网络协同体系，缓解新型城镇化和快速机动化双轮驱动下的城市交通供需矛盾，以多方式交通系统与协同网络为载体，以实现公交主导型的城市交通系统供需平衡为目标，以智能调控、移动互联技术为手段，攻克新型城镇化背景下公交主导型复合交通网络的协同规划与设计、信息化环境下的城市交通系统运行主动调控、城市交通系统可靠性设计与效能提升等关键技术，以满足道路交通系统高效、安全、绿色、低碳的发展新要求。

(2) 以交通参与者为核心，针对影响道路交通安全的车辆、道路、信息、管理等方面开展综合性研究探索，全面把握道路交通安全核心机理，充分运用科技化手段和科学管理模式，建立涵盖交通规划安全优化、交通运行安全调控和交通安全管理效能提升的道路交通安全主动防控体系，发挥智能检测、移动互联、自动驾驶等技术的优势，显著提升人、车、路、环境构成的交通系统安全。

(3) 推进节能环保的新技术、新材料、新装备、新能源的研发与示范应用，深入开展对纯电动汽车、插电式混合动力汽车、燃料电池汽车等核心专项技术的研究，提高新能源汽车整体安全性、可靠性与经济性，同时进一步引导公交主导型城市交通发展，从交通出行结构上降低能耗和污染，构建绿色现代交通运输体系。

(4) 突破特殊环境下道路交通基础设施建设的系列难题，提高复杂气候环境及地质条件下的交通基础设施长期服役能力，降低道路交通基础设施全寿命成本，建立高效、节能、环保、智慧交通基础设施网络，不断提升交通基础设施防灾减灾技术水平，建立具有中国自主知识产权的道路交通基础设施基础理论体系、工程建设体系、养护运营评价体系及中国标准体系，为中国交通建造技术整体输出奠定基础。

(5) 构建道路交通虚拟仿真系统，突破道路交通产学研全过程的数据、技术、模型、平台、政策等壁垒，实现"统一的数据、统一的方法、统一的软件、共享的平台"，以虚拟仿真系统为基石，推动道路交通系统在城建、交通、交管、国家发展和改革委员会等多部门全过程的联动与协同，同时支持上述其他前沿研究的开展，为未来道路交通领域各项研发计划提供仿真平台支撑。

(6) 加大智能网联汽车关键技术攻关，重点攻克环境感知、智能决策、协同控制等核心关键技术，促进传感器、车载终端、操作系统等产品的研发与产业化应用。研究确定我国智能网联汽车通信频率，出台相关协议标准，规范车辆与平台之间的数据交互格式与协议，制定车载智能设备与车辆间的接口、车辆网络安全等相关技术标准。促进智能汽车与周围环境和设施的泛在互联，在保障安全前提下，实现资源整合和数据开放共享，推动宽带网络基础设施建设和多行业共建智能网联汽车大数据交互平台。

2. 重大科学问题

1) 道路交通设施性能演化、表征与感知

我国国土幅员辽阔，各地域气候、地质、地理、环境迥异复杂，道路交通设施在不同地域、不同时期性能演化特征不同，其安全性、可靠性、耐久性亟须保障。此外，现阶段交通设施全寿命成本较高，对道路交通设施性能演化、表征与感知分析是需要解决的重要科学问题。

针对区域复杂的气候、地质、地理、环境等重大特征，围绕交通基础设施可持续、耐久、低碳、智能的科技发展目标，贯穿规划、设计、施工、维护和保障全寿命环节，依托重大交通基础设施工程建设，瞄准道路交通基础设施长寿命迫切需求，面向长寿命交通基础设施的结构和材料科学，解决极端条件下交通基础设施结构力学行为理论、交通基础设施长期服役性能演变机理、交通基础设施全寿命分析理论、交通基础设施快速检监测和预警等重大科学问题，突破道路交通基础设施长寿命绿色材料、服役状态快速感知和评估、功能提升等关键技术，保障既有与新建交通设施的可靠性、耐久性、经济性及智能化与节能化，为大尺度空间区域下、全寿命周期下我国道路交通基础设施的建设与维护提供基础理论支撑。

2) 道路交通系统运行安全与风险防控

从社会学、行为学、心理学等角度出发，针对道路交通参与者在特定交通系统环境下的社会行为选择、交通行为规律、心理生理反应等方面进行研究，基于统计理论、信息理论、控制理论等，运用行为测量、情境模拟、行车实验等方法，结合系统工程、交通工程、经济学等学科的最新研究成果，构建交通行为人因机理模型。通过人因机理模型，重构道路交通参与者在交通系统中的出行行为，探究个体行为在交通系统供需平衡的深层影响，为未来交通系统规划、交通设施设计、管理措施制定等提供理论基础。

3) 复杂道路交通系统仿真与决策支持

交通系统的参与者常由数百万人、数十万辆车组成，在超大型复杂交通网络上出行，对规模如此巨大而复杂的系统进行道路交通规划、设施建设、管理措施制定之前，必须进行交通系统虚拟仿真分析，为各类交通决策的制定提供理论与技术支撑，避免社会资源的巨大浪费及复杂交通系统紊乱现象的出现。构建复杂道路交通系统的虚拟仿真系统，是"城市大脑"的重要组成部分，是未来智慧城市的主要发展趋势之一。

采用社会学、经济学、统计学、交通工程学、计算机科学等领域知识，构建复杂道路交通系统的基础数据库，融合包含土地利用、人口分布、就业岗位、机动车保有量等社会经济数据，及居民出行特征数据在内的多元数据，为虚拟交通仿真系统提供数据基础。通过网络拓扑学解析道路交通系统网络，构建虚拟城市综合交通网络，为虚拟仿真技术提供网络平台。研究复杂交通网络下网络级配分析、客流需求预测、综合交通网络客流一体化分配预测、城市虚拟交通系统方案综合评估等技术，为复杂道路交通系统下的交通方案设计、政策制定提供科学理论基础，为城市交通系统高效、安全、绿色、低碳的发展提供技术手段。

3. 主要技术难点

1) 道路交通信息获取与运行态势智能解析

现代交通系统涉及的信息种类繁杂，具有多源、广域、异构、异质、时空关联、信息稀疏、数据并发等显著特征，需要面向不同需求探索新的交通数据多尺度汇聚、数据获取与智能感知等理论与方法。此外，人、载运工具、路和环境构成的交通系统具有高度非线性、随机性和动态耦合性，其运行状态的动态评估、交通态势的演化机理及其发展趋势预测，对于城市复合交通网络分析、城市枢纽与通道管理、智能化交通管理与信息服务及交通基础设施的建管养一体化都是重要的基础性研究工作，需要借助重构的交通流理论结合全新的信息处理方法对其进行智能化解析。面向需求，获取多粒度交通信息，并对交通运行态势进行智能解析，是现代交通系统的核心技术难题。

2) 复合交通网络协同规划与设计

现代城市多方式交通网络系统的规划与设计理论逐渐由单目标单模式静态优化向多目标多模式协同优化发展。系统整合、效能提升、安全保障、节能减排等多目标协同优化原则贯穿于交通网络规划与设计的全过程。多方式城市交通系统的广域性与多样性决定了复合式交通网络协同规划与设计技术的复杂性，主要包括四个维度，即面向系统整合的多层级交通网络协同规划与设计、面向效能提升的复合交通网络协同设计与优化、面向安全保障的复合交通网络交通安全协同设计与综合评估，以及面向节能减排的复合交通网络交通协同与优化。

3) 新能源载运工具优化与设计

当前我国的汽车保有量进入快速增长期，预计2020年将达到3亿辆左右，汽柴油消耗将达到3.5亿t左右，石油需求量达到5.9t左右。作为能源消耗主要行业和污染物排放的主要来源之一，交通运输业面临着巨大挑战。作为节能减排的重要技术手段，加速新能源载运工具研发、优化、应用与推广成为当务之急。新能源载运工具优化设计难点主要包括纯电动汽车电池组安全防护、插电式混合动力汽车系统燃料消耗率、燃料电池汽车关键材料性能寿命及成本改善等，及各节能载运工具关键零部件的技术开发与产业化应用。

4) 长寿命交通基础设施建管养一体化

我国交通基础设施在建设与养护过程中，需要克服地域跨度长大、政治文化复杂、气候条件恶劣、地质条件严酷、地形地貌特殊、生态环境敏感等不利环境和条件，存在严酷环境交通基础设施建设、交通基础设施全寿命服役期养护与管理、交通基础设施风险管控与防灾减灾等方面的技术难点，包括结构、材料、生态环境保护、信息技术、检测与维护技术、风险评估与控制技术等多方面内容。此外，考虑交通基础设施全寿命服役安全的需要，也存在多目标、低成本建设与维护决策技术方面的难点。

5) 多层次复杂交通运输系统仿真与决策支持

随着新型城镇化和快速机动化的发展，需要道路交通运输系统在市域及城市范围内实现多种交通方式(私人小汽车、地面公交、慢行交通等)一体化分析和协同化运行，这就要求研发能综合考虑多层次城市交通系统运行的分析技术和定量化分析工具，并能辅助管理者、技术人员进行科学决策。因此，协同考虑城市道路交通运行的各关联因素，利用系统仿真理论和优化理论，研发多层次城市交通运输系统仿真与决策支持技术，是实现道路交通系统安全高效运行的核心技术难点。

6)移动互联环境下一体化交通信息服务

在移动通信技术快速发展及其在交通领域广泛应用的情况下,交通信息服务的环境发生了质的变化,交通信息服务对象、服务内容的表征与主动辨识,及交通服务资源的管理、优化与调度都需要新技术支撑。实现对多源信息(包括交通政策、短时管控、交通路况、票务信息等)、多途径(包括交通广播、手机 APP、社交网络推送、导航地图等)的实时播报,基于实时交通系统供需状态的出行引导,通过反馈优化系统,整体提升道路交通系统的效率与安全,从而构建移动互联环境下一体化交通信息服务技术体系是构建现代交通信息服务系统的核心技术难题。

6.5 道路交通能源系统及应用

道路交通运输行业作为现代经济的组成部分,保障了我国经济快速、健康、可持续发展,对提振经济、改善人民生活具有重要的意义。但随着不断增长的机动车保有量与道路交通需求,道路交通系统逐渐成为国民经济增长、资源能源消耗、大气环境恶化之间矛盾的焦点。根据国际能源署的报告,交通运输行业对世界能源消费的贡献达到 19%;成品油作为主要的非可再生型化石燃料,在我国,汽油消费量的 90%和柴油消费量的 50%左右被道路交通运输所消耗。道路交通系统的能源消耗问题已经成为各国政府管理部门及交通、经济、能源等领域学者所关心的重要问题。目前,我国在绿色道路交通体系政策制定、道路交通能源消耗特征解析、新能源道路交通产业发展等方面已经取得了不错的探索成效,对道路交通能源系统的建设及相关道路交通能源新技术、新装备的应用意义重大。

1. 多头并举,构建绿色道路交通体系

早在 2011 年,交通运输部就下发《关于开展公交都市建设示范工程有关事项的通知》,正式提出并启动公交都市创建工程。通过公交都市的建设,可以有效优化城市交通出行结构,调控和引导交通需求,缓解城市交通拥堵和能源、环境压力。公交都市建设示范工程的提出,是我国在国家部委层面向绿色道路交通体系构建所迈出的重要一步。2014 年,着眼于区域协同,国家提出了京津冀协同发展的国家战略,并特别在能源领域制定了《京津冀能源协同发展规划(2016—2025 年)》及《京津冀能源协同发展行动计划(2017—2020 年)》,指出了加快实施成品油质量升级改造、绿色交通行动计划等重点工程,并提出了对道路交通系统新能源技术的示范应用部署。2017 年,交通部发布《关于全面深入推进绿色交通发展的意见》,该意见指出,到"十三五"末,我国要初步建成布局科学、生态友好、清洁低碳、集约高效的绿色交通运输体系:优化客货运输结构,进一步降低道路交通在大宗货物长距离运输中承担的比重；建成一批公交都市示范城市，大中城市城区绿色出行比例达到 70%；新能源和清洁能源车辆数量达到 60 万辆，公路货运车型标准化率达到 80%。在 2018 年全国政协十三届一次会议上，交通运输结构优化、绿色道路交通建设的问题再一次成为委员关注的热点，会议提出了合理降低公路运输特别是重卡运输在我国各类物料运输中占比的要求。作为国家千年大计的《河北雄安新区总体规划（2018—2035 年）》明确指出要建设绿色低碳之城，优化能源结构，严格控制碳排放，构建现代综合交通体系，坚持公交优先，综合布局各类城市交通设施，实现多种交通方式顺畅换乘和无缝衔接，打造便捷、安全、绿色、智能的交通系统。这些在国家顶层层面对道路交通绿色出行的多项战略制定与政策倾斜，是我国推动道路交通出行结构转型、实现道路交通可持续发展的重要前提和保障。

2. 创新思路，探索道路交通能耗影响

道路交通系统的能源消耗受交通需求所驱动，在能源强度一定的情况下，道路交通需求增加必然导致交通能耗的增加，因此，在道路交通需求与能源消耗的互动层面，我国进行了大量有益探索，集中在出行结构演变对能源消耗的影响分析模型方法构建、出行结构与能源消耗的互动关系解析、能源价格与出行需求及出行结构间的影响关系分析等方面。此外，当道路交通需求一定，通过优化能源技术可以使道路交通的平均能效提升，即能源强度减弱，这也是道路交通能源消耗研究的热点，包括道路交通方式的能源强度影响因素分析、能源强度指标构建、能源强度与交通政策间的影响与制约、能源强度与能源价格间的关系建模等均有技术成果产出。这些在交通能源方面的新研究、新技术是我国调控道路交通出行需求、构建新型绿色道路交通体系的重要支撑。

3. 有序推进，发展新能源交通产业

以电动汽车为代表的新能源汽车快速发展，优化了道路交通系统的能源消耗结构，符合我国调整道路交通出行结构、构建绿色道路交通体系的国家政策。相比传统燃油汽车而言，电动汽车不直接消耗化石能源，且其对环境的影响非常小。为支持电动汽车发展，各级政府出台了一系列优惠与扶持政策。2006 年国务院发布的《国家中长期科学和技术发展规划纲要（2006—2020）》和 2004 年 5 月国家发展改革委员会发布的《节能中长期专项规划》等国家顶层规划中，明确支持电动汽车的生产与消费，以及相关配套技术及装备的研发。在包括北京、上海等限牌地区在内的我国主要城市中，电动汽车享受了政府的各类税费补贴与政策优惠。目前，我国的电动汽车保有量与增速均大幅增长。根据乘联会统计的数据，2017 年，我国纯电动车销售 44 万辆，同比增长 80%，占新能源汽车总销量的 81%。

在售电动汽车车型总数超过 80 余种，多种车型的终端价格下探至 5 万~15 万元区间。根据全球知名经济咨询机构 A.T. Kearney 预测，到 2020 年，我国的电动汽车年销量将达到 200 万辆/年，电动汽车保有量将达到 500 万辆。除此以外，我国交通行业与新能源产业已逐步开展深度的融合，以光伏公路为代表的道路交通新技术为新能源交通产业的发展注入新的动力。光伏路面通过收集太阳能转化为电能，并将电能用于道路交通工具、路侧交通设施的供电，从而降低道路交通系统对传统能源的依赖。交通新能源产业的发展与相关技术的推广应用，是降低道路交通系统对非可再生资源使用率、实现道路交通能源系统优化的最根本途径。

6.6 未来发展规划

为保障全面建成小康社会，面向"新型城镇化"、"一带一路"、"京津冀协同发展"、"长江经济带发展"等国家重大发展战略和倡议，立足于交通运输发展的阶段性特征，以国内外交通运输市场需求为导向，以行业技术发展趋势为引领，以产、学、研、用协同创新为主要模式，重点聚焦制约交通运输可持续发展的科学难题与技术瓶颈，在道路交通的供需平衡、多交通方式协同运行、交通信息服务一体化、交通安全技术提升、交通基础设施建管养一体化、交互式系统仿真与决策支持等方面取得重大突破，解决道路交通领域存在的多交通方式信息孤岛现象、非常态需求下交通系统可靠性缺乏、交通安全隐患显著、交通基础设施寿命不足、交通运输系统仿真与决策支持技术短缺等突出问题，提升道路交通协同运输、智能监管、绿色建养、安全运营的技术水平，构建多模式交通供需平衡、城市群综合交通系统智能协同、长寿命道路交通基础设施建管养一体化、全时空道路交通安全保障等理论体系与技术标准，集中力量加快推进综合交通、智慧交通、绿色交通、平安交通的发展，为实现交通运输强国目标打下坚实基础。

针对国家重大战略部署及交通运输行业发展需求，研发面向城市群多模式综合交通系统的复合式交通网络协同规划与设计技术，构建多层次综合交通系统一体化仿真与决策支持平台，实现道路交通在广域、区域及市域尺度与其他方式的协同优化，最大化发挥道路交通在客货运输中的优势；面向复杂化、多模式化的出行需求，解析"用地—出行行为—出行模式—交通网络—交通设施"间的互馈机制，构建可持续发展的公交主导型城市交通信息化、智能化出行体系，推进交通供需平衡由被动适应模式向主动引导模式转变，实现多模式复合交通网络下城市道路交通高效可靠运行；围绕道路交通安全，深度解析交通行为人因机理，研发道路交通运行安全态势预估与主动调控技术，形成道路交通设计安全优化理论，构建道路交通安全研发与工程应用整合组织机制，全面提升道路交通安全水平；针对我国社会经济发展状况、异质交通流特征和差异化交通行为特点，研发面向中国城市特征的交互式交通运行仿真与决策支持技术，全面支撑道路交通系统的精明规划、精致设计与精准管控。

在京津冀、长江经济带等国家重大发展战略区域及"一带一路"倡议国际合作关键节点，结合国家区域协同和国际合作发展的重大工程和典型应用场景，开展重大共性前沿技术集中示范应用；依托新型城镇化、公交都市建设、特色小镇建设，在不同等级城市开展多维度立体化推广应用。结合交通系统集成仿真与决策支持系列平台，支撑相关技术的稳定、可靠落地，形成体系可复制、规模可扩展、应用可定制的我国自主且可向全球推广的道路交通技术体系。

依托党的十九大提出的交通强国行业使命，开展道路交通领域重点方向的关键技术研发，着力解决涉及行业发展的全局性、区域性的重大问题。与2015年相比，预期到2020年实现以下目标：道路交通系统智能化、信息化水平显著提高，智能交通技术普及率增长30%，交通基本要素信息数字化率达到100%，地市级以上行政区交通运输管理部门移动政务平台建设开通率超过75%，重点营运车辆联网联控系统车辆入网率和上线率分别达到99%、95%以上；道路交通同其他方式的综合协同运营格局基本形成，综合交通出行信息服务省级行政区覆盖率达到100%，重点区域内城市间交通一卡通互联互通率达到100%；道路交通运输效率与可靠性显著提高，城区常住人口300万以上和300万以下城市公共汽电车正点率分别达到75%、80%以上，新建综合客运枢纽换乘距离不超过300m、换乘时间不超过5min；绿色、安全、可持续发展的道路交通运输体系初步形成，大中城市中心城区绿色出行比例达到70%以上，道路交通运输清洁能源车辆保有量增长50%，营运客车和营运货车单位运输周转量能耗及二氧化碳排放量分别降低2.1%、2.6%和6.8%、8%，道路运输较大以上等级行车事故死亡人数下降20%，亿车公里事故率降低10%。

围绕交通强国发展战略部署，分阶段分期实现道路交通领域重点专项，按照统筹规划、合理布局的原则，优先安排与国家发展战略、交通运输重大需求密切相关的研究内容。近期阶段优先解决道路交通系统内部的多模式一体化高效运转、信息共享与整合、道路交通安全风险评估与主动预警、长寿命道路交通设施应急管理与持久养护等问题，兼顾我国自主道路交通系统仿真与决策支持技术研究；中远期阶段跟进道路交通与其他方式间的高效协同服务、资源优化配置，并着重实现区域综合交通系统仿真与决策优化技术，进而反馈互动优化道路交通运行。具体包括以下几方面。

1) *基础设施*

(1) 平台系统。构建道路交通基础设施性能标准化测试平台，实现道路交通基础设施性能演化分析与评价，支撑基础设施全寿命服役期管理与养护；构建交通基础设施服役状态快速智能监测系统，实现交通基础设施服役状态采集、服役行为评估及预测功能，为交通基础设施管理与养护决策提供科学依据。

(2) 产品装备。研发干旱大温差特殊地区耐久型材料、严酷条件交通基础设施建养系列装备、基础设施状态监测新型传感传输技术与设备、绿色长寿命交通基础设施结构与材料，支撑不利环境与条件下道路基础设施建设、风险管控和全寿命服役期养护与管理。

(3) 标准体系。形成具有自主知识产权的道路基础设施建管养系列技术标准与理论体系，主要包括道路基础设施建养生态化标准、长期服役维护技术标准、性能检测与评估技术标准、非常态条件通道保障与应急技术标准等。

2) 运载工具

(1) 平台系统。建设覆盖全国的车用基础地图系统，提供实时动态地图数据服务；建设覆盖全国的车用高精度时空服务系统，建立车用网络高精度统一时间体系，提供全国统一的车用高精度时空服务；建设国家智能网联汽车大数据云控基础平台，充分利用企业、地方、部门的现有设施和数据资源，为智能网联汽车的研发制造、安全运行、交通管理、应用服务等提供支撑。运用物联网、智联网等新技术，研究搭建全国统一的危险货物道路运输安全监管系统，为实现危险货物全生命周期信息化安全管理和信息共享奠定基础。

(2) 产品装备。推动智能网联车辆传感器、车载芯片、中央处理器、车载操作系统、无线通信设备、北斗高精度时空服务与车用基础地图等产品开发与产业化，全面提升整车智能化水平。

(3) 标准体系。立足国情，着力构建智能网联汽车中国标准体系，全面覆盖汽车制造、信息通信、基础设施、信息安全、运行监管、应用服务等领域。重点制定车载关键系统、智能道路基础设施、车用基础地图、云控基础平台、车辆网络安全防护等技术标准和规范，以及"人—车—路—云"系统协同的车用无线通信技术标准和设备接口规范。建立中国标准智能网联汽车等级划分及评估准则，制定智能网联汽车运行安全、自动驾驶能力、封闭场地、半开放场地及公共道路的测试标准，开展不同等级智能网联汽车驾驶人的操作技能和资质要求等研究。制定人机控制转换及事件记录等标准，为智能网联汽车事故责任判定创造条件。完善大型客货运车辆安全技术标准体系，制定道路客运车辆安全技术条件标准，提升营运客车本质安全性能，完善危险货物道路运输法规标准体系，制定出台《危险货物道路运输安全管理办法》和《危险货物道路运输规则》系列标准，强化危险货物道路运输托运、充装、运输、道路通行及应急救援全过程安全管理，规范危险货物分类、包装、托运、装卸、运输操作。

3) 营运管理

(1) 平台系统。构建城市交通管控系统实验平台，实现城市交通状态演化规律分析、大范围交通在线仿真与实验、交通管理和调控方案的预评估与决策、交通流动态调控方案优化、交通系统管理与服务系统导入适应性实验等功能；构建道路交通系统一体化仿真与决策支持平台，实现多层次综合交通系统等系统整合、效能提升、安全保障、节能减排等多目标协同优化，辅助城市和区域道路交通系统的科学决策；构建道路交通安全主动防控与信息服务平台，包含交通安全主动防控管理系统、交通安全辅助决策支持系统、交通安全综合信息服务系统三大子系统，提升交通运行的安全性，交通安全管理的科学性、针对性和有效性，以及道路交通安全的保障能力。

(2) 产品装备。研发城市交通系统交通分析集成和控制软件，实现城市综合交通规划方案评价、综合交通网络状态模拟、交通管控策略与措施的推演、应急条件下交通指挥的决策支持和信号控制等应用；研发城市交通控制测试、诊断及优化系列设备，在不破坏现有信号控制系统运行的条件下，实现对现有控制系统的智能化改造和升级；研发货运全程动态跟踪与智能监管的道路交通系列装备，实现区域道路货物跟踪监测与安全监控，服务区域多方式综合货运的系统决策优化；研发交通行为训练矫正装备、基于人机交互的车辆主动安全设备、新型道路安全防护设施、新型交通安全执法装备、交通事故信息采集装备、交通伤员急救装备等交通安全保障系列装备。

(3) 标准体系。形成城市交通规划设计手册、道路交通安全主动防控系列手册及区域多交通方式客货运输信息互联互通的道路交通系列标准，支撑多方式客货交通运输的信息共享，提升综合交通客货运输的信息服务功能与服务品质。

第7章 水路交通

7.1 内涵与研究范围

1. 水路交通研究的内涵

水路交通运输简称水运,是以船舶为主要运载工具、以港口或港站为运输基地,在江河、湖泊、人工水道及海洋上完成旅客与货物运送的一种交通运输方式。水路运输系统由水域航道、船舶、港口、各种基础设施与服务设施等组成。

水路运输的主要对象是旅客和货物。根据性质划分,水路交通领域的要素可以细分为船舶、航道港口及基础设施和营运管理。

1) 船舶是水路运输的载运工具

运输船舶按运输种类可分为客船(包括客货船)、杂货船、液货船(包括油船、液化气船等)、散货船、兼用船、集装箱船、滚装船、载驳船、冷藏船、多用途船、自卸船、重件运输船等;按有无自航能力可分为机动船(货船、拖船、推船等)和非机动船(驳船);按动力装置可分为蒸汽机船、内燃机船、汽轮机船和核动力船等;按推进装置可分为螺旋桨船、喷水船、水翼船、气垫船等。

2) 水路运输的基础设施包括港口、港口设施和助航设施

(1) 港口。港口是船舶的到发和给养基地、水路运输活动的组织与交易场所,是水路交通运输的终端,又是连接水陆运输的枢纽。

(2) 港口设施。港口设施是港界内的水工建筑物、陆上建筑物及所有装卸机械等的总称。

(3) 助航设施。助航设施用于指示航路和标示区域,包括标示航道的航标、雷达信标、无线电定位系统等。

3) 水上交通运营管理部门

为保证水上运输工作的顺利进行,还有许多营运管理部门密切协同,相互支援。包括水上交通安全监管部门(海事)、通信导航部门、船舶的燃料、淡水和生活物资的供应部门、业务代理与理货公司(物流),以及发生海难后的救援打捞机构等。

2. 水路交通研究的范围

按航行区域不同,水路交通的研究对象包括远洋运输、沿海运输、内河运输

和湖泊(包括水库)运输。

(1)远洋运输通常是指除沿海运输以外所有的海上运输,在实际工作中又有"远洋"和"近洋"之分。前者是指我国与其他国家或地区之间,经过一个或整个大洋的海上运输,如我国至非洲、欧洲、美洲等地区进行的运输;后者是指我国与其他国家或地区间,只经过沿海或大洋的部分水域的海上运输,如我国与朝鲜半岛、日本及东南亚各国所进行的运输。这种区分主要以船舶航程的长短和周转的快慢为依据。

(2)沿海运输是指利用船舶在我国沿海区域各港之间的运输,其范围包括:自辽宁的鸭绿江口起,至广西壮族自治区的北仑河口止的大陆沿海,以及我国所属的诸岛屿沿海及其与大陆间的全部水域内的运输。

(3)内河运输是指利用船舶,在江、河、湖泊、水库及人工水道上从事的运输。除航行于内河的船舶,除客货轮、货轮、推(拖)轮、驳船以外,还有一定数量的木帆船、水泥船和机帆船等。

7.2 在国民经济、社会发展和学科发展中的重要意义

水路运输在交通运输体系中发挥着无法替代的作用,是我国沟通国内外的重要桥梁和融入经济全球化的战略通道,有力地保障了经济社会的持续健康发展。目前,水路货物运输量、货物周转量在综合运输体系中分别占12%和63%。内河干线和沿海水运在"北煤南运"、"北粮南运"、"油矿中转"等大宗货物运输中发挥了主通道作用,对产业布局调整和区域经济发展发挥了重要作用。近年来,水路运输在港口和远洋运输方面更是迅速发展,我国已发展成世界港口大国、航运大国和集装箱运输大国。水路运输承担了90%以上的外贸货物运输量,其中,95%的原油运输和99%的铁矿石运输都是依靠水路运输来完成。

在低碳环保的社会背景下,水路运输依然可以发挥自己独特的优势,为经济发展贡献力量的同时,也为改善我们的生活环境起到一定的促进作用。根据调查显示,国际水路运输行业所排放的温室气体,仅占全球温室气体排放总量的2.7%。与全球人为二氧化碳排放量相比,水路运输仅占排放总量的3%~4%。而在水路运输的二氧化碳排放量中,现代化集装箱船的二氧化碳排放量仅占水路运输总量的四分之一,但完成了全球一半左右货物的运输工作。

水路运输能够带来巨大的社会经济效益。在运输成本方面,水路运输成本是铁路运输成本的20%,是公路运输成本的10%以下。如果是长距离的运输,则水路运输方式能获得更高的经济利益。此外,最大的直接效益是带动了港口的经济发展,水路运输的发展使一些具有优越地理条件的港口成为物流集散地,吸引大量的人力资源,带动了当地经济的发展。

除了带来直接的经济效益以外，水路运输的发展还能够带来大量的间接效益。首先，水路运输的发展对产业布局能够产生一定的影响，港口城市的发展能够带动资金的流动，同时大量的人口聚集也能够促进服务业的发展，促进产业布局进一步合理化；其次，水路运输的发展还能够促进我国船舶制造业、物流运输业的进一步发展，同时对区域经济的发展也能够起到一定的带动作用。

7.3 研究现状、存在问题和发展趋势分析

7.3.1 研究现状

我国水路交通事业的快速发展，科技进步发挥了重要作用。改革开放以来，我国水路交通事业取得了举世瞩目的成就。在这一发展进程中，交通行业实施"科教兴交"战略。针对水路交通关键问题，大力开展了应用基础研究和关键技术研究，重视标准规范体系建设和成果推广应用，采取科技重点攻关、行业联合攻关、重大技术装备开发、引进消化吸收等多种形式，在交通科技的众多领域取得了重大突破，有力促进了水路交通运输质量、服务和效益的提高，保障了水路交通的快速发展。

1) 水路运输装备

近年来，我国船舶工业自主研发能力实现大幅提高，在符合国际新公约新规范新标准的新船型研发上取得较大成绩，在大型散货船、超大型矿砂船、超大型油船等领域形成了一批技术经济指标先进的节能环保船型，受到国际市场青睐。同时，高技术高附加值船舶不断取得突破，第七代环保型 VLCC、17万m^3级大型 LNG 船、万箱级集装箱船等高技术船型不断推向市场。

我国配套自主化也实现了新的突破，自主品牌船用中高速柴油机、船舶综合电力推进系统、船用雷达实现装船零的突破，自主品牌甲板机械实现批量装船，本土制造甲板机械市场占有率达到 70%。船用压载水处理系统等实现批量接单。从船舶配套设备的装船率来看，我国能满足散货船 80%以上、油船和中小型集装箱船 70%以上的配套设备装船需求。

近 20 年来，气候变化和环境污染问题在全球范围内引发越来越多的关注与担忧。随着清洁能源技术发展及国家政策的推动，船舶清洁能源动力系统将迎来快速发展机遇期。LNG 动力、锂电池、燃料电池、太阳能、风能、岸电等清洁能源及余热发电等技术在船舶上得到了应用，船舶能源种类从以化石能源为主的局面逐渐向低碳化能源转变。多种能源的接入推动了船舶动力系统朝着电气化方向发展，船舶的推进形式也逐步由机械推进向电力推进转变。随着电气化程度的不断提高，船舶的推进系统与电力系统正在进行深度集成与融合，并将发展成为船舶

综合电力系统。

针对营运中的船舶，我国航运企业都在积极探寻通过优化操作管理，降低燃油消耗，提升能效水平的方法。主要可归结为4个方面：①优化航行管理与操作。针对大量营运中船舶来说，航行优化是有效的节能手段。当前，被航运界广泛采用的航行优化措施主要包括航速优化、航线优化、吃水纵倾优化、能量管理系统应用等；②提高动力系统效率。船舶动力系统是船上最主要的耗能系统，提高动力系统效率对于提升全船能效水平具有重要意义。具体的措施包括优化船—机—桨配合、加强设备维护保养、采用主机轴带发电机、余热回收利用等；③降低船舶阻力。降低船舶阻力并提升水动力性能是重要的能效措施。当前，船舶减阻节能方法主要有球鼻艏应用、船体表面清洁与新型涂层使用、采用船尾附体等；④改进公司管理。通过加强航运公司的管理水平和软实力，能够间接的促进各种节能减排措施的落实和生效。改进公司管理的途径包括节油技能培训、节油奖励机制、油品管理和船岸协同管理等。

港口装备方面，20世纪90年代以来，随着全球经济一体化和我国经济的迅猛发展，中国港口机械进入快速壮大、超越发展阶段，产品的设计开发能力和生产工艺水平迅速提高，不论从产品类型上，数量质量上，还是生产规模和售后服务等方面都开始走向国际前列，不仅结束了港口机械依赖进口的历史，而且以岸边集装箱起重机、集装箱门式起重机和桥式抓斗卸船机等为代表的大型港口起重机设备已大量出口到世界各地的近300个码头，产品分布在包括美国、德国、日本、英国、法国、意大利、荷兰、瑞典、西班牙、丹麦、韩国、澳大利亚、新加坡、阿联酋、沙特等发达国家在内的全球101个国家和地区，世界市场占有率超过70%，连续20年成为全球最大的大型港口机械出口国。今天的"中国港机"已成为中国装备制造业面向全球引以为豪的杰出代表。

但在我国港口产能过剩的当下，未来港口的综合实力提升尤为重要，主要体现在高效安全、节能低耗的运行模式。例如，大连港海水源热泵技术、太阳能等清洁能源应用；天津港供配电系统节能技术研究和能源计量技术研究等；变电站、卸船机、皮带机、斗轮机采用无功功率因素补偿技术；主要生产作业设备变频技术等。

2) 基础设施

在港口设施方面，截至2019年底，我国港口泊位数量均位居世界第一。我国建成了厦门、青岛等自动化集装箱专用码头，上海洋山港第四期成为全球规模最大、自动化程度最高的集装箱码头，实现了集装箱装卸、水平运输、堆场装卸环节全过程的智能化。但是，从整体上看，我国大部分港口自动化、信息化程度低，难以实现数据交换、信息共享；港口物流联盟低、效率低，物流成本高；配套设施不健全，港口现代化服务能力与发达国家仍有差距。目前，我国智慧港口建设的主要瓶颈是信息化不足，存在着港口业务系统信息分散、管控系统相脱节、物流产业链联动不足、管理体制的保障力度尚弱等问题。

目前，发达国家已经形成以信息技术为核心，以信息技术、运输技术、自动化仓储技术、库存控制技术、包装技术等专业技术为支撑的现代化货物管理技术格局，其货物配置管理技术发展趋势表现为信息化、自动化、智能化和集成化。国内传统港口货物配置属于粗放型的管理模式，以扩大生产规模为出发点，缺乏统一的规划，货物管理信息化水平低，相对于国外还有很多的发展空间。随着我国市场经济的不断发展和港口门户的不断开发，港口货物管理模式顺应市场发展的需要，充分利用自身优势，在政府的大力支持下，加快了智能化港口的建设，对港口货物的智能化配置管理提出了新的需求。

国外离岸深水港水工建筑物多采用全直桩的组合桁架结构、导管架结构及复合式结构（如桩基—重力式复合结构和重力式—桁架复合结构）等，近年来，我国陆续建设了一些离岸深水码头和防波堤。研究开发的结构型式主要包括：半圆型防波堤结构、箱筒型基础防波堤结构、插入式大圆筒结构、遮帘桩板桩码头结构等，研究重点主要集中在结构与地基的相互作用和地基承载力问题。

现阶段，关于高等级灾害应急码头在美国、日本、挪威、荷兰等国家已有初步研究，但未形成系统研究成果，我国在该方面的研究还处于空白和刚起步状态。研究恶劣条件下高等级灾害应急码头建设关键技术，具体包括高等级码头抗震计算理论及设计方法、极端波浪作用下码头安全性分析方法、冰荷载作用下码头结构计算理论及设计方法、高等级码头特殊施工工艺技术等。

在航道建养方面，我国已经形成了"两横一纵两网十八线"的水路航运格局，形成了长江干线、京杭运河、长江三角洲等主要河道在内的航道共计 1.9 万 km。在隧道建设技术、深水筑港和航道整治技术等方面均取得了重大成果，部分领域达到和接近国际先进水平，有力地支持了我国交通建设的大发展。还深入开展了现代信息技术的研究和应用，利用卫星定位、航测遥感和计算机辅助设计集成技术，极大地提高了交通规划、勘测设计的效率和质量。

随着信息化建设的进程，我国以长江为代表的内河航道信息化水平不断提升，以船舶自动识别系统（automatic identification system，AIS）、GPS、水文监测系统等构建的内河航道信息化工程，实现对船舶、港口、通航设施、水文信息等航道要素的相关数据的采集、管理；实现对船舶的航行、能耗数据的采集，对船舶的管理、监控监测；实现航道内通航设施的监测监控、运营维护、数据采集；实现航道内港口等各部门间的交互，保证航道运营通畅。全面建成长江电子航道图，实现社会化服务，为建设长江"数字航道"、"智能航道"目标打下坚实基础。

长江中游航道水流条件多变，河床组成复杂，是我国内河航道治理的难点。针对长江中游航道整治工程特点，已开展深水沉排、顺水流方向沉排、逆水流方向沉排等关键技术试验研究。新的技术为长江航道整治工程的实施提供了重要的技术保障，主要体现在：①在航整治工程中实施全过程的质量检测；②采用 GPS 控制铺排轨迹实现铺排轨迹的及时跟踪检测；③引入潜水员水下探摸技术对水下沉排搭接情况进行质量检测；④引进水下摄影技术对水下隐蔽工程进行影像描绘；⑤引进内河先进的多波束扫测系统进行质量观测。

在三峡库区、潮汐河段、长江上游、中游近坝河段等具体的河段进行技术维护、最低通航水位计算及航标技术科技创新，支撑与引领航道发展，着力解决了影响和制约长江航道发展的技术瓶颈，推进了长江航道维护建设，更好地发挥科技在加快长江航道发展方式及建设中的支撑和引领作用。在生态护坡、生态建设构建、河流生态影响的评价指标体系研究、航道整治工程作用下水沙过程及河流生态响应预测模型研究、生态环境友好型航道整治等方面有了新的突破。

我国内河通航建筑物发展的主要自主创新包括：提出了一系列船闸水力学重要参数的精确计算公式，构建了船闸精细化设计理论和方法；建立了枢纽通航安全评估新方法，发明了改善水沙条件的菱形导流墩和扇形分流墩群；首创倒口消能无镇静段船闸集中输水系统，提出适应小水深的新型闸墙长廊道侧支孔分散输水系统；创建和提升了非恒定流空化模拟研究平台，解决了高水头单级船闸阀门空化这一世界难题；建立了以精确计算船舶下沉量为理论基础的船舶过闸吃水控制新标准。

3）营运管理

随着全球经贸市场的日益繁荣，水运物流业得到了飞速发展，沿海港口特别是大型枢纽港对全球和区域经济的促进带动作用愈加显现。水运物流业有着巨大的发展潜力和广阔的市场空间，已成为国民经济发展的重要支柱产业。水运作为一种重要的运输方式，与铁路、公路、航空等共同构成交通运输网络。水运物流取得了举世瞩目的发展成就，为我国经济社会、对外贸易的发展发挥了巨大的贡献作用。现阶段，我国水运物流业呈几个主要特点：①现代化水运物流体系基本形成；②水运物流运输规模不断扩大；③水运物流功能不断拓展；④水运物流业对推动区域经济协调发展发挥重要作用。

进入 21 世纪，科学技术发展日新月异，呈现出新的趋势，积极应对物流压力，加速运用现代物流的思想和新技术来武装改造传统水运业、充分发挥水运业在现代交通领域中的作用，已引起了业界广泛关注。近年来，大数据、物联网、区块链、人工智能等技术正在崛起，并深刻地影响各行业的变革，世界正在经历智能时代。智慧物流已然成为物流业的新风口、交通与物流企业转型升级的新航向，航运界自然不能当旁观者。在这场大变革中，传统航运与物流企业纷纷主动拥抱智能时代，向智慧物流转型升级。

此外，海事安全保障技术对于现代化水路交通运输事业十分重要。特别是在当今世界经济和水运行业快速发展的环境下,水路运输越来越繁忙,船舶流量越来越大,气候变化和通航环境越来越复杂,对做好水上交通安全工作提出了新的更高要求。水路交通运输安全保障是一项综合技术和系统工程,主要涉及船舶导航与定位、船舶交通管理、全球海上遇险和安全等工作,与科技水平、仪器设备及与组织管理诸多因素有关。

目前,我国已经建成了包括航运基础设施、通信信息化设备、安全监管设备、巡航救助设备及船舶防污染设备在内的多元化海事监管体系。航运基础设施包括干支航道、港口、通航桥梁、船闸、三峡升船机等。通信信息化装备包括海事网络、信息服务、船岸安全通信、信息安全保障等。安全监管装备包括船舶交通管理系统(vessel traffic service,VTS)、船舶自动识别系统、电视监控系统、调度指挥系统、电子巡航等。巡航及救助设备包括海事巡逻船、执法车、无人机等。船舶防污染设备建设有溢油设备库、溢油应急船等。

我国正在着力开发智能船舶交通管理系统,其具备多元信息分布式协同处理、二三维一体化交通监管、管理信息系统业务管理、智能化海事业务处理与综合信息服务等主要功能,并可支持海上移动 VTS 平台构建,从而为各直属海事局的 VTS 系统改扩建、VTS 系统联网建设等工程实施提供系列化产品。此外,智能船舶交通管理系统还可派生出系列化产品,主要包括区域(联网)指挥中心船舶交通管理信息系统、多种类型的复杂航道船舶交通组织与调度系统、标准港口型和航道型船舶交通管理信息系统、标准型管理信息系统、船载移动式船舶交通管理信息系统、车载机动式船舶交通管理信息系统及 VTS 雷达录取器等。

随着航海事业的发展,大型船舶越来越多,船速越来越快,海上事故、污染、灾难增多,不可能用试航来避免灾难。国际海事组织从 20 世纪 70 年代开始研制模拟器,主要模拟船舶操纵、避碰、靠泊、进出港口和不同天气海况等环境下的船舶航行。海事仿真技术主要是面向人员能力提升,目前,我国海事安全仿真技术虽然获得了一定的发展,然而,随着虚拟现实(virtual reality,VR)和增强现实技术(augmented reality,AR)的发展,未来的海事仿真将更加注重人机交互性而非仅仅是强调沉浸感。

7.3.2 存在问题

(1)水路交通核心技术发展缓慢与滞后。水路交通创新与人工智能、大数据、物联网等新兴技术的融合不足、发展不平衡的矛盾比较突出。服务国家重大战略的深远海航行安全保障、船舶自主操控与智能航行、水路运输绿色化等关键技术领域的创新能力与国外先进水平相比还存在较大差距。

(2)水路交通高端装备自主研发能力较弱。虽然我国的水路交通运输装备制造已取得很大成就,但是在战略性交通装备方面,尤其是特种船舶、极地船舶、大型豪华邮轮、大型新能源运输船舶、船舶动力设备、电控系统等，仍存在自主研发能力较弱，缺乏核心技术、产品竞争力不足、国产设备装船率低，以及高端装备经验、人力和技术方面储备不足等问题。

(3) 水路运输绿色化发展不足。欧美发达国家在绿色船舶、航道的建设、运维、管理等方面技术应用已比较成熟。我国绿色水运建设水平整体还处于发展阶段，与发达国家还存在一定差距，体现在基础设施建设绿色化技术与装备，水运污染防控能力不足，绿色航道网畅通互联建设尚不完善。

(4) 运营管理装备与服务水平不足。欧美发达国家在航运领域智能感知与服务、船舶交通管理系统、国际标准与技术规范建设等方面处于国际领先水平，我国在上述方面与发达国家相比较存在较大差距。

(5) 水路交通领域的产学研协同创新体系尚未建立。创新链与产业链布局尚未形成完善的配套，应用研究与科技产业化脱节，科技成果向应用技术的转化进程缓慢，对水路交通科技进步的促进力有待进一步加强。

7.3.3 发展趋势

随着物联网、云计算、大数据、人工智能等高新技术在船舶、港口、航行保障、安全监管及运行服务等领域的广泛应用，水路运输必将朝着安全、绿色、高效和智能的发展方向。其中，包括船舶动力多元化，排放洁净化；船舶控制系统模块化、集成化、智能化；水路交通管理与服务信息化、网络化、智能化和协同化。针对不同的水路交通要素，具体的发展趋势可以概况如下。

1) 船舶技术

近年来，在我国能源结构转型、生态环境保护及应对气候变化等多重政策背景下，船舶将朝着智能化、绿色化方向发展。

(1) 以集装箱船、干散货船、液体散货船等为代表的运输船将拥有自主航行、能效监测与优化控制、货物状态监控与优化配载、船体及设备系统全生命周期状态监控与管理等单项或多项功能；同时，船舶将拥有智能航行的岸基协同系统、安全保障系统和远程操控系统。

(2) LNG 动力、锂电池、燃料电池、太阳能、风能等清洁能源及余热发电等技术将在船舶上逐步推广应用，船舶能源种类从以化石能源为主逐渐向低碳化能源转变。

(3) 多种能源的接入推动了船舶动力系统朝着电动化方向发展。船舶的推进形式也将由机械推进向电力推进转变，电力推进将成为船舶动力与推进系统的主要形式。随着电气化程度的不断提高，船舶的推进系统与电力系统将进一步集成与融合，将发展成为船舶综合电力系统。

2) 港口物流技术

港口是船舶的到发和给养基地、水路运输活动的组织与交易场所，是水路交通运输的终端，又是连接水陆运输的枢纽。港口码头建设将朝向泊位深水化、码头专业化、装卸自动化方向发展；码头和航运基础设施将逐步实现信息化和智能化。

(1) 为了适应现代运输技术的发展，尤其是船舶大型化、专业化、高速化对港口靠泊条件和装卸设备的要求，港口的泊位将实现深水化，码头将实现专业化。专业化码头的特点是装卸机械及设备专用性强，可大大提高装卸效率和码头的通过能力。

(2) 应用新一代信息技术，港口的功能将包括 4 方面内容：①智慧码头实现作业的自动化；②智慧口岸实现通关一体化；③智慧物流实现全程可视化；④实现智慧商务实现服务便利化。

3) 航道与附属设施

我国航道建设运行与管理同样面临重大创新机遇，未来将朝以下方向发展。

(1) 航道建设从侧重尺度提升向侧重生态环境保护转变。传统航道治理技术大多侧重航道自身尺度提升，尚未完全兼顾生态保护，如传统的筑坝、炸礁、疏浚等对鱼类生态、环境系统等具有一定的影响，需要研发与生态相适应的航道建设养护技术。传统航道治理涉及的监测方法和设备等一般注重航道某个方面，尚未实现航道水沙过程与生态环境的融合监测，不能满足生态航道的建设需求，难以精确支撑生态航道基础理论和关键技术的研究。

(2) 航道信息服务向智能服务转变。随着大数据和人工智能等科学技术的迅猛发展，全国各领域的智能化服务管理水平均大幅提升，而内河航运服务管理能力还相对落后。目前，建设的数字航道只能提供航道的基础信息，为满足日益提高的通航安全需求，急需研发基于大数据和人工智能的智能航道服务管理平台，提供准确、实时和流畅的航道信息及精准的智能化决策支持。

(3) 岸基船舶远程监控中心建设成为水路交通基础设施不可缺少的组成部分。

4) 海事监管与应急救助技术

海事监管技术的发展和演变必然会与航运技术的发展和演变和同步，从现代航运技术的发展来看，海事监管技术将会朝向以下 5 方向发展。

(1) 随着雷达技术、遥感技术、卫星通信技术、环境感知技术的快速发展，海事监管将实现船舶全过程的动态精细管理，实现通航环境信息的精细化感知，并在此基础上实现水上交通及航运安全的智能感知、智能分析、智能管理是必然的趋势。

(2) 随着船舶智能化技术的发展，海事监管将逐渐从传统的"监督管理"朝向

"服务管理"方向演变。未来的海事监管,更多是相关安全、环保规则的制定,而现场的动态管理则更多的朝向水上交通信息服务、水上交通组织服务、海事安全保障等方向发展。

(3) 船舶、通航环境、人员及货物等海事监管要素信息的数字化获取及多层次关联与融合,并实现对监管过程的动态可视化将极大地促进和提高海事监管的能力。

(4) 海事应急救助趋于多层次多类型水上救援机器人的集群化作业。自主型、远程操作型、辅助作业型等适应于不同任务需求的水上救援机器人研制和综合利用,将现场作业人员从危险和繁冗的任务中解放出来,实现天空、水面、水下和岸基的多层次不同类型的无人系统协同作业,扩大水上搜寻范围,提高救援作业效率,全面提升水上应急救助的安全性和高效性。

(5) 海事安全监管正在向全方位覆盖、全天候监控、快速反应的现代化水上交通安全监管体系发展迈进;向现代化的综合导助航体系、覆盖全部沿海港口及内河航道的海事测绘体系迈进;向主动适应国家重大战略实施需要,适应应对重大自然灾害和突发事件需要,适应国家综合交通运输体系建设发展安全保障需要,适应国家反恐和交通战备应急保障需要的全方位覆盖、全天候运行、海江兼备、快速反应、处置高效的现代化专业救捞体系迈进。

7.4 未来研究前沿与重大科学问题

未来要加快推进物联网、云计算、大数据、人工智能等高新技术在船舶、港口、航行保障、安全监管及运行服务等领域的广泛应用,尤其是围绕状态感知、认知推理、自主决策执行、信息交互、运行协同等关键问题,实现应用性技术创新,显著提升航运生产运行管理的智能化水平。

针对我国智能航运发展的薄弱环节和技术瓶颈,大力支持研制船舶主辅机等重大装备,建设航运基础实验设施,开发复杂场景感知、自主协同控制、调度组织优化与信息安全交互等核心软件平台,研发高可信、高性能检验测试方法研究与工具自主,努力提高智能航运关键技术自主化程度,并积极培育结构性技术优势。

1. 研究前沿

1) 基础理论研究

重点开展多激励源下大型船舶船体形变理论、船舶推进动力学系统故障不确定性和控制的非线性研究;重点开展基于卫星等观测数据的水文气象模拟技术、长周期波浪形成机理及其与结构物相互作用研究、复杂条件下泥沙运动模拟技术研究、船闸输水系统三维水流模拟技术研究等工作，推进港航工程向数据化转型。

2) 先进材料技术

重点开展航道建设的高性能材料技术研究，攻克高强度结构钢配方设计、制备应用技术的理论和方法；研究水运装备的低成本/高性能化的复合材料及其产品，重点开展复合材料结构健康监测和修补技术及复合材料部件之间及其与钢结构之间可靠的连接技术的研发；开展船体腐蚀和污损特性、机理及涂层防护技术的研究，研发高性能防护材料；研究船舶的全寿命周期最佳防护技术方案，攻克船舶防护效果有效监控与预测理论。

3) 智能航行控制理论

船舶智能航行涉及设计、建造、运营等多个环节及驾控、动力、感知、通导、岸基支持等多个系统；智能船舶/远程遥控船舶船载与岸基支持系统的架构体系研究；内河、近海、远洋不同场景下的船舶智能驾驶航行基础理论研究；智能船舶编队航行的自主控制研究。

2. 重大科学问题

1) 无人船舶/远程遥控船舶设计与制造

船舶无人驾驶技术涉及无人船的设计、建造、运营等多个领域，以及驾控系统、机舱系统、感知系统、通导系统、岸基支持系统等多个方面。未来的研究重点主要体现在以下几个方面：①以物联网、大数据、人工智能和工业 4.0 为基础，开展无人船舶/远程遥控船舶船载与岸基支持系统的架构研究；②开展无人船舶/远程遥控船舶技术标准体系、技术评测及其标准、应用技术法规等研究；③开展内河、近海、远洋不同场景下的无人驾驶相关基础理论的研究，开展辅助驾驶系统和远程遥控系统的开发；④无人驾驶研发设计的终极目标是会思考的船舶或自主航行船舶。无人船自主航行需要一套完整的可变自主控制策略，能够使智能船舶的控制稳定性、鲁棒性、收敛性、响应性等特性更强。需要建立究一套具有自主学习能力的人工智能系统，能够在不同空间下协同完成无人驾驶功能，其中，"感知空间"获取周边环境和自身状态信号；"认知空间"从感知空间各类信号中抽取、加工与航行相关的要素，形成航行态势与操纵模型；基于航行态势与操纵模型，"决策执行空间"通过控制系统使船舶达到或接近期望状态。

2) 船舶清洁高效动力系统设计与智能制造

LNG、太阳能、风能、燃料电池、氢能和生物质能等清洁能源综合利用及其混合动力系统协同设计；大功率复合储能与动力电池技术研究主要包括储能系统总体设计、模块化设计、双向 DC/DC 变换器研制、功率管理技术和安全保护等；船舶废热高效发电应用技术，包括超临界二氧化碳布雷顿循环、有机朗肯循环、卡琳娜循环及动力涡轮等；适用于电力推进船舶的高效新型推进装置，包括无轴轮缘推进器、直翼推进器、磁流体推进和仿生推进器的设计与制造等技术；岸基能源电力推进技术；船舶综合直流组网设计技术等。

3)"互联网+"内河航道的顶层设计与建设

完善面向"互联网+"的智能航道技术架构体系、生态航道技术体系、航道要素感知的技术体系、航道地理空间数据资源的技术体系、覆盖主要航道要素及航道维护管理业务的数据分析模型体系、航道承载力评估方法及技术体系、航道综合信息服务技术体系、航道养护管理业务应用的技术体系、航道助导航的技术体系，重点由航道要素感知、航道数据融合处理、航道数据组织管理向航道数据资源分析利用、多途径多模式多尺度航道信息综合服务、移动联网业务协同应用迈进。核心技术包括："互联网+"长江航道的顶层设计、长江航道全要素一体化大规模快速移动测量关键技术、基于云计算的长江航道大数据平台关键技术、长河段航道要素多维数值模拟及可视化技术、基于航道大数据的航道条件动态研判与预测预报技术、基于"互联网+"的航道服务应用关键技术。

4)基于区块链的航运物流管理

面向供应链的集装箱实时可视化跟踪技术；基于 AI 的船舶智能配载技术；基于区块链的航运物流资源整合技术、航运物流电商服务技术、航运物流电子单据快速识别与交换技术基于大数据的航运物流供需能力匹配与规划；航运物流集装箱全链条定位技术；基于物联网的航运物流能耗优化控制技术。

5)智能航运业态下船舶航行安全管控

面向无人船和传统船舶长期共存背景条件，研究无人船航行安全风险监测预警方法与手段,构建智能航运安全预警监测体系。探索智能航运业态下，船舶故障和突发事件的应急处置策略。无人船的风险评估包括 4 个方面：① 情景识别，即分析船舶操作的典型场景，包括系泊、锚泊、进出港口、在露天水域航行、货物操作和应急处置及需要无人船与载人船进行通信和互动避免碰撞。② 确定影响安全和环境的风险事件，即确定每种典型情况下的可能的安全和环境风险事件，例如碰撞、搁浅、倾覆、结构强度损失、火灾/爆炸、船岸通信故障、电力中断、方向损失、安全威胁、网络攻击、海洋污染等。③风险事件的原因和后果，确定每个风险事件的原因和可能的后果。④风险控制措施，对于每一次风险事件，为防止无人员登机时发生不可接受的风险，将与现行公约规定的安全和环境保护水平等同视为可接受的标准，以确定目标和功能要求无人船的设备和系统。

6)基于 E-航海的多种类型复杂航道船舶交通组织理论与方法体系

面向复杂航道(单向、双向和复式)水域船舶交通组织智能化的需求，以实现船舶交通有序、安全、高效为目标,在研究复式航道水域交通演化机理及船舶运行状态与时空关系的非线性关系基础上,研究通航模式转换策略、安全时距自适应调整策略及交叉、会遇冲突消解策略,最终系统一整套基于复杂航道、泊位及锚地资源协调调度的船舶交通组织理论方法体系,解决复杂港口水域船舶交通组织的理论难题,实现科学化、智能化的交通组织与调度。

7) 基于自主航行技术的海上运输船舶及其岸基支持系统

突破复杂海况下的海运船舶航行环境感知技术,实现对船舶周围静、动态目标及航行条件的高可靠性感知和认知。攻克岸基支持下的海运船舶航线智能设计和自主动态优化技术,实现海运船舶航线整体最优并可自主规避海上恶劣气象海况影响。突破狭窄水域和交通流密集水域船舶智能避碰技术及有人船和无人船混合场景下的"船—船"自主交互技术,开发海运船舶自主避碰系统,并进行实船应用验证。研发海运船舶船岸信息高效、可靠、实时交换技术及海上智能通信保障与网络安全技术、船舶航行场景岸基重构技术,构建海运船舶自主航行岸基支持系统。突破船舶设备和系统智能运维技术,实现海运船舶健康状态高效管控,保障船舶设备与系统可靠运行。建立海运船舶自主航行实船测试平台,支持船舶自主航行系统和智能运维系统的实船测试及与岸基支持系统的协同测试。在我国沿海开展海上自主航行运输船舶及其岸基支持系统的综合应用示范。

3. 主要技术难点

1) 智能船舶信息与网络安全管控

无论是智能船舶还是无人船舶,为了实现复杂的自主驾驶,需要在船舶轮机、导航及通信系统中引入大量计算机和软件,以自动执行各种辅助驾驶功能。并且,随着集成度和互联度的不断提升,这些程序控制系统越来越成为网络安全威胁的目标。深入分析智能航运环境下的网络信息安全风险,研究航运网络信息安全策略,以数据为中心,针对智能航运涉及的物联网、移动互联网和工业互联网,重点研究开发事前感知、事中防御、事后分析的网络安全技术。创新智能航运网络与信息管理服务体系,从制度上降低网络安全风险。

2) 船舶综合能量管理与能效控制系统

面向全电力推进船舶,开发船舶综合能量管理与能效控制系统,能够监控和管理全船能量的产生、传输、分配,具体包括:供电系统、推进系统的综合管理和控制,对电网运行状况、机组运行状态和船舶上的各种负载进行管理。智能化的能效控制系统能够实现对船舶航行状态、能耗状况进行在线监测与数据自动采集,能够开展船舶能效、航行及装载状态综合评估,利用大数据分析、数值分析及优化技术,为船舶提供评估分析结果、航速优化、纵倾优化等辅助决策建议。

3) 船舶、港口关键装备设计与智能制造

加快船舶、港口及其装备设计人工智能技术应用研究与实践步伐；大力推进船舶、港口装备建造工艺流程优化，努力实现建造过程智能控制；船舶重大部件、装备建(制)造的数字化、模块化发展；研究创新检验模式，适应船舶智能建(制)造的发展；推广增材制造等先进制造技术与方法应用；推广建筑信息模型(building information modeling，BIM)技术在港口和航道工程设计、施工、运维等方面的应用。港口装备领域需要重点关注智能装卸设备设计、物境感知、安全诊控、高效能量回收与利用、自动化码头智能柔性运输装备设计等技术装备。船舶、港口、航道等水上交通要素的智能感知和动态信息获取；高精度电子航行图研发；高通量、高速率、高可靠、低延时、多连接的船岸通信网络研发；无人驾驶船舶岸基控制中心、应急抢修救援等新的服务业务；适应船舶自主航行需求的 E 航海服务体系；客船安全保障等技术；提高航行水域气象、水文监测、预报和地理信息测绘等方面的能力，大力推进公共信息资源开放共享，不断提升智能航运信息服务水平。

7.5 水路交通能源系统及应用

以消耗成品油为主的交通行业是我国能源消耗的主要行业之一，约占全社会油品消耗量的 30% 左右。作为交通运输行业中载运量比例最大的载运工具，目前全球远洋船舶共有 8 万多艘，承担着世界贸易 90% 以上的运输量，每年船舶消耗数亿吨燃油。

目前，根据我国交通运输部等部门的政策要求，航运企业主要从以下几个方面解决船舶能耗问题：从源头上把握设备的能耗准入关；引入能耗低、性能稳定、可靠性较好且与使用环境相适应的运输设备；开展高耗能设备的改造与淘汰工作，以优化其运输船队的吨位结构为基础；促进船舶向大型化、先进化、节能化方向发展。然而，最近几年我国在各行业中大力推行节能减排政策并强化监管力度，加之国际油价上涨、企业运营成本增加所产生的直接推动力，采用常规方法的船舶节能减排技术潜力在短期内很难有大幅度的提高，而以开发利用新能源为突破点的新技术具有很大的潜力和发展空间。

进入 21 世纪，高效清洁能源正受到越来越多国家的高度重视。从保护环境、节约燃油消耗、提高企业经济效益的角度，国际上的各大航运企业都在积极寻找船舶节能减排的新方法，对船舶的节能减排技术更为关注，并逐步加大投入，清洁能源在船舶中的应用有着广阔的前景。目前，以液化天然气、风能、太阳能、核能、燃料电池及海洋能等为代表的清洁能源的利用已引起国内外业界的密切关注，并已初步具备在船舶上应用的基础。其中，船舶动力技术是发展绿色船舶的关键技术之一。与传统的动力系统相比，清洁能源动力系统在注重提高经济性的同时，更注重对环境的影响，包括航行和停泊时所带来的噪声污染、废气污染和水体污染等。清洁能源船舶动力系统的研究主要包括以下几个方面：各种清洁能源在船舶上的适应性研究；大力推广使用清洁燃料并开发船用代用燃油，如 LNG 和甲醇等；采用新的动力源，如采用核能、风能和太阳能等新式动力推进装置；新能源的综合利用技术；分布式纯电动船舶技术。

源于地球表面大量空气流动所产生的动能——风能，是一种无污染且无限可再生资源。随着科学技术水平的不断进步，工业社会对于风能的利用有着丰富的经验，配套产业和基础设施也较为成熟，但是，风能利用存在着间歇性、噪音大、受地形影响和干扰雷达信号等难以彻底消除的缺点。当前，风能利用主要以风能作动力(风帆助航)和风力发电两种形式为主，在船舶上的应用形式偏重于作为航行的主动力或辅助动力，只在少数船舶上应用风力发电技术。

太阳能的利用主要有两个方面的技术，即光热技术和光伏技术。考虑到船舶运行过程中对于热水的需求量不高，并且进行热电转换在有限的船舶空间内难以实施，故而光热利用的可行性不高。但是，应用光热技术代替常用的蒸汽盘管和电加热盘管对船舶所使用的重油进行预加热，是一个值得关注的方向。随着太阳能光伏技术的不断深入发展，其效率、可靠性和稳定性均有了很大的提升，因此，太阳能光伏发电应用于船舶是未来绿色船舶发展的一个重要方向。

生物质能的利用主要有直接燃烧、热化学转换和生物化学转换等 3 种途径。船舶属于一个相对独立且空间区域较为有限的结构体，机舱内电、气、热设备和系统高度集成，考虑在船舶内附加安装生物质能转换装置有着不可避免的局限性，故而可行性不高。就船舶现有设备条件出发，直接或间接使用由生物质能转换而成的替代燃料(例如生物柴油等)是主要的应用模式。

核能作为一种能源，特别是一种动力能源，其优越性相当明显。核动力反应堆可以用来发电、供热和推动船舰。在作为船舶动力源方面，核动力装置已经被应用于潜艇和航空母舰等军用舰艇核动破冰船等。

海洋能主要包括潮汐能、波浪能、海流能、海水温差能、海水盐差能等。目前，利用海洋能的主要发展方向是将海浪、海流等短周期波所具有的动能和势能转换为电能。在船舶上进行海洋能的利用受到多方面条件的制约：①海水能量密度不高造成机械能转换为电能的设备过于庞大；②船舶在运营中是一个移动平台，在其自身航行过程中同时利用海洋能，将对其自身造成负面影响，如船舶流阻增大和动力性降低等问题。故而直接在航运船舶上应用海洋能不是优先发展的研究方向，但是根据波浪能和水流能的特点，波浪能发电可应用于航标或者小型灯船。

清洁能源可以有效地实现节能减排目标，但是采用单一能源形式的船舶动力系统受到船舶结构特点和运行方式的影响，供能受到限制，所以船舶采用单一能源供能并非最优的选择。为了弥补单一能源供能的不足，可考虑把各种可再生能源(氢燃料电池、太阳能、蓄电池和超级电容等)和不可再生能源(化石能源)通过机电和电气控制系统，构成船舶多能源混合动力系统。船舶多能源混合动力系统不仅可以满足经济和环保的要求，还能克服单独使用其中任何一种能源的固有局限性。但目前多种能源综合应用还受到关键设备的研制、直流组网和标准等多项关键技术的制约，需要推广应用的环境和措施。

虽然动力电池、太阳能和风能等清洁能源已在运输船舶上得到实际应用，但是，太阳能、风能等清洁能源存在能量密度低、随机性和间歇性的特性，并受限于气候环境和经济性等诸多因素限制，制约了其在船舶上的规模化应用。相对于远洋运输船舶，航行于内河和港口间的运输船舶航程和航行时间较短，可采用动力电池作为船舶能量源，具有能源利用效率高、无污染气体排放、噪音低等特点，成为近年来航运业的研究热点之一。目前，锂离子动力电池、铅酸动力电池、镍镉动力电池和镍氢动力电池是最主要的 4 种船舶动力电池。相较于其他动力电池，锂离子动力电池能量密度高，无记忆性，并可维持长时间稳定放电，应用前景广阔。其中，磷酸铁锂电池已获得中国船级社型式认证，可作为能量源应用于船舶动力系统。

以上无论是单一的能源还多能源在船舶上的综合应用，都是一种节约能源、降低排放的过渡性技术。在不久的将来，随着材料技术、信息技术、智能技术及控制技术的发展，将太阳能、风能、燃料电池、生物质能、海洋能等各种新能源产生的电能结合高能量密度的储能系统，通过智能化的控制方法，根据船舶的运行模式和工况，自动为船舶提供所需的电能，这是未来船舶能源利用的最优方案。

7.6 未来发展规划

到 2020 年底，基本完成我国智能航运发展顶层设计，厘清发展思路与模式，组织开展共性技术攻关和公益性保障工程建设，建立起智能航运试验、试点和示范环境条件，智能航运发展的基础环境基本形成。

到 2025 年，突破一大批制约智能航运发展的关键技术，成为全球智能航运发展创新中心，具备国际领先的成套技术集成能力，智能航运法规与技术标准体系框架初步构建。

到 2030 年，成为具有全球引领影响力的船舶制造强国。形成完善的船舶设计、总装建造、设备供应、技术服务产业体系和标准规范体系；部分领域设计制造技术和建造效率、质量水平国际领先；自主研发设计、建造的高技术船舶的国际市场份额达到 60%；具有知识产权的国产关键系统和设备配套率达到 90%；全面建成数字化、网络化、智能化、绿色化设计制造体系；船舶智能化、绿色化技术进入世界前列，港口装备及系统实现单机运行自动化，系统运营智能化，大宗装卸设备连续化、高效化、绿色无污染化，形成绿色、智慧港口货物装卸、中转、物流运输的标准规范体系；在港口装备及系统绿色化、无人作业、智能化管理等技术方面处于国际领先地位，形成自主化的海事监管通信与水上安全应急救助与打捞系统。

到 2035 年，较全面的掌握智能航运核心技术，形成以充分智能化为特征的航运新业态，形成系统的智能航运技术标准体系，航运服务、安全、环保水平与经济性水平国际领先，为建设交通强国发挥关键作用。

第8章 轨道交通

8.1 内涵与研究范围

1. 轨道交通研究的内涵

1) 轨道交通的定义

轨道交通是指人们依靠自身或借助运载工具，在各种类型具有导向功能的轨道上完成人和物空间位置移动的社会活动。广义的轨道交通包括一切传统铁路系统和新型轨道系统，例如单轨、磁悬浮等；狭义的轨道交通则特指城市内的轨道运输系统，如地铁、轻轨等。

铁路交通，则是以铁路为基础设施，以列车为载运工具的运输方式，涉及中长距离区域与区域之间、城市与城市之间的旅客和货物运输。铁路交通又可分为高速铁路、城际铁路和普速铁路。高速铁路指运行动车组的标准轨距客运专线铁路，设计速度为时速 200km 以上。城际铁路是指专门服务于相邻城市间或者城市群的区域轨道交通，设计速度为时速 200km 以下的快速、便捷、高密度客运专线铁路。普速铁路是指基础设施设计速度为 160km/h 内的国家铁路系统，包括既有铁路线路和新建的低速铁路线路。

2) 轨道交通研究的内涵

轨道交通具有安全、经济、准时、环保、大运量、全天候运输等特点，是综合交通运输体系的骨干和主要运输方式之一，是国民经济的大动脉、关键基础设施和重大民生工程。轨道交通的发展和完善对我国社会经济的发展具有重要意义，对我国国际贸易具有重要推进作用，是我国国防力量大范围快速机动重要保障。轨道交通的研究主要具有"畅通、便达、安全、舒适、环保"等 5 个侧重面。

"畅通"，即注重轨道交通晚点延误的缓解与通行效率的提升。缓解延误需要在轨道交通运营管理上进行研究。高效高质量的轨道和载具养护检修也可提升整个系统效率，但最为根本的提升在于轨道交通载运工具运营速度的提高。

"便达"，即注重轨道交通网络的完善与优化。将轨道线路覆盖更为广泛的地区，通常是老、少、边、贫地区。这些地区一般具有复杂的地理环境，对轨道交通线路施工产生难度，需要相应的研究工作。而另外一个层面的"便达"的涵义是国内与国外轨道交通的对接联运，需要研究不同国家轨道标准下列车的适用性。

"安全"，即注重轨道交通事故的预防与防治。轨道交通运输中，曾发生过碰撞、脱轨等事故，由于轨道交通系统的特点，即使快速疏通排解，仍牵一发而动全身，导致整个系统瘫痪，安全无保障则无从谈起其他各个侧面。轨道交通安全研究的另一个层面要"以人为本"，研究乘车人员事故中的生命安全保障技术。

"舒适"，即注重提升轨道交通乘员舒适度，提高出行体验。全面建设小康社会的进程中，人民群众越来越追求便利美好的出行。研究建立"购票—候车—乘车—到站"全过程的便利、舒适出行环境。基于行为引导概念的地铁车厢内部设计，提高轨道交通工具车厢内乘坐、温度、声音、视觉舒适度，改善乘员的乘坐体验。

"环保"，即注重轨道交通对周围环境和人员的影响，做到绿色、低污染，与周围环境景观和谐融合。研究车厢内和车厢外的外观布局设计，视觉上传达中国特色，展示人文关怀。研究低噪声车体、轨旁降噪和电磁污染防治技术，降低对线路周围居民和生态环境的噪声和电磁污染。

2. 轨道交通研究的范围

轨道交通作为国家重要的基础设施、国家经济的大动脉，在综合交通体系中处于骨干地位，对社会和经济发展具有重要的影响。面对新时期人民群众对出行日益增长和多元化的需求，及新形势下国家重大战略对交通领域的要求，未来轨道交通研究的范围应同样与时俱进。

1) 国家级铁路交通

铁路运输绿色能耗低、占地面积少、运送量大，且中国人口众多、自然资源和工业布局不平衡，因此铁路运输在各种运输方式中具有突出的优势。近年来，高速铁路在国内大规模的建设，铁路里程快速增加，复线率和电气化率越来越高。然而我国干线铁路存在不少问题，主要表现在：路网结构尚不完善，区域发展仍不平衡，部分通道还未形成系统能力，有效供给和运行效率有待进一步提升；现代物流及多式联运发展中铁路骨干作用发挥不够充分；综合交通枢纽发展不足，铁路与城市交通衔接水平有待提升。铁路交通的研究范围应囊括铁路发展的现实问题。

2) 区域轨道交通

我国城市化进程正在稳步、快速地发展，各城市之间经济和产业得以互补和融合，发展城际轨道交通，是支持区域经济和社会发展的迫切需要。珠三角、长三角等地区在经济实力、发展规模、城镇化水平等方面均位居全国前列，城际轨道交通的发展，适应了该类地区旅客运输需求快速增长的需要，缩短了城市之间的距离，加快了城市化和区域经济一体化进程，是建立具有资源节约型和环境保护型可持续发展社会的需要。但城际轨道交通穿经城市区域，占用大量建设用地。

城际轨道线路规划和建设的研究，应当包与城市需求和现实条件紧密结合，研究集约式城际轨道开发建设策略和技术。城际轨道交通研究还应包括经济性好、环境友好、智能化、节能等方面，使其更好地服务于人类社会体系。

3) 城市轨道交通

城市轨道交通具有较大的运输能力、较高的准时性、较高的速达性、较高的舒适性、较高的安全性、能充分利用地下和地上空间、系统运营费用较低等优点，是城市公共交通的主干线、客流运送的大动脉，是城市的生命线工程。建成运营后，将直接关系到城市居民的出行、工作、购物和生活。对城市的全局和发展模式将产生深远的影响。城市轨道交通的研究主要有：① 如何选线步站，与道路交通协同，发挥最大作用从而缓解城市中心交通拥堵通病；② 依据当地财力和实际出行需求，科学选择城市轨道交通制式，减少地方政府财政压力；③ 城市轨道交通在智能化、信息化、无人驾驶等方面发进行研究，依据客流量动态调整行车数量和行车间隔，提升服务质量和提高运输效率。

4) 轨道交通载运工具

随着国家"一带一路"倡议和"互联互通"的发展需求，跨国区域轨道交通的发展指日可待。借助我国轨道交通产业、高速列车的发展优势，发展更高时速轨道交通，用于促进国际社会与贸易交流具有重要意义。我国幅员辽阔，人口众多、区域经济发展不平衡、社会经济发展一体化需求大，需要构建里程500km左右的通勤化交通、里程1500km左右的同城化交通和里程在2500km左右的走廊化交通等大容量便捷化交通模式，从技术储备和满足国家社会经济发展平衡化、协同化、一体化需求的角度，应当研制更高速度、更大运量、更加智能、更加环保，具备跨国和跨标准互联互通能力的高可靠性、高安全性、高环境友好性的新一代轮轨和磁浮车辆及配套的基础设施技术。同时，研究形成轨道交通系统节能和绿色化、超高速条件下列车噪声控制与治理、超高速条件下移动装备走行系设计优化等方面的关键技术和产业化能力。建立国家轨道交通综合实验与系统测试基地，建成不依赖于既有轨道交通运营资源，可以对各种导向运输系统单元技术、系统技术和体系化技术进行实验、测试、评估和认证的功能综合、条件完备、场景可配置的国家实验基地，具备向全球展示我国轨道交通技术能力、为各类导向运输系统的科技创新提供全生命周期支撑服务的能力。提早布局，开展磁浮真空管道运输在内的超高速导向运输系统的基础研究和相关技术开发，占领下一个轨道交通技术高地。

5) 轨道交通运营管理

我国轨道交通慢速和快速车辆共线运行，客货运混搭，而高速线路与其独立，并开始形成网络，对高速客运和快捷货运需求越来越大。轨道交通运营管理的研究包括：研究多元运输市场的客货运服务模式；研究形成以轨道交通为骨干的无缝多方式联程联运的铁路货运服务、不同模式轨道交通系统与其他交通方式之间设施与服务互联；研究铁路运力资源优化配置与运用的全局优化、精细化控制。研究轨道交通运营主动安全保障技术，实现运输全过程的计划衔接、信息监控和调度监控；研究多源异构运营大数据的挖掘、共享、整合和智能决策技术，实现跨部门、跨专业系统的信息共享、协同处理和综合决策。

6) 轨道交通基础设施

我国轨道交通现有里程居世界前列，高速铁路里程为世界第一，且我国铁路所穿越的地形和地质条件极为复杂，所处地区气候环境变化多端。在线路施工和线路完工后养护方面，需要进行大量研究，研究轨道交通线路工程施工与能力保持技术。深入开展基础设施生态系统工程技术研究，突破重大地质灾害等复杂环境条件下线路、大跨桥梁、大规模隧道群与超长隧道等基础设施的全生命周期能力保持与恢复关键技术，构建相关智能化管理信息系统及工程施工技术体系；研究长寿命高可靠性结构和材料及线路设施的可持续性。基础设施供电系统方面，开展非化石清洁能源在轨道交通系统的应用及分布式智能供电技术研究，掌握高速移动环境下列车非接触供电高效能量传输、同相柔性供电、高导低耗受流等技术，支撑轨道交通系统绿色环保的可持续发展需求。

7) 轨道交通安全

随着轨道交通快速发展与轨道车辆运行速度的提升，轨道交通安全越来越多地受到重视。目前我国轨道交通安全在主被动防护、恶劣环境下全天候运行、灾害监测预警、城市轨道交通应急管理信息化平台等方面有所研究，并取得了相应的成果。主被动防护技术包括防脱轨、防倾覆、防爬、列车碰撞被动保护吸能结构、高速列车防碰撞实车碰撞试验等技术方面取得了相应的成果。列车在大风环境下安全运行保障技术、高寒动车组防积雪结冰技术、异物侵限监测预警技术等方面做了相应的研究。研究信息一体化的安全与运营保障技术，突破空天车地信息一体化的轨道交通安全保障系统技术研究，掌握空天地信息融合的列车动态间隔配置制动及安全防护技术，形成满足不同运营需求的列车控制系统标准规范。

8.2 在国民经济、社会发展和学科发展中的重要意义

轨道交通是中国主要的交通运输方式，2018年铁路客运周转量占比全国旅客周转量的41.3%，铁路货运周转量占比全国货运周转量的14.1%。高速客运列车在铁路客运中占有很大比重，在国家社会经济中起着非常重要的作用，是国家社会经济发展的先导。同时轨道交通研究持续开展是"创新驱动发展"、"新型城镇

化"、"区域协同"、"制造强国"、"交通强国"、"走出去"、"长江经济带发展"和"军民融合"等国家重大战略的重要基础性保障,对建设创新型国家、构建现代综合交通运输体系、在经济社会发展新常态下全面建成小康社会,具有重大意义。

轨道交通产业的发展拉动了我国经济发展。当前,"四纵四横"高速铁路基本建成,中西部路网骨架正在加快形成,综合枢纽同步完善,路网规模不断扩大,结构日趋优化,质量大幅提升。"十二五"铁路完成固定资产投资 3.58 万亿元、新线投产 3.05 万 km,较"十一五"分别增长 47%、109%,投资规模和投产规模达到历史高位。城市轨道交通开通城市逐年增加,线路总里程、客运总量和投资额逐年快速增长。截至 2018 年,我国内地城市轨道交通投资完成额为 5470.2 亿元、开通总里程为 5295.1km、总运营车辆为 34012 辆,相较 2017 年分别增长 14.9%、17.06%、18.5%。轨道交通产业的上下游行业涉及面广,带动了冶金、机械、建筑、橡胶、电力、信息、计算机、精密仪器等产业的快速发展。据不完全统计,中国 380 型高速动车组零部件生产设计核心层企业 140 余家、紧密层企业 500 余家,覆盖 20 多个省市,形成了一个庞大的高新技术研发制造产业链。高速铁路的开通运营,还直接拉动了沿线城市旅游、餐饮、商贸等第三产业的迅猛发展。轨道交通发展带来了大量就业机会,拓宽了就业途径。以高铁建设为例,据有关部门统计,高铁每亿元的投资,平均需要 0.333 万 t 钢材、2 万 t 水泥、3.11 万 t 沙土、5.16 万 m^3 石头及 0.085 亿元设备,人工方面则消耗 22.86 万工时。

轨道交通运输发展提升了社会经济生活中运输效率。高速动车组承担铁路客运比重接近 50%,12306 网络售票全面推广,人民群众获得感明显增强,客运量年均增长 10%,轨道交通服务多样性、选择性、舒适性和便捷性不断增强。货运能力不断释放提升,以实货制为核心的货运改革,实行敞开收货,取消中间环节,改革运输组织,提供全程服务,极大方便了货主运货,在发展铁路现代物流上迈出重要步伐。同时,加强 95306 网站建设,网上货运业务受理超过 99%,大大改善了旅客货主体验,社会满意度明显提高,中欧货运班列形成品牌效应。运输安全基础进一步夯实,国防和应急保障能力显著增强。

轨道交通技术的快速突破促进了我国科学技术创新发展。轨道交通工程建设、装备制造等取得一系列科技创新成果,形成自主知识产权技术体系,核心竞争力不断增强,铁路总体技术水平进入世界先进行列。"复兴号"中国标准动车组全面实现自主化设计,京沪高速铁路工程荣获国家科学技术进步奖特等奖,自主开发的铁路列车调度指挥系统和运输调度管理系统全面应用。

轨道交通的发展有力推动了国家新型城镇化战略落地。2014 年,《国家新型城镇化规划(2014—2020 年)》发布。按照规划目标,到 2020 年我国常住人口城镇化率将由 2013 年的 53.7%提高到 60%左右,以城市群为主体形态,推动大中小城市和小城镇协调发展,实现 1 亿左右农业转移人口和其他常住人口落户城镇。

同时，人口向城市的快速大量流动导致城市交通系统的压力与日俱增。城市轨道交通的大力发展可有效缓解城市公路交通拥堵，提高市民出行效率。

轨道交通发展显著推进了生态文明建设和经济社会可持续发展。近年来，随着高速铁路快速发展，中国铁路在每年完成客货运输换算周转量占全社会完成量约25%的情况下，能源消耗仅占交通运输业总耗能的6%，对构建绿色综合交通运输体系起到了重要作用。有研究表明，按人公里排放的CO_2计算，公共汽车的排放为轨道交通的2.7倍，私人汽车的排放则高达轨道交通的8.3倍。大力发展城市轨道交通作为主要载体，是城市经济发展和环境改善的必要手段之一。

轨道交通的高速发展促进了区域城市群间协同统筹建设。在国家经济转型发展、产业结构调整步伐加快的进程中，经济社会发展正面临以中心城市为核心的"极化带动"向以城市群为主要平台，推动跨城市间产业分工、生产要素自由流动。《长江经济带综合立体交通走廊规划（2014—2020）》中指出，按照全面建成小康社会的总体部署和推动长江经济带发展的战略要求，优化交通运输结构，强化各种运输方式的衔接，提升综合运输能力，到2020年，长江黄金水道基本建成衔接高效、安全便捷、绿色低碳的综合立体交通走廊。其中，轨道交通是建成网络化、标准化和智能化长江经济带综合立体交通网络的关键，沿江重载铁路设想可有效缓解长江水道三峡船闸的运力瓶颈问题。我国《粤港澳大湾区发展规划纲要》中明确指出，在以香港—澳门—广州—深圳为轴带辐射整个珠三角地区，构建现代化综合交通运输体系，以高速铁路和快速铁路为主要对外通道骨干和城际快速交通网络主要部分，实现与其他区域和东盟国家的快速陆路对接，以及大湾区主要城市间1小时通达。

轨道交通国防快速机动保障了保卫国家安全和维护地区稳定。"十三五"重点项目川藏铁路，是促进民族团结、维护国家统一、巩固边疆稳定的需要，是促进西藏经济社会发展的需要，是贯彻落实党中央治藏方略的重大举措。川藏铁路修建之后，直接联通西南重要的交通枢纽成都，同时距离藏南更近，国防价值极大。通车之后从成都到拉萨的时间将从48h减少到13h，从北京到拉萨的时间将从约42h减少到约22h，后备军事力量将在12h内到达前沿。

轨道交通成为了我国对外交流合作新名片和共建"一带一路"倡议的重要领域。铁路特别是高铁已成为"一带一路"建设的重要领域和中国高端装备"走出去"的亮丽名片，党和国家领导人多次在重要外交场合大力推介中国高铁。铁路建设、装备、运输等企业积极开拓国际市场，承建的土耳其安伊高速铁路建成通车，肯尼亚蒙内铁路等开工建设，雅万高铁、俄罗斯莫喀高铁和中国—老挝、匈塞等铁路合作积极推进。机车车辆等装备实现较大规模整装出口，至2015年机车车辆出口达37.4亿美元，占全球市场份额10%，电力及内燃机车、动车组、双层客车等附加值高的产品在铁路整车出口中所占比重达到60%左右。

8.3 研究现状、存在问题和发展趋势分析

8.3.1 研究现状

我国轨道交通运输行业始终瞄准国际轨道交通科技发展前沿，在"十一五"和"十二五"期间国家科技和相关部委的支撑计划下，安排实施了轨道交通领域的一大批科研项目在轨道交通装备、交通信息化与智能化、交通安全和交通基础设施等方面的技术创新取得了重大突破，并取得了一批标志性的重大科技成果，极大地提升了我国轨道交通运输业的核心竞争力和可持续发展的能力，发挥了科技对轨道交通运输的支撑和引领作用：

1) 基础设施

(1) 线路工程方面，成功研发了具有自主知识产权的CRTSIII型板式无砟轨道系统，大幅度提高了线路平顺性，保证了列车运行的高速度，减少了线路维修的频次，达到世界领先水平；研发了三网合一精测网，实现轨道铺设、维修的高精度；研发了高强度钢轨及高标准扣件、道岔等轨道设备，满足了线路高平稳、高稳定要求。

(2) 隧道工程方面，建成了一批具有世界领先水平的典型线路及超大跨度桥梁和复杂艰险隧道，如京沪高铁南京大胜关长江大桥、京沪高铁韩府山隧道群等。

(3) 高原铁路方面，针对多年冻土，在低温、高含冰量冻土地段普遍采取"以桥代路"工程措施，采用片石气冷路基、通风管路基、热棒措施等路基工程措施，对冻土区路基建立了长期观测系统；针对生态脆弱，采取人工植草、设置野生动物通道、护坡防护等一整套环保措施，最大限度地减少了对野生动物、植被、湿地、湖泊的影响。

(4) 提速铁路方面，全面掌握通过既有线改造提速至时速200公里等级线路成套技术，提速铁路技术达到世界先进水平。

(5) 牵引供电方面，研发了 $25\sim40\text{kN}(1\text{kN}=1000\text{kg}\cdot\text{m/s}^2)$ 系列大张力接触网系统、特种接线 AT 牵引变压器和具有设备远程控制、保护、监视、测量功能的牵引供电综合自动化系统，有效保证了高速运行条件下牵引供电系统的安全性和可靠性。武广高铁通过采用大张力全补偿链型悬挂等接触网新技术，实现了时速 $300\sim350\text{km}$ 高速列车重联双弓稳定受流，填补了世界高铁牵引供电技术的一项空白。

(6) 列控系统方面，研发了满足时速 $200\sim250\text{km}$ 运行要求的中国列车运行控制系统(Chinese train control system，CTCS) CTCS-2 级列控系统和满足时速 $300\sim$

350km 运行要求的 CTCS-3 级列控系统，以车载信号取代地面信号机，实现了设计最小追踪间隔 3～5min。通过自主创新，突破列车自动保护系统和无线闭塞中心关键技术，研制了自主化 CTCS-3 级列控系统。

(7) 城轨交通方面，编制了《城市轨道交通车地综合通信系统(LTE-M)规范》，华为、中兴等通信企业均可提供完整合格的系统和产品。多个城市开展的线路或工程试验表明，LTE-M 在安全性、传输速率、延时、通信质量、对更高速度的适应性和互联互通等方面都比现有 WiFi 制式更具优势。

2) 载运工具

(1) 高速列车方面，"复兴号"中国标准高速动车组已实现牵引、制动、控制系统的全面自主化和批量生产，采用了高强度、轻量化的铝合金车体；自主设计制造的绝缘栅双极型晶体管(insulate-gate bipolar transistor, IGBT)元器件，成功用于交流传动牵引系统；自主设计制造的高速转向架，满足 300～350km/h 及以上持续高速运行；自主研制的车轮车轴，实现装车试用考核；自主设计的列车网络系统，实现对列车的安全、高效控制，满足国际标准；自主设计具有冗余控制功能的列车制动系统，确保列车制动的安全性。2015 年 9 月开始，中国标准动车组在大同至西安高铁原平至太原高速综合试验段开展型式试验和运用考核，试验速度达到 385km/h。2016 年 7 月，中国标准动车组在郑州至徐州高速铁路进行了综合试验，成功实现时速 420km 两车交会及重联运行，首次实现时速 420km 交会和重联运行。

(2) 重载列车方面，全面开展了重载列车核心装备与关键技术研究，掌握了既有线开行 27t 轴重重载货物列车技术。在大秦铁路大量开行 1 万 t 和 2 万 t 重载组合列车；2014 年，大秦铁路成功试验开行 3 万 t 组合列车，创造了中国铁路重载列车牵引重量最高纪录。成功在瓦日铁路开展 30t 轴重重载铁路技术攻关和试验，掌握了 30t 轴重重载铁路成套技术，实现重载 100t 级轴重 30t 重载货车；研制了 30t 轴重机车、货车、电控空气制动系统，研发了 3235kW 交流传动调车内燃机车及大功率机车牵引变流器、网络控制系统、机车车轮和机车制动机。

(3) 集中动力列车方面，全面开展了既有线集中动力列车核心装备与技术研究，掌握了既有线开行 160km/h 时速列车技术，开发了复兴号 CR200J 动力集中动车组，促进了普通铁路快捷化。

(4) 城轨列车方面，《城市轨道交通基于通信的列车运行控制系统(CBTC)互联互通接口规范》的编制实施，实现了不同厂家城轨信号系统的互联互通、解决新线及延伸线建设受既有系统束缚的世界性难题；研发了全自主化的全自动运行系统，其中，包括适用于全自动运行的自主化信号及综合监控系统、车辆系统、LTE 车地综合承载系统、运营维护管理系统及相关测试验证平台等。该系统将首次应用于北京燕房线。

(5)磁浮列车方面,对中低速磁悬浮技术开展了系统研究,已形成成套技术装备、制造能力和建设运营能力;全面消化吸收了德国常温超导高速磁悬浮系统技术,成为开展高效中速磁浮系统技术研究和高速磁浮自主化技术的基础。

(6)新式轨道交通方面,开展了悬挂式空中铁路列车、无轨列车等新型轨道运输系统的关键技术研究,研制成功了新式轨道交通车辆。

3)运营管理

(1)车辆调度方面,掌握了复杂路网条件下高铁列车运行计划编制和动车组运用综合调度技术,解决了不同动车组编组、不同速度、不同距离、跨线运行等调度难题。构建了以中国铁路总公司为全路指挥中心、以铁路局为地区调度中心、以车站为执行中心的调度指挥体系,高峰期每天开行动车组4000列以上,实现有序正点运行。

(2)维修养护方面,研制了满足时速200~250km、时速300~350km检测需要的高速综合检测列车,每10~15天定期对高铁线路基础设施进行全面"体检"。实施固定设施和移动装备动态检测监测,建立了由高速综合检测车、沿线检测传感装置等设备组成的线路设备检测体系,对线路状况进行定期和实时检测,在动车组上设置监测与诊断系统,实时监测列车运行状况。研发应用机械化养护维修装备,确保了运营维护效率。

(3)监测预警方面,开展基于大数据的高铁安全数据分析,提高了安全管理决策智能化水平。研发了高速铁路风、雨、雪、异物侵限等自然灾害和突发灾害的监测预警系统,构建了网络化、数字化综合视频监控系统。铁路总公司与中国地震局等单位合作,自主研发了高铁地震预警系统。

4)科研平台

铁路系统高度重视实验平台体系建设,投入大量资金和资源,支持有关企业和单位申请国家级实验室建设,形成了涵盖工务工程、机车车辆、牵引供电等各领域的较为完备的实验平台体系,铁路自主创新的科技基础支撑条件明显改善。

截至"十二五"末,铁路行业共建设国家级、省部级研究实验平台55个(不包括原铁道部产品质量监督检验中心所属的实验平台),涉及12家产学研单位。其中,国家级研究实验平台共13个,分布于中国铁道科学研究院集团公司、北京交通大学、西南交通大学、中南大学、中国中车股份有限公司、中国中铁股份有限公司6家单位。

"十二五"期间,各研究实验平台围绕高速、重载、安全等重点技术领域,承担国家、铁路行业科技研究开发项目,开展了大量基础及应用研究实验,形成了一系列专利、标准和新技术,在铁路建设与运营中广泛应用,取得了良好的经济和社会效益。

8.3.2 存在问题

近年来,我国的交通装备制造已取得非凡成就,轨道交通装备产业规模和产销量均居世界第一,但是,自主创新能力仍然不足。

1) 载运工具基础共性技术不足

我国尚缺乏能支撑我国轨道交通高速化、多样化、一体化和国际化科技创新、产业发展和全球化服务的国家级轨道交通综合实验与系统测试验证环境,面向国内行业需求的科技创新成果实验验证严重依赖运营资源,效率低下;满足国际市场特色需求和适应跨国互操作的轨道交通技术和装备谱系化程度亟待提高;面向国际市场的技术和装备实验认证仍严重依赖西方发达国家实验认证能力;面向未来发展和国际市场目的国标准的新技术、新装备和新系统仍处于无处可试、无处验证的境地,研究和试验验证能力建设亟待加强;面向未来发展的基础理论和共性基础技术研究不成体系,无法形成支撑技术和产业引领的关键技术和核心技术,高速磁浮交通技术在悬浮导向控制技术、运行控制/定位测速/状态诊断、牵引供电成套技术、系统集成等方面还没有完全自主化的工程能力。

2) 智能化技术对轨道交通强国的支撑力不足

尽管载运工具智能化技术发展迅速,但综合交通信息服务还处于发展初期,发展不平衡、不充分的特点突出,还不能充分满足旅客出行和客货运输对综合交通信息的个性化需求;高速状态下对远距离环境的感知及传感器网络化条件下环境信息的感知尚缺乏有效手段;车载信息无法实现优化与交互管理。

3) 信息行业新技术在列车控制与调度系统并未发挥足够的作用

随着设备计算能力提高,自动驾驶为实现列车智能运行控制提供可能,无线通信性能提升,使车车通信为高速列车协同运行控制提供保障。但现有复杂环境下高速列车智能运行控制注重于高速列车的速度曲线跟踪控制,忽略了驾驶策略的最优性,未从提升高速列车运行效率和服务品质角度开展研究。高速列车协同运行优化控制在优化深度和最优性,及抗扰性、实时性等方面都存在提升空间。

8.3.3 发展趋势

全球范围内轨道交通运输业正全面复兴,成为各国经济发展的战略性新引擎之一。综合国际上轨道交通技术领域发展的现状和趋势,可以发现,安全、绿色、高效和智能已经成为轨道交通发展的共同目,全面系统地加强主动安全保障、运输组织系统优化、互联互通、全过程服务等方面体系化创新已成为世界轨道交通高科技发展大趋势,主要包括以下几方面。

1) 更高速化，动力形式多元化、环保化

轮轨列车在保障可靠性的条件下进一步高速化。提速的前提是技术的不断变革，以轮轨作为导向系统的高速列车时速已达 350km，未来以电磁作为导向驱动的高速列车时速将达到 600km 以上，以真空管道系统导向的高速列车时速有可能达到 1000km 以上。货运动车组、可变编组动车组等已成为当下研究热点；快速高速货运列车及变轨转向架技术已立项研制，预示着国际间货运正向高速化和无缝联运方向发展；高速列车减阻、噪声控制、乘员舒适性等将成为关注焦点；运载装备的低能耗及低环境干扰的技术正在快速发展，既有技术落后机车设备正在大量淘汰。

2) 控制系统模块化、集成化、智能化

轨道列车车载网络化检测与控制系统呈现出模块化和集成化的发展趋势，精确传感和网络化控制成为载运工具控制系统的核心。人工智能在载运工具系统控制方面得到广泛应用，无人驾驶成为载运工具发展的趋势。

3) 管理与服务信息化、网络化、智能化和协同化

铁路客运层次将多样化，客运服务信息化、智能化；铁路货运业务新型化、互联化、国际化。集网联化、智能化、协同化为一体的新一代智能交通管理系统是各国竞相争夺的前沿技术制高点。为客流、物流提供更多的客货运输方式选择，提供高效可靠的、端到端的、无间隙的、多方式选择的联运服务，实现本地、区域性、国家级和国际层面的交通网络系统的互联互通成为新的发展方向。

4) 列车控制与调度向一体化。列车运行控制是涉及列车—线路—环境的大尺度系统，受车辆强非线性约束和参数时变特性、环境不可精确建模等影响，高速列车运行调整与运行控制协同优化涉及列车运行时刻、顺序、路径、速度、间隔等多个变量的相互制约。未来的列车控制与调度将从列车、旅客、能耗等角度建立决策控制模型，考虑多维因素的列车运行调整动态闭环优化控制方法，实现列车控制与调度的一体化。

8.4 未来研究前沿与重大科学问题

1. 研究前沿

《"十三五"交通领域科技创新专项规划》进一步提出了支撑引领新型城镇化发展，构建安全、便捷、高效、绿色现代交通运输体系的总体目标。为满足国家科技战略需求，实现交通强国战略目标，未来在轨道交通领域研究前沿如下。

（1）新一代轨道交通车辆。研制更高速度、更大运量、更加智能、更加环保，具备跨国和跨标准互联互通能力的高可靠性、高安全性、高环境友好性的新一代

轨道交通车辆，为跨国互联互通提供关键技术及装备。

(2) 轨道交通系统的节能与绿色技术。研究形成轨道交通系统节能和绿色化、超高速条件下列车噪声控制与治理、超高速条件下移动装备走行系设计优化等方面的关键技术和产业化能力。

(3) 多式联运的铁路货运技术。研究形成以轨道交通为骨干的无缝多方式联程联运的铁路货运服务、不同模式轨道交通系统与其他交通方式之间设施与服务互联及轨道交通系统能源效率提升等技术、标准和系统装备体系。

(4) 调度控制一体化技术。研究基于数据驱动和机器学习的高速列车驾驶策略优化及智能调整算法，提出高速列车运行调整与运行控制协同优化方法，建立复杂问题分解及并行求解的机制。研究"互联网+"多模式轨道交通高品质客货运服务新模式。

(5) 智能化的轨道交通列车控制与调度技术。智能化技术的使用日益增加改变了当今铁路的运作方式，这对我们的经济发展和客户的期望产生了重大影响。利用智能化技术，可以实现可靠并且更好的连通性，将为乘客和员工提供安全、高效和有吸引力的铁路；可以通过提供更好的附加价值和满足乘客期望的方式来提升用户体验；物联网的使用及列车自动驾驶的实施将提高铁路的容量、效率和性能；运行大数据的利用将提高智能铁路的竞争力。

(6) 真空管道交通关键技术。中国的高速铁路系统技术正引领世界，但随着"一带一路"倡议和高铁"走出去"战略不断深入实施，面对日本 505km/h 超导磁悬浮交通工程和美国"超级高铁"等高速轨道运输技术的挑战，真空（或低压）管道式磁悬浮地面交通是达到超高速的唯一途径。积极在基本科学问题上开展前瞻性研究，充分发挥中国原创技术的优势，加快 1000km/h 及以上真空管道超高速铁路运输关键技术的研究和工程论证，抢占制高点，引领发展超高速真空管道的未来轨道交通技术。

2. 重大科学问题

面向未来技术发展需求和国内外激烈的技术、产品与服务竞争，要形成我国全球领先的系统装备技术、高效运营技术和创新能力体系，仍需解决如下轨道交通领域的相关科学问题：

1) 系统集成及共性技术

(1) 轨道交通系统全局行为形成/致害机理、风险链构建与解耦理论。

(2) 高速列车系统本构行为机理与改性理论方法。

(3) 轨道交通系统效能涌现机理与全局效能评估及配置理论。

(4) 复杂环境下轨道交通系统全局性能劣化机理与全生命周期能力演化规律。

(5) 轨道交通关键子系统的分层递阶互操作机制与多模态耦合机理。

(6) 区域轨道交通各组分相互作用、互操作机制与协同运作理论。

(7) 轨道交通系统与其他交通运输方式的全局最优自适应匹配理论。

2) 基础设施

(1) 高速铁路基础结构性能演化规律。

(2) 复杂地质环境下地铁施工安全方法。

(3) 地下结构服役性能劣化评估监测方法。

3) 载运工具

(1) 高速铁路空气动力噪声和轮轨噪声控制理论。

(2) 低真空度管道超高速列车空气动力学和热平衡控制学。

(3) 高速列车空气动力制动技术。

(4) 超高桥梁列车气动安全理论。

(5) 重载铁路车辆—轮轨耦合系统磨损理论。

(6) 胎/地耦合的列车运动学和动力学理论。

(7) 磁浮系统电磁悬浮控制技术和车辆—轨道系统振动形态控制技术。

(8) 磁浮系统车辆—轨道耦合力学。

(9) 真空管道高超速列车—轨—管道—气动力耦合作用。

4) 运营管理

(1) 调度控制一体化技术。

(2) 高原铁路列车控制系统关键技术。

(3) 快捷高速货运全程运输计划协同编制及作业组织优化、货物联合运输集疏运一体化组织技术。

5) 学科交叉

高寒高原环境轨道交通人体医学。

3. 主要技术难点

为了形成我国具有全球竞争力的轨道交通系统装备、高效基础设施和运营支撑体系，存在以下技术难点需要攻克。

1) 系统集成及共性技术

(1) 轨道交通系统运营状态全息化智能感知、快速识别、风险评估、预警和应急处置技术。

(2) 复杂环境下基于系统解耦的轨道交通系统安全控制与保障技术。

(3) 面向全生命周期的轨道交通一体化能力保持技术。

2) 载运工具

(1) 时速 400km 以上速度等级高速轮轨列车成套技术。

(2) 高速磁浮交通系统悬浮、牵引与控制核心技术自主化。

(3) 真空管道交通驱动、空气动力和散热关键技术。

(4) 非轮轨接触导向运输系统多模式实现技术。

(5) 轨道交通运载工具轨距自适应变结构转向架关键技术。

(6) 货物快速装卸、均衡配载、多式货物联运适配等系统化关键技术。

(7) 铁路无分相柔性供电技术，基于新型功率半导体的轻量化、高功率密度牵引变流技术。

(8) 多能源驱动城轨列车新型受流、车载能量管理、整车功能系统集成技术。

(9) 自导向运输系统多模式高安全冗余协同循迹控制、混合路权安全协同控制、非接触式供电等关键技术。

3) 基础设施

(1) 基于空—天—地信息一体化的轨道交通系统运行状态全息化感知与信息集成应用技术。

(2) 复杂艰险山区高速铁路修建关键技术。

(3) 重大地质灾害等复杂环境条件下线路、大跨桥梁、大规模隧道群与超长隧道等基础设施的全生命周期能力保持与恢复关键技术。

(4) 高速移动环境下列车非接触供电高效能量传输、同相柔性供电、高导低耗受流关键技术。

4) 运营管理

(1) 基于动态间隔与运能可配置的列车运行控制技术。

(2) 基于全网运力资源配置与大数据应用的路网运输组织技术。

(3) 区域轨道交通协同运输与综合服务技术。

(4) 客货运需求规律主动辨识和运营状态主动预警技术。

(5) 基于移动互联的客运信息引导和交互、多模式轨道交通巨量客流综合分析、轨道交通客运枢纽接驳转运协同优化等关键技术。

(6) 基于智能化技术的集装化货物装载、铁路场站控制、快货接取送达等关键技术。

(7) 基于北斗卫星导航系统的轨道交通系统运营调度关键技术。

(8) 轨道交通设备设施在线检测与性能评估预测。

(9) 非正常事件综合情景推演与管理决策技术。

5) 学科交叉

高原轨道交通施工人体安全和运行人体舒适性保障关键技术。

8.5 轨道交通能源系统及应用

轨道交通是我国综合交通运输体系的骨干运输方式，承担了大量中长距离客货运输、城际客运和城市内客运，在运输成本和效率上比其他运输方式具有显著优势。主要原因之一在于，轨道交通对于大宗货物和客运对能源的利用效率高。能源在轨道交通系统中被分为牵引用能和非牵引用能。牵引用能即列车牵引驱动消耗的能源。非牵引用能则为车站、道旁设施等设备供电、取暖、制冷等能源消耗。不同能源形式在我国轨道交通中的典型应用列举如下。

1) 化石能源

化石能源主要包括煤炭、石油和天然气。轨道车辆中最初的蒸汽机车即采用了煤炭作为牵引供能。在我国，甚至到 1990 年，煤炭仍占铁路牵引用能的 87%。但蒸汽机的终端能源利用效率仅为 6%～9%。内燃机车则采用柴油机或燃气轮机利用更高级别化石能源——石油和天然气进行牵引，其能源利用效率达 25%～26%。在当前我国轨道交通牵引用能结构已经根本性地转换到电能的情况下，内燃机车仍然在整个轨道交通系统发挥着重要作用，在线路维修和断电突发应急中具有不可替代的作用。

2) 电能

经过我国对既有铁路的电气化改造及当前新建电气化铁路和城市轨道，我国绝大部分轨道交通牵引供能为电能。由于采用国家供电系统提供能量，电力机车无需储存大量燃料，可减轻机车自重，并且电动机功率大、牵引力大，从而提高了铁路运输能力。电力机车能源利用率高，无废气烟尘产生，绿色环保。新式的磁悬浮列车、单轨列车、云轨列车等也是采用电能作为牵引驱动能源。

3) 可再生能源

可再生能源中主要包括 3 大类：太阳能、风能和生物质能。轨道交通牵引供能不直接利用太阳能，但太阳能在车站和沿线设备功能上发挥了积极作用。我国在北京南站、上海虹桥站、青岛站等车站采用了太阳能光伏发电技术供给车站部分电能，太阳能供热技术供给旅客和铁路职工热水的需求。青藏铁路沿线布置了 35 座 kW 级无人值守光伏通信电站，解决了铁路通信的供电。大规模的风力发电机虽然能够产生可观的电能，但风力具有间歇性造成供电的不持续性和不可控，因此轨道交通上风能的利用，仅在研究层面上有部分高速铁路隧道和地铁隧道列车风能量回收。生物质能作为高效清洁的燃烧能源，目前已有个别国外铁路采用生物柴油替代石油提炼柴油。

4) 核能

核能发电是电网电力的重要组成部分，当前绝大部分轨道交通车辆采用电动机牵引驱动，车站等非牵引能耗中电能也占绝大部分比例，因而核能转换为电能对轨道交通有间接的作用。核能直接作为牵引供能则仅仅在20世纪冷战时期国外有过初步研究，但其安全性问题过于尖锐，未能得到继续发展。

5) 节能与储能

轨道交通中节能技术使用广泛，包括新材料新结构的列车轻量化技术、高效列车牵引电机和内燃机、混合动力内燃机车、可在电力机车制动时或者下坡时再生制动节能技术等。轨道交通中采用储能技术的进行牵引供能是当前的发展趋势之一，蓄电池供能的轨道列车在煤炭矿道等生产环境要求高的有其独特优势；中车株洲电力机车研究所有限公司开发的新型"智轨"列车也采用无电网电池供电驱动；混合动力内燃机车中也有蓄电池存储柴油发电机产生的电能；燃料电池机车直接将燃料能量转换为电能驱动列车，具有高效低排放无需供电线路的特点，东日本旅客铁道株式会社和法国阿尔斯通有限公司已经量产了氢能驱动的轨道列车；超级电容储能具有充放电快的优势，中车株洲电力机车研究所有限公司成功实现全自主化的超级电容有轨电车。

8.6 未来发展规划

为适应我国国民经济发展、国家安全、国家利益拓展、社会服务对轨道交通运输系统的需求，面向"创新驱动"、"新型城镇化"、"京津冀协同发展"、"长江经济带发展"和"军民融合"等国家重大发展战略，以行业技术发展趋势为引领，以产学研用协同创新为主要模式，聚焦低碳高效交通装备技术、安全高效运营管控等技术瓶颈，重点突破列车谱系化、轨道交通系统多样化和高寒高原环境轨道交通建设等重大技术难题，提升轨道交通系统装备及其系统创新的技术水平，促使轨道交通往低碳高效、智能安全的方向发展，集中力量重点研制安全可靠、先进成熟、节能环保的绿色智能谱系化产品，开展全球化经营，建立世界领先的轨道交通装备技术和产业创新体系。

围绕"交通强国"发展战略部署，分阶段实现轨道交通领域重点专项，按照统筹规划、合理布局的原则，优先安排与国家发展战略、交通运输重大需求密切相关的研究内容。近中期阶段，优化完善铁路网结构，重点攻克时速600km级高速磁浮交通系统、时速400km级跨国互联互通轮轨高速列车、时速250km及以上轮轨高速货运列车、轨道列车在途检测与安全预警等问题，完善轨道交通装备关键技术体系，优化路网布局，力争轨道运输系统的安全可靠性、智能化、绿色化水平处于国际领先水平；远期阶段，引领全球轨道交通技术和产业发展，形成具有引领国际轨道交通装备研发、标准制定、技术转移与服务、平台搭建与移植的科技创新能力，形成智能、绿色、可循环、持续发展的轨道装备技术和产业生态圈。具体包括以下内容。

1) 面向2025年

到2025年，要具备轨道交通装备设计、制造、运维一体化技术，及时速600km级高速磁浮交通技术。重点推进高速铁路、城市轨道交通以及货运装备中国标准的国际化，研发具备跨国互联互通能力的时速400公里级高速轮轨客运装备、时速120km联合运输/时速200km的快捷运输/时速250km高速货运的货运装备，研发城市和城际高效物流集散与配送的管轨运输系统装备；研究覆盖全系列、全环境、全系统、场景可配置的轨道交通综合试验、测试、评估体系技术，启动国家轨道交通综合实验与系统测试验证环境建设。积极推进轨道交通装备多样化和超高速化技术探索。

2) 面向2030年

到2030年，要具备研发、制造、交付和运维时速400km跨国联运高速轮轨交通系统、时速600km级高速磁浮交通、时速200km级中速磁浮交通、公共路权轨道交通、智能化导向运输系统成套装备和覆盖时速200～400km的快速导向运输系统货运装备的技术、产业和服务能力；具备维护智能化、跨国联运、高速和中速磁浮干线运营、货物快捷联运的技术和服务能力。

借助建设川藏线的契机，以高原铁路环境保护、工程建造、技术装备、运营维护和灾害防治等领域科技创新为主线，在高原铁路重大基础理论、核心关键技术、主要技术标准、重要技术平台等方面取得新突破、形成一系列国际领先、实用性强的自主创新成果，整体提升我国高原铁路建设水平、安全水平、运输能力和综合效益。对推动交通运输科技进步、实现交通运输现代化等具有非常重要的意义，将为适应经济社会发展新常态、服务国家发展战略提供强有力的科技支撑。

到2030年，在上述科技创新形成的能力基础上，建成世界一流、充分国际化、完全开放、具有凝聚全球创新资源能力的轨道交通科技和产业创新能力平台体系；我国轨道交通产业规模不断扩大，研发能力达到国际领先水平；标准、产品平台、管理、服务体系化程度达到世界一流；轨道交通装备和系统的安全性、可靠性、可维护性、互操作性及智能化、绿色化水平达到国际领先水平；超高速导向运输交通技术达到工程化程度，力争实现具有经济意义的时速1000km的亚音速运行目标；使中国成为具有全球竞争优势的轨道交通装备制造强国。

3) 面向2035年

到2035年，要具备研发、制造、交付和运维时速超过600km的超高速磁浮交通、各速度级全维度绿色轨道交通、国防机动重载轨道交通成套系统装备的技术和产业能力；具备时速200～600km磁浮交通系统成网运行、时速超过600km的超高速导向运输系统建设运营、轨道交通系统智能化无人运行管控和智慧维护的技术、产业和服务能力；实现具有经济意义的时速1000km超高速导向运输系统商业运营。

第9章 民用航空

9.1 内涵与研究范围

1. 民用航空研究的内涵

1) 民用航空的定义

航空活动是以飞机作为载运工具，以机场为基地，通过航线运送旅客和货物的社会活动。民用航空是指使用航空器从事除了国防、警察和海关等国家航空活动以外的航空活动，是航空活动的一部分。民用航空可以分为公共航空运输（商业航空）和通用航空。公共航空运输是指以航空器进行经营性客货运输的航空活动；民用航空的其余部分统称为通用航空，包括从事工业、农业、林业、渔业、矿业、建筑业的作业飞行和医疗卫生、抢险救灾、气象探测、海洋监测、科学实验、遥感测绘、教育训练、文化体育、旅游观光等方面的飞行活动。民用航空系统包括机场、航空公司、空中交通管理、安全安保和技术保障服务体系等，涉及政府部门、民航企业、民航机场等众多部门。民用航空是一个庞大复杂的系统，具有高新技术聚集、国际化程度高、社会影响大等特征，是我国社会经济发展重要的战略产业，也是现代综合交通运输体系的重要组成部分。

2) 民用航空研究的内涵

与道路交通和轨道交通等其他交通运输方式研究的重点略有差异，民用航空研究的内涵体现在"安、畅、达、新"四个方面。

"安"，即安全，民航航空发展永远遵循"安全第一"的发展理念，目前我国民用航空安全处于世界领先水平，商业航空每百万小时重大及以上事故率低于0.15次。进一步完善具有中国特色的民航安全管理体系和运行机制，实现飞行安全、空防安全、网络信息安全一直是民用航空的研究的重点和热点。

"畅"，即通畅，注重提高航班正常率，降低平均延误时间。围绕资源能力、信息通畅、协同联动、快速处置等关键节点，提升机场运行效率，提升航路网络容量，实现空域管理、流量管理、管制服务一体化运行，加强运行信息融合，确保行业生产规模与安全保障能力总体动态匹配。

"达"，即可达，构建完善的国家综合机场体系。统筹协调民用运输机场和通用机场布局建设，构建覆盖广泛、分布合理、功能完善、集约环保的国家综合机场体系。对内适应京津冀协同发展、长江经济带发展战略，对外满足"一带一路"倡议和中国日益增长的国际交流需要，具体表现在完善机场布局、打造国际枢纽、巩固和培育区域枢纽、增加中西部地区机场数量、构建通用机场网络等方面。

"新"，即创新驱动，民用航空在空地一体化运行信息监控、空中交通管理、机场运行保障等方面更加需要高新技术的创新驱动。同时，深化创新体制改革，强化企业创新主体地位，以航空运输服务链为导向部署创新链、资金链，形成产学研深度融合的技术创新机制。通过鼓励航空公司联合重组、混合所有制改造，加大对主基地航空公司航线航班资源配置，打造具有全球竞争力、服务全球的世界级超级承运人。

2. 民用航空研究的范围

民用航空一直是高新技术密集的行业，在民航基础设施、航空载运工具、民航运输管理等方面具有鲜明的行业特点。

1) 民航基础设施

民航基础设施主要包括机场和空管设施，机场按照用途可分为运输机场和通用机场，按照功能可分为飞行区、航站区、陆侧交通系统及附属工程（助航灯光、航油等），空管基础设施包括管制中心（区域管制中心、终端管制中心和塔台管制室）、通信、导航、监视、气象和情报系统等。

目前，我国民用航空迫切需要完善我国国家综合机场体系规划研究，而机场布局和建设是引导航空资源配置的重要手段。但是，目前我国运输机场和通用机场布局覆盖范围并不充分，分布合理性仍有待论证，并无法主动适应"一带一路"倡议、京津冀协同发展、长江经济带三大国家战略。

机场布局问题主要为覆盖范围不够广泛、体系结构尚需优化、保障能力有待提升及通航基础设施布局建设滞后。中国国民经济的发展中，科学估算运输机场和通用机场的需求量并合理布局，协调发展国际枢纽机场、区域枢纽机场、干线及支线机场、通用机场，建设适应智能、绿色、韧性等要求并兼顾国防建设需求的民用机场，以及推进军民融合等问题仍亟待站在国家发展战略的高度予以研究。

在空管基础设施领域，目前迫切需要推进航空运输信息融合及提高我国空管设备国产化水平。我国的空管初步实现了空域管理、流量管理、管制服务一体化，全国交通流量管理尚未实现与各地机场、航空公司之间高效协同决策的机制，全国空中交通流量管理中心的功能仍需增强，新一代航空气象和航情服务体系建设仍无法满足大规模通用航空发展的需求，无法实现飞行数据、监视数据、流量、情报、气象、现场管制等运行信息的高效集成，北斗导航技术全面应用的研究仍是今后的重点。

2) 航空载运工具

航空工业是高技术、高投入、产业要素高度集约的行业，受到中我国工业基础水平所限制，特别是受制于关键零部件所需的高端合金和复合材料及机电、航电系统元器件缺乏自主知识产权，中国航空制造水平与国际先进国家相比还有较大差距，突出表现在航空发动机技术的相对滞后。在航空发动机技术上，国外对中国采取了严格技术封锁，因此实现"弯道超车"仍需要几代人的努力。

我国已经初步掌握了新一代民用飞机技术，完成C919、CR929、重型直升机、大型水陆两栖飞机等航空新产品的工程研制，实现国产客机、直升机和通用飞机的系列化发展，但是无论是商用大飞机，还是通用航空领域的小飞机，航空载运工具的制造水平还无法满足我国民用航空的发展需要。

另外，实现航空运输持续安全，还需要进一步完善安全监管体系，提升安全运行能力，加强安保体系建设，增强应急处置能力，进行适航审定攻关。

3) 民航运输管理

民航运输管理主要涉及确保航空持续安全、提高机场运营水平、强化空管保障服务能力、全面提升航空服务水平、降低环境污染、实现民用航空发展创新驱动转型等方面。

提高机场运营水平，应该以提升机场安全和运行效率作为导向，努力打造平安、绿色、智慧人文机场，注重机场陆侧交通系统与其他运输方式的衔接；强化空管保障服务能力，需要进一步提升航路网络容量，通过推进空管运行一体化，提高空管运行效能；全面提升航空服务水平，应统筹推进国内国际、客运货运、干线支线协调发展，在航线网络完善、航空物流发展、提升航班正常率等方面亟待系统研究；民用航空发展创新驱动转型，应加强民航科技创新能力建设，加强专业人才培养，倡导绿色民航发展方向，全面深化民航在行政管理、对社会开放、空管体制等方面的改革，增加中国民航是世界民航组织中的话语权。

9.2 在国民经济、社会发展和学科发展中的重要意义

民航运输、民用航空作为国家现代综合交通运输体系、应急救援体系和国土防空体系重要组成部分的地位越来越凸显。民航强国战略需要"三张网络"的支持，即功能完善的机场网、高效通畅的航路航线网及空地一体化的运行信息网。实施民航强国战略，将进一步提高民用航空对于国民经济发展的贡献，提升航空运输在综合交通运输系统中的比重，在创新驱动和加快我国国际化进程中发挥更为突出的引领作用。

在当前复杂多变的国际环境和我国经济步入"新常态"发展模式的形势下，

民用航空发展将有效推动我国沿海、内陆、沿边互动互补开放,促进国际国内要素有序流动,能够更好地满足广大人民群众快速、安全、"走出国门"的出行需求。对"一带一路"沿线特别是与周边国家在民航领域实现更多更好的互联互通,对京津冀、长三角、珠三角等特大城市群特别是机场群之间实现更多更好的空管协同,对军民航深度融合发展特别是在北京、上海、广州等空域资源严重不足的地区实现深度融合,都是当前和今后一段时期民航服务国家发展战略必须承担的时代责任和历史使命,也是民航当前和今后一段时期必须面对的新形势、新情况、新常态。

9.3 研究现状、存在问题和发展趋势分析

9.3.1 研究现状

面对国内外环境复杂变化的挑战和我国经济运行稳中向好的机遇,我国民航运输较好地服务于国民经济和社会发展,实现平稳增长。

1) 民航基础设施

截至 2018 年底,我国共有颁证运输机场 235 个。其中,旅客吞吐量超过 1000 万的运输机场数量达到 37 个,年旅客吞吐量超过 100 万的运输机场数量达到 84 个。2018 年,我国航线总数达到 4206 条,其中,国内航线 3420 条,国际航线 786 条,比 2017 年新辟航线 167 条,涉及"一路一带"国家航线 105 条。

党的十九大报告明确提出建设智慧社会、交通强国,智慧机场建设正是智慧社会和交通强国建设的交会点。智慧机场的核心在于"智慧"两字,而智慧的概念在城市发展中的运用已经较为成熟,智慧城市的概念最早源于 IBM 提出的"智慧地球"理念。"智慧"的理念被解读为不仅仅是"智能"(新一代信息技术的应用),更应该在于人体智慧的充分参与。

2019 年 6 月 13 日,民航局 6 月例行新闻发布会专门介绍了民航推进智慧机场建设的相关情况。随着民航局政策导向的明确,建设智慧机场已成为民航基础设施建设工作任务的重要内容之一。目前我国智慧机场行业处于起步发展阶段,虽然已经有部分机场已经和百度、阿里、腾讯(BAT)和华为等公司签订合作协议,但是运用的相关技术较为局限,BAT 和华为等公司主要是依托于自身企业的优势来进入智慧机场领域。

智慧机场便是在数字机场的基础上,具有高度的感知、互联、智能能力的机场,它通过先进的信息化手段充分获取机场生产和管理信息,并加以分析利用,达到提高生产效率、提升客户服务水平、创造价值收益、优化决策质量等目标,其拥有着智能数字化、智能信息化、业务智慧化和服务互联化。目前,我国智慧

机场技术主要是投资集中在电子信息技术上，机场广泛应用电子信息技术实现机场航显、广播、离港、生产指挥、楼宇自控、问询和消防等智能化控制和信息化管理。

在空中交通管制基础设施建设方面，建成民航运行管理中心、气象中心、情报管理中心、空域管理中心，完善了区域管制中心、终端管制中心、塔台管制室等设施建设，增加了甚高频地面导航设施的覆盖范围，提高了民航通信传输网络的效能，加快了雷达、ADS-B、地面监视雷达及多点定位系统的布局。目前，空管等基础设施设备已基本实现了全覆盖、网络化、计算机化和自动化，空管自动化系统、二次雷达、甚高频、导航、气象自观、数据库等关键设备为安全运行提供了较强支撑。

2) 航空载运工具

2018年底，我国民航全行业运输飞机在册架数6053架，其中，运输飞机3638架，通用飞机2415架。民用航空工业进入快速发展时期，科研生产水平跃上了一个新台阶。一是民用飞机发展取得重要进展。新舟60涡桨支线飞机、H425直升机、运十二通用飞机等开始批量进入国内外市场，C919大型客机、ARJ21涡扇支线飞机、直十五中型直升机等重点产品研制稳步推进。二是技术水平明显提升，民用飞机关键技术攻关取得重要进展。三是产业体系不断健全和完善。航空基础能力建设进一步加强，航空科研不断取得新成果，科技和产业国际合作不断深化，军民结合、寓军于民的产业格局正在逐步形成。

在民用客机产业化进程中，我国按照"支线飞机—单通道干线飞机—双通道大型干线飞机"的发展路线稳步推进，ARJ21-700型涡扇支线飞机已经形成产业化和产品系列化能力；50座级新舟60系列的改进改型和市场推广进展顺利，启动了70座级新舟700涡桨支线飞机研制；加快实施大型飞机重大专项，研制的150座级C919大型客机目前处于适航验证阶段，双通道大型干线飞机的研发也按照计划稳步推进。

在民用飞机新机型研制开发和现有机型改进改型的同时，扩大了民用航空零部件转包生产规模，进一步做好A320飞机、ERJ145飞机、HC120直升机和CA109直升机等合资总装项目，进一步扩大飞机部件、发动机零部件和机载设备的转包生产，建设并逐步形成飞机机头、飞机机身和尾段、发动机部件、复合材料部件等专业化生产线。努力发展航空维修业。以自主研制的支线飞机、通用飞机、直升机投入市场运营为契机，逐步建立起自主的民用航空维修服务体系。

3) 航行技术研究现状

中国民航新技术应用历经多年发展，已进入一个整体推进的新阶段。在组织架构上，中国民用航空局于2014年底成立航行新技术应用与发展工作委员会，切实强化对中国民航航行新技术建设及应用工作的整体领导和系统把握。

平视显示器(head up display, HUD)能降低飞行员需要低头查看仪表的频率，避免注意力中断，强化了机组情景意识，提升了运行安全度，可获得更低的运行最低标准，提高航班正常性。然而，HUD新型运行模式的推广，也带来了我国现有运行规章标准的差异，2017年，中国民航发布咨询通告《使用平视显示器(HUD)运行的评估与批准程序》。目前，民航局已经完成了我国部分机场HUD的特殊Ⅱ类批准。使用HUD运行，为中国民航航空公司的安全运行带来了示范效应。

基于性能的导航(performance based navigation，PBN)是指航空器在指定的空域内或者沿航路、仪表飞行程序飞行时，对系统精确性、完好性、可用性、连续性及功能等方面的性能技术。目前，中国民航正提出传统程序与所需导航性能(required navigation performance，RNP)程序的混合运行，及解决安全问题的方法。实施PBN运行后，精密进近代替了非精密进近，事故概率可降低为原来的七分之一，飞机有了下滑引导，可最大限度地降低非精密进近的使用。这对安全水平的提升发挥了重要作用。目前，我国绝大部分机场都实施了PBN运行模式。

民用航空卫星着陆系统(GBAS landing system，GLS)是一种基于地基增强系统(ground based augmentation system，GBAS)的着陆系统。空中交通管理系统从现有陆基导航系统向星基导航系统过渡已成为未来发展的必然趋势，卫星导航系统可以提供全球、全天候、连续实时的导航，具备成为支持民用航空的主用导航系统的能力。为保证飞行安全，民航精密进近和着陆引导在精度、完好性和可用性等方面都对卫星导航提出了很高的要求。民航局正积极推广GLS新技术的应用，发布了《卫星着陆系统(GLS)运行批准指南》，在繁忙机场推进GLS新技术的应用。

广播式自动相关监视(automatic dependent surveillance-broadcast，ADS-B)是利用空地、空空数据通信完成交通监视和信息传递的一种航行新技术。与雷达系统相比，ADS-B能够提供更加实时和准确的航空器位置等监视信息，可以增加无雷达区域的空域容量，减少有雷达区域对雷达多重覆盖的需求，大大降低空中交通管理的费用。ADS-B可为航空器提供相关交通信息，传送天气、地形、空域限制等飞行信息，使机组更加清晰地了解周边的交通情况，提高情景意识，并可用于航空公司的运行监控和管理，为安全、高效的飞行提供保障。

9.3.2 存在问题

尽管中国民航航空发展势态良好，但是仍处于从"民航大国"向"民航强国"转型的历史阶段。突出表现在以下方面。

1) 民航基础设施

国家综合航空运输网络仍有待进一步完善。国家综合航空运输网络在国家战略发展中更好地发挥作用，需要布局合理的国家综合机场体系和高效完善的国家航线网络的协同支撑。

布局合理的国家综合机场体系需要全面考虑运输机场之间、运输机场与通用机场之间、以及民用航空与国土空防之间、民用航空与高铁等其他运输方式之间、国内与国际之间相互促进与制约的关系，需要在有效提高机场的集输与转运能力的同时，构建通畅高效的航线网络予以支撑，但是目前我国不同区域的经济发展不平衡，通用航空发展水平很低，军民深度融合仍在探索，多式联运模式仅仅在大型综合交通枢纽取得了一定的经验，全国综合机场体系与全国综合航线网络建设之间仍然存在不匹配的现象。

高效完善的国家航线网络一方面需要通过军民航空管融合发展进一步优化全国空域结构，另一方面需要通过加强空管基础设施建设、大力推进以北斗定位为核心的星基导航技术等手段切实提升航路网络容量，同时也需要通过空管制度创新等手段，构建国际、地区、运行三级空域管理单元，建立空域常态协调机制与空域使用动态评估机制，实现空域精细化管理，更加灵活高效地使用好已有地空域资源。

2) 航空载运工具

我国航空工业技术水平相对滞后，尽管我国航空工业水平已经取得了长足进步，但是必须清醒地认识到我国航空工业与国际先进水平相的差距。我国航空产品体系不完整，技术水平相对落后；基础研究薄弱，技术储备不足；民用飞机产业发展尚处于成长阶段，适航取证和适航审定能力不足；发动机、关键材料和元器件等仍然是制约我国民用航空工业发展的瓶颈。具体表现在目前我国的民用大型飞机仍然被美国波音公司和欧洲空中客车公司垄断，通用飞机基本上被庞巴迪宇航公司、赛斯纳飞机公司、巴西航空工业公司、贝尔直升机德事隆公司等国外飞机制造商的产品垄断，我国航空机载系统集成体系和航空设备的综合化水平仍无法满足民航快速发展的需求，上海航空器适航审定中心对于国产大型客机适航审定的关键技术仍有待突破。

3) 新技术在民航领域的应用

美国及欧洲发达国家借助其强大的经济实力和长期积累的技术优势，在民航科技创新方面发展速度很快。包括民用航空器研发(以 B787、A350 为代表的新机型)和以卫星技术、数据链技术、大数据技术、人工智能、网络技术等新兴科技在民航领域的整合应用等方面均已经处于技术领先地位。相比而言，近年来民航逐步发布了创新驱动和科技规划的纲领性文件，但由于民航科技的底子薄弱，自主创新的整体能力尚需进一步提升，一方面造成国际民航领域的成熟新技术在我国民航评估、应用与推广缓慢；另一方面对能够满足中国空域运行环境与民航运输特征的新技术研究分析滞后、引导推动乏力、持续投入不足。同时，中国民航在国际民航组织及相关技术大会上缺乏足够的发言权，使我国航空运输业处于国际竞争的劣势地位。中国民航科技发展必须面对新一代航空运输系统变革中产生的新技术与新应用问题。

9.3.3 发展趋势

中国民用航空的发展总体上处于快速发展的机遇期，一方面随着我国国民经济的持续快速发展，人民群众长距离出行的需求不断增加，航空交通量将在一段时期内维持两位数的增长率，另一方面随着民航强国战略的不断推进，国家层面的重视程度与支持力度不断加强。

1) 民航基础设施

布局合理的全国综合机场体系建设及与之相适应的高效完善的国家航线网络是我国今后20~40年民航基础设施建设的重点，即建设功能完善的国家机场网络和高效通畅的国家航路航线网络是今后民航基础设施的发展趋势。同时，基础设施的建设将进一步朝着智能、绿色、数字化方向发展。

目前，我国的运输机场布局应该针对覆盖范围不够广泛、体系结构尚需优化、保障能力有待提升等主要问题，遵照优化布局结构、加密扩能并重、服务国家战略、绿色集约环保的原则，采用加强统筹协调、完善投融资政策、提升空管保障能力、注重一体化衔接、坚持绿色集约发展、强化科技创新等措施，完善华北、东北、华东、中南、西南、西北六大机场群，远期运输机场规模将增加到408个左右，实现运输机场直线100km半径范围内地级市的全面覆盖。

我国通用机场规划和建设职能是下放到省级政府，国家综合机场体系在建设机场时应充分考虑现有机场布局体系，打通运输机场和通用机场的转换通道，去除行政地域限制。

未来应鼓励枢纽运输机场所在城市建设综合性通用机场，缓解枢纽机场非核心业务；加快建设具有区域辐射功能和公益性服务功能的通用机场；支持建设具有产业培育和集聚功能的通用机场；优先支持支线机场增设通航设施，拓展业务范围，兼顾区域通用航空运营服务综合保障；优先利用既有通用机场，鼓励相邻地区打破行政区划，共建共用通用机场，逐步形成布局合理、功能协调、兼容互补的通用机场系统。远期我国通用机场的数量将增加到2851个以上(即每个县级行政区划至少拥有一个机场)。

目前，我国空域资源不足与航空运输需求的矛盾较为突出，表现在北京、上海、广州等飞行繁忙地区，空域使用较为紧张；通用航空主要使用的3000m以下监视空域和商业航空主要使用的报告空域尚未形成无缝衔接，军民空域管制机制仍在完善。今后应坚持"东部扩展、西部延伸、南部分流、北部拉直、中部疏通"的空域管理理念，加快建设适应航空运输需要的航路航线网络，全面推进《全国民航干线航路网络规划》方案设计,加快"十加三"通道建设,完善京昆、广兰大通道,推进沪兰、中韩,启动京广、沪昆等单向循环通道建设,努力打造东部海上飞行通道。推进沈阳、厦门等重点地区空域优化及全国年吞吐量超过1000万人次或日起降超过300架次机场进离场航路航线的有效分离。与此同时,还将重点加强对重点设备运行风险的防控,拓展气象服务模式、创新服务产品,强化对航空公司和属地机场的气象服务,支持支线机场气象业务建设;促进科技研发,以推进航空组块升级(aviation system block upgrades,ASBU)为重点,在华东、中南、东北地区航路航线实施PBN(基于性能的导航)运行,实施持续下降和持续爬升运行(continuous descent operations/continuous climb operation,CDO/CCO),加快推进广播式自动相关监视(ADS-B)等新技术应用。

2) 航空载运工具

我国航空工业的发展应遵循军民结合、创新驱动、开放发展、统筹协调、质量至上的原则,紧密衔接国家培育和发展战略性新兴产业的重大部署,综合考虑未来发展的趋势和条件,基本完善我国现代航空工业体系,显著增强可持续发展能力,实现民用飞机产业化重大跨越。目前正在实施的重大工程和计划包括大型飞机重大专项、支线飞机和通用飞机产业化工程、民用飞机产业化基础支撑计划、航空质量提升计划。今后发展的重点领域和任务包括以下8个方面。

(1) 加快民用客机产业化进程。按照"支线飞机—单通道干线飞机—双通道大型干线飞机"的发展路线,稳步推进民用客机发展。

(2) 积极发展通用航空产业。按照"轻重缓急"和"抓大放小"的思路,坚持开放发展原则,优先发展社会效益好、市场需求大和经济价值高的通用飞机和直升机,应高度重视无人/自动驾驶载人/货航空器在通用航空领域应用技术研究与产业化进程。

(3) 全面开展民用航空器适航审定关键技术攻关。研究机载设备和零部件适航标准、适航审定规章规范性文件,研究机载电子设备适航审定关键技术、坠撞安全与乘员保护审定基础技术、座舱空气环境审定基础技术、风车不平衡振动的适航审定基础技术、噪声适航审定基础技术、机电作动系统安全性审定关键技术、急需的结构强度专业适航审定技术,研究动力装置相关特殊风险转向审定技术,研究性能操稳相关适航审定关键技术、电传飞控系统适航审定技术、飞机实际风险管理技术、机内数据通信网络、卫星导航应用及电气线路互联系统(electrical wiring interconnection system, EWIS)适航审定技术。

(4) 推动航空发动机自主发展。坚持军民结合、远近结合,建立和完善航空发动机自主发展工业体系,增强自主创新能力,扭转航空发动机落后的被动局面。

(5) 加快发展航空设备、系统及相关产业。抓住航空工业快速发展机遇,大力发展航空机载、任务、空管和地面设备及系统,加快建设飞机和发动机大部件专业化生产基地,大力发展航空材料和基础元器件。

(6) 优化航空工业布局。按照军民融合式发展的要求,坚持政府引导与市场机制相结合的原则,科学规划,统筹资源,在依托现有骨干企业发展重大战略产品的同时,鼓励有条件的地方和企业积极进入民用航空工业领域,激发创新活力,优化行业布局,防止低水平重复建设,促进民用航空工业健康有序发展。

(7) 大力推进科学技术进步。强化和完善科研体系,加强基础科学研究,建立协同创新平台,积极开展国际合作,突破重大工程技术,增强技术储备,推进产业整体技术进步。

(8) 加强基础设施和能力建设。按照军民统筹规划的原则,根据航空科研和型号研制需要,开展飞机及航空发动机科研试验重大基础设施建设,重点发展总体设计、系统集成、设计与试验等核心能力。

3) 民航运输管理

我国民航运输的发展趋势主要体现在确保航空持续安全、提升航空服务能力、强化空管保障服务水平三方面。

(1) 在确保航空持续安全方面,应以全面落实安全责任制和提高综合治理能力为主线,以风险管控为抓手,创新监管模式,提高保障能力,稳步推进民航的飞行安全、空防安全、网络信息安全。具体应从以下 3 方面开展工作。

① 完善安全监管体系。稳步推进《中国民航航空安全方案》建设,建立与地方政府及安全管理部门的长效协调机制,协同解决净空管理、安全内保、无人机、电磁环境、鸟害防治及应急救援等问题。建立完善民航安全绩效分析系统、飞行标准监督管理系统、机场安全监管平台、航空安全信息系统、无线飞行品质监控系统的建设与完善,加快建设通用航空安全监管平台和健全监管体系评估机制。

② 提升安全技术支撑。提高基于性能导航飞行程序执行率,推进电子飞行包(electronic flight bag,EFB)、平视显示器、自动相关监视系统、地基增强系统、地空数据链等新技术的应用,进一步完善协同决策系统(collaborative decision making,CDM)的建设,提高空中交通态势监视和特情应急处置能力,加快推动"北斗"系统在通用航空、飞行运行监视和机载导航系统等方面的应用。

③ 加强网络与信息安全。按照管理与技术并重的原则,提高重要网络信息系统安全运行能力、网络防攻击能力及重要信息防泄露能力,推进信息技术设施设备安全可控和国产化替代,建立覆盖全行业重要网络和信息系统的实时在线安全监测和通报预警平台。

(2) 在提升航空服务能力方面,应坚持协调和开放发展理念,以对内放开促进对外有序开放,构建以运输和考核通用航空为两翼,覆盖广泛、通达通畅的航空运输网络,实现民航运输能力显著增强、通用航空规模快速扩大、运输质量明显提升。具体应从以下 3 方面开展工作。

① 推进航空物流发展。把握快递物流、跨境电商、即时生产等市场发展趋势，积极发展大型的航空快递企业，推动航空物流标准化建设，充分利用信息化手段，加快航空物流信息共享，通过航空市场主体业态创新，推广"互联网+"产品，延伸服务价值链条。

② 提升航空运输服务质量。围绕资源能力、信息通畅、协同联动、快速处置等关键节点，完善航班延误综合治理手段，稳步提升航班正常率。

③ 大力发展通用航空。持续推进放管结合，通过改善市场环境和规范市场秩序释放通航发展空间，建设通用航空管理平台，拓展通用航空服务领域，推动通用航空与互联网、新型经济业态的融合。

(3) 在强化空管保障服务水平方面，应建设以空中交通管理现代化与绩效型组织为目标的运行机构，全面夯实空管基础设施，全面提升运行精细化水平，全面应用成熟的航行新技术，实现我国空管保障水平从被动适应向主动支撑的战略转变。具体应从以下3方面开展工作。

① 提升航路网络容量。推动建立国家空域体系，按照国际标准实施空域分类划设。加强军民航空管设施设备统筹规划建设，优化全国空域结构，形成协调顺畅的军民航空管保障体系，灵活高效的使用空域。

② 提高空管运行效能。落实空域、流量、管制服务一体化运行机制，提高相邻管制单位间信息移交和可靠性和效率，倡导目视间隔和目视进近程序，建设新一代航空气象服务体系，提高航空气象和情报服务能力，建立全国统一的三级设备运行管理系统，提高应急容灾能力。

③ 强化空管科技支撑，推进空管新技术应用，加强运行信息融合，提高空管设备国产化比例。

4) 人工智能技术在民航的应用与发展

随着人工智能技术的不断发展，人能智能产品将逐渐覆盖整体监控、安检口、会员贵宾厅、登机口、停机坪等从外至内多个场景。随着国家经济发展和"一带一路"倡议的逐步深化，中国从航空大国走向了航空强国。人工智能技术将助推民航改革，向智慧民航进化。

9.4 未来研究前沿与重大科学问题

1. 研究前沿

1) 民航基础设施

民航基础设施两大研究方向是建设以"平安、绿色、智慧、人文"为特征的未来机场体系，建设以"强安全、强效率、强智慧、强协同"为特征的现代化空管体系。

(1) 具备综合交通枢纽功能的绿色智慧机场。打通基础设施、载运工具、运行系统的信息融合与交互的技术链条，构建综合交通运输系统协同运行与智能服务的技术体系和系统平台，形成智慧机场示范，即：①智慧生产示范。运用通信、GIS、GPS、云计算、物联网、移动互联网等先进技术，实现航班运行相关信息的实时感知、地面资源的智能分配和特种车辆的智能调度等；②智慧安全示范。建立统一的安全信息平台，实现安防信息实时感知、安防事件智能捕获、危险人物自动定位和预警等；③智慧服务示范。运用通信、GIS、GPS、物联网、移动互联网和大数据分析等先进技术，感知和定位服务对象，组装服务信息，并在恰当时机、以恰当方式、推送恰当服务给恰当对象。

(2) 复杂工程地质环境下机场数字化建造。以绿色、数字和智能建造为核心，研究复杂工程地质环境下的机场规划设计与建设运行的新技术/新方法，包括智能跑道技术、山区机场土石方平衡与高填方构筑物设计技术、不良工程地质地区机场道基处理技术、高原高寒机场与填海机场道面建造与运维技术，特殊地区机场终端区风切变、湍流探测与预警系统，数字建造技术等。

(3) 机场飞行区的智能网联运行与安全风险管控。机场的飞行区运行正在面临网联化和自动化的升级，各类服务车辆将朝电动、智能网联和自动驾驶等趋势发展，由此将带来全新的飞行区运行和管控模式，包括飞行区移动目标的智能感知、飞行区的运行仿真、飞机和智能车辆之间的互联交互、智能车辆和飞机运行冲突防控、机场设施的智能化管理养护等。

2) 航空载运工具

(1) 新一代飞机和新概念飞行器。以新一代双通道大型商用飞机和小型载人无人机等未来重点型号研制为牵引，重点突破飞机先进总体布局技术、高精度气动力设计及验证技术、复合材料结构应用技术、先进飞行控制技术、高效发动机研制技术、节能减排降噪技术、航空设备及系统集成技术、运营支持技术等。

(2) 基于大数据的航空器全寿命维修技术。构建云计算架构的航空器维修工程体系及标准技术、飞机全寿命维修规划关键技术、网络化航空器状态监控及故障预测技术、航空器维修工程体系的云平台及交互机制，研究建立自主机载信息数据处理装备及空地数据传输系统，空地一体化的电子数据获取与传输信息网。

(3) 提高适航审定能力。建设世界一流适航审定体系、世界一流适航审定能力和世界一流适航审定队伍，构建并不断完善统一完整的民用航空飞行验证管理体系，补齐飞行验证短板，实现与航空制造业深度融合发展。聚焦 C9X9 系列国产大飞机、航空发动机、无人机、生物和煤制航油等重点产品，加强适航审定能力建设，全面满足我国民用航空产业发展需求。优化改进适航管理措施和程序，加强对产品全寿命周期适航能力建设。助力国产航空产品"走出去",大力提升适航审定能力国际输出能力。

3) 民航运输管理

(1) 航空监视网及服务关键技术。基于自主定位、导航与授时(positioning, navigation and timing, PNT)资源和通信资源的广域航空安全监控网技术架构和技术规范,包括星基 ADS-B 技术、多照射源低空监视应用、北斗最低性能及高精度增强模拟技术、北斗机载设备检测与适航评估技术等,以及航空器飞行动态信息一致性、完好性、安全性保障与风险评估技术、高风险航迹追踪识别与风险预警技术等。

(2) 民航运输管理中的基础性研究。包括民用航空智能交通与信息安全,国家空域资源管理理论与方法,新航行系统与通用航空,机场网、航线网、运行监控网及客货流、航班流、空管流量等系统仿真;机场感知理论与技术、航空公司运营信息化理论与技术;犯罪预防控制理论与技术,非正常条件航空突发事件应急协同决策方法优化与实现;民用航空系统可靠性与安全性理论与方法,航空安全科学理论,航空安全检查新技术与方法,飞机运维新材料新工艺及其检测理论与技术;民航运输服务质量的理论、方法、评价体系、品质优化设计与仿真。

(3) 信息技术在民航领域的应用研究。针对民航领域的大数据、机器学习等前沿信息技术方向开展联合创新研发,并根据市场和行业发展的需要进行产品化和产业化研究。研究领域包括:面向民航需求的基于大数据的深度学习技术和知识图谱技术;基于大数据和人工智能的旅客价值模型和旅客等级建模技术研究与应用;民航行业计算机视觉、自然语言处理、语音识别等。可以从空管、航空公司、机场等多个维度进行深入研究,在"AI+安全"、"AI+服务"、"AI+商业"、"AI+运营"、"AI+管理"等领域发力。

2. 重大科学问题

1) 高性能航空发动机

航空发动机技术被誉为现代工业"皇冠上的明珠",是国家科技、工业、经济和国防实力的一个重要标志。目前,我国在商用大涵道涡扇发动机的研制方面基础薄弱,在航空发动机材料、制造工艺和设计水平等方面亟待突破,面临的重大科学问题包括:①高性能航空发动机设计技术。航空发动机研制是一项难度极大的系统工程,需要系统全面的综合设计能力和试验装备,逐渐抛开"知其然,不知其所以然"的仿制设计,才能达到先进的总体设计要求。②超过极限参数的尖端材料和制造工艺。能在高温、高压和高速条件下稳定工作是现代航空涡轮发动机对涡轮性能提出的最基本要求,铸造出空心的复杂气动外形的涡轮叶片成为挑战各国航空工业的大难题。

2) 空管导航信息融合一体化运行技术

美、欧等民航先进国家已经开始了新一代航空运输系统 NextGen 和 SESAR 计划的实施,涵盖卫星技术、数据链技术、大数据技术、网络技术等新兴科技在民航领域的整合应用。我国在空管导航信息融合一体化运行技术研究方面,应将重点放在基于北斗的民航技术应用方面,包括北斗信息服务在民航通信/导航/监视应用技术开发、北斗空间信号测试与评估标准体系、北斗接收机测试评估与适航技术、北斗在民航通信导航监视/空中交通管理(communication, navigation and surveillance/air traffic management, CNS/ATM)和通用航空中的应用示范,基于北斗信息服务的空管装备国产化等内容。

3) 超长寿命民航基础设施智能建、养、控一体化技术

与道路交通基础设施一样,长寿命民航基础设施建养一体化技术也一直是民用航空基础设施领域面临的重大科学问题。针对环境、荷载的长期作用,围绕民航基础设施可持续、耐久、低碳、智能的目标,贯穿设计、施工、维护等全寿命周期,面向长寿命民航基础设施的结构和材料科学,解决复杂条件下民航基础设施结构力学行为理论、基础设施长期服役性能演变机理、基础设施全寿命分析理论、基础设施快速检监测和预警等重大科学问题,实现民航基础设施性能演化、表征与感知,进而提高民航基础设施的长期性能。

4) 机场运行安全的风险管控和综合保障技术

安全是机场运行的首要任务。采用先进的监测和检测手段,获得机场设计及运行的状态,在此基础上利用 BIM、GIS、大数据、人工智能、5G 通信等技术,融合信息、行为和力学等学科,进行机场地面交通、航站楼和飞行区的运行安全的仿真模拟、风险管控和智能化保障技术研究,从而提高机场运行安全保障维度和域度。

3. 主要技术难点

1) 航空运输对基础性原创性科技成果的要求高

突出体现在航空发动机方面。航空发动机研制涉及流体力学、固体力学、计算数学、热物理、化学等众多基础科学,几乎覆盖材料、制造、试验等各个技术门类。在航空发动机先进材料领域,我国目前在高温合金材料、超高强度钢、金属间化合物、碳/碳复合材料、陶瓷基复合材料、树脂基复合材料、金属基复合材料等方面的技术储备不足,例如,我国能够自主研发 30cm 长的涡轮单晶叶片,但与国外最先进技术相比,还有 5~10cm 的差距;在航空发动机加工领域需要的

高端机床目前主要仍主要依靠进口设备;由于"航空发动机是试出来的",需要经过"设计—试验—修改设计—再试验"反复迭代,而我国在发动机试验平台(性能试验、通用性试验、耐久性试验、环境试验和飞行试验)建设方面也与世界先进水平存在很大差距。

2)民航科技创新需要新的机制与体制保障

民航特色的科技创新体系有待完善,多层次、多渠道的民航科技投入仍需进一步加强,行业重点实验室(工程技术中心)、创新人才与团队、科技成果转化等工作与道路交通、轨道交通相比仍有一定差距,"重点专业人才培养计划"、"重点区域人才支持计划"、"国际化人才培养计划"等高层次人才培养体系迫切需要深入落实。

3)民航基础设施建造和运行涉及多学科融合和集成

民航的基础设施建造、机场运行、风险管控等涉及交通、土木、电子、信息、管理、测绘、机械等多学科的知识,需要在研发和应用阶段进行多学科体系的交叉融合,并加以系统集成。这不仅对研发的投入要求高,而且对机场的集成应用也提出了极高的挑战,难度大。

9.5 民航交通能源系统及应用

1. 航空新能源技术

新能源是太阳能、风能、海洋能、地热能、生物质能和燃料电池在国际上的一种通称,而航空运输新能源,是指为航空器的飞行提供动力所需的有别于常规石化能源的新能源,是新能源在航空运输领域的体现。当前航空运输新能源的主技术研究方向包括生物燃料、太阳能动力、航空核动力等,其中,生物燃料是目前航空新能源开发的主要方向。生物燃料之一即生物航煤,它是清洁的可再生能源,使用动植物和微生物研制,以大豆玉米等农作物甚至餐饮废油为原料,是一种新型可再生航空燃料。作为国家重要的战略产业,中国民航在优化能源结构的同时,大力支持新兴燃料的发展和使用,但从理念的更新到市场广泛应用是一个曲折的过程,由于技术相对复杂、成本相对较高等原因,生物航煤目前在国内航空市场上利用较少。航空公司要承担更多社会责任,更主动地推进新型燃料的应用,塑造良好的节能减排国际形象。

2. 分布式电推进系统技术

传统飞机通过发动机将燃料的化学能转化为机械能产生动力,与之相对的,电推进飞机通过电动机驱动涵道式风扇、螺旋桨或其他装置产生动力,直接将电能转化为机械能。继飞机二次能源逐步统一为电能形成多电/全电飞机之后,电推进技术成为飞机动力系统电气化的重要发展方向,有望进一步提高飞机动力系统能量转换效率、降低燃油消耗和排放,代表了航空电气化的高级阶段。

分布式电推进系统有两种基本架构:纯电动电推进系统和油电混合动力推进系统。纯电动式分布式电推进飞机是将动力系统革新融入飞机气动布局的新型电推进飞机;油电混合动力推进系统是指由发动机与电动机共同作用的推进系统,这种系统架构类似于油电混合动力汽车的架构,根据发动机是否直接提供推进动力,可分为并联式架构和串联式架构。分布式电推进技术融合了飞机动力系统和气动特性,有利于飞机总体的优化设计,提高动力系统冗余度,进一步提高飞机总体效率,降低飞机能量消耗。小型纯电动飞机正在逐步迈向实用化,而分布式混合电推进技术是中大型飞机电气化的重要方向,仍然需要航空机电和动力系统等交叉融合与创新发展。

3. 机场"油改电"

机场是民航交通运输的重要节点。飞机在机场的移动可以采用燃料电池驱动,不产生排放。除飞机外,机场地面车辆是机场主要移动排放源。机场地面车辆主要分为用于航空器保障的地面车辆、用于旅客及行李货物保障的地面车辆及用于机场正常运行和安全保障的地面车辆等 3 类。通过提升机场内运行车辆和设备的电动化率,降低污染排放总量,提升环境空气质量。目前,北京、成都、昆明、长沙、厦门、哈尔滨等六家民航机场地面车辆"油改电"试点机场场内已投产运行的电动车辆 459 台,充电设施 213 个。根据试点成果测算,如果全行业现有的 1.6 万余台地面特种车辆和设备基本实现电动化,每年可节油约 13 万 t,节省运行费用约 7 亿元。下一步,民航业将在试点工作基础上,积极稳妥地推广"油改电"工作,年旅客吞吐量 500 万人次以上机场将根据实际率先实施"油改电"工作。推进民航"油改电"工作既是实现行业绿色低碳发展的重要手段,也是落实国家战略的重要举措。机场油改电还有一项重要内容是桥载设备替代飞机辅助动力装置(auxiliary power unit,APU),减少飞机停航过站的燃油消耗和污染排放。

4. 机场能源管理系统(airport energy management system,AEMS)

AEMS 能够将机场地区(包含航站楼、冷热源站、其他配套工程等的建筑群)的变配电、照明、空调、供热、制冷信息等实行集中监视、管理和控制。贴合机场行业的能源品类众多和能源结构多样复杂的特点,实现机场能源能流分布的可视化;通过区域能源设备和数据关联,实现按功能区域划分的节能运行;通过能源消耗量和设备效率的实时监控与行业标杆的对比,分析并主动推动节能运行策略,实现精准调节、标准化运行；通过大数据分析，挖掘更多节能空间，建立能耗的评价和考核标准；通过系统深度学习，预测未来用能数据。AEMS 为机场节能减排工作提供了新理念、新思路。

9.6 未来发展规划

按照国家"五位一体"总体布局和"四个全面"战略，树立创新、协调、绿色、开放、共享的发展理念，以发展为人民为宗旨，以确保安全为前提、以建设民航强国为主线，以深化改革为动力，以创新发展为途径，增强保障能力，强化科技支撑，坚持军民深度融合，提升民航运输质量和国际竞争力，按照适度超前的原则，构建安全、便捷、高效、绿色的现代民用航空系统，充分发挥民航战略产业作用，更好地服务国家战略，更好地满足人民群众的需求。

围绕支持国家重大战略、支撑民航科学发展、布局高新技术研发的 3 大技术战略，力争在支持国家重大战略的 3 个技术领域，到跟跑世界先进水平；在支撑民航科学发展的 5 个技术领域，达到领跑世界民航技术水平；在布局高新技术研发的 3 个技术领域，达到并领跑世界民航技术水平。

1) 支持国家重大战略

推进航空监视网及服务、综合机场交通枢纽体系、国产大型客机适航审定关键技术等方面研究取得突破进展，形成一批拥有核心自主知识产权的重大成果，力争在本领域达到跟跑世界民航科技水平，积极有效地支持国家重大战略的推进与实现。预计取得的重大成果包括：①广域航空安全监控网技术架构和技术规范等；②综合交通运输系统协同运行与智能服务的技术体系和系统平台等；③机载设备和零部件适航标准等。

2) 支撑民航科学发展

推进民航持续安全保障科技能力建设、基于大数据的航空器全寿命维修工程、复杂环境下机场建设与安全运行、飞行员生理心理健康评估与人因工程、基于北斗的民航技术应用等五个领域共性核心技术研发，力争在本领域达到领跑世界民航科技水平。预计突破的共性核心技术包括：①民航安全运行风险网络化监控及预警系统等；②云计算架构的航空器维修工程体系及标准技术等；③复杂环境下的机场规划设计与建设运行的新技术/新方法等；④飞行员/管制员的关键生理数据实时采集系统等；⑤北斗信息服务在民航的通信/导航/监视应用技术开发等。

3) 发展新一代高新技术

推进新一代机场运行控制与安全技术、机场安检安防新技术、民航重点基础或应用基础研究取得重点跨越,到 2020 年末力争在本领域达到并跑世界民航科技水平,奠定未来民航科技创新与进步的坚实基础,为实现民航事业从大国走向强国的跨越做出贡献。预计在以下几方面取得重大进展:①基于大数据、云计算的多机场协同运行与决策等;②基于物联网/视频图像分析的机场综合安防系统等;③民用航空系统可靠性与安全性理论与方法等。

第10章 综合交通

10.1 内涵与研究范围

综合交通系统是指各种运输方式在社会化的运输范围内和统一的运输过程中，按其技术经济特点组成的一个分工协作、有机结合、连续贯通、布局合理的交通运输综合体。它是利用道路交通、水路交通、轨道交通和民用航空等各种交通方式，逐步形成和不断完善的一个技术先进、网络布局和运输结构合理的交通运输体系，是社会生产发展到一定历史阶段的产物。综合交通并不是几种交通方式的简单相加，而是各种交通网络通过地理空间维度和功能维度的有机组合、衔接，形成一个整体功能大于各子系统功能之和的有机整体，即铁路、公路、水路、管道和航空等各种运输方式及其线路、站场等组成的综合体系。

从各种运输方式之间的关系来看，综合交通是指各种运输方式发挥不同优势，各展所长，并相互协调、相互联合，从而共同发展。从空间发展的角度来看，综合交通是指城市（城区）内、城市之间、城乡之间乃至国家之间交通运输的相互衔接与协调。具体来说，其综合性包括以下范畴。

1）城市综合交通领域

城市综合交通是在现有的技术及组织水平下，实现各运输方式（包括城市道路交通、城市轨道交通和城市水上交通等）的有效协调。现代城市综合交通网络系统的规划与设计理论逐渐由单目标、单模式的静态优化向多目标、多模式的协同优化发展。各运输环节的整合，不仅包括同一运输方式内各环节的连接，而且包括不同运输方式间运输环节的连贯。为了实现这种有效衔接，一方面要实现运输网络在物理方面的一体化；另一方面要实现运输网络在运输服务、技术标准、运输信息、运输票据等方面的一体化。

2）区域综合交通领域

区域综合交通运输一体化运作机制不但受到运输基础设施等硬件因素的影响，还受到票价机制、清算机制等软件因素的影响。区域综合交通领域的研究范围包括：①强化区域交通网络建设，积极构建快速便捷的运输通道，促进区域重大交通基础设施间的合理衔接，实现多种运输方式一体化综合交通运输网络。

②衔接多元化综合交通网络,实现区域交通在中心城市内运输资源集散,形成中心城市辐射区域,利用综合交通枢纽实现区域交通组织衔接,促进区域交通一体化发展。③形成辐射区域范围的城际通道,打造公、铁、水、空复合型运输通道,带动区域经济发展和产业链延伸,形成轴向扩散的经济走廊和产业梯度分布带。

3) 开放性综合交通趋势

综合交通是一个不断发展的系统,第一次产业革命之后,随着运输动力系统的变革,综合运输体系逐渐开始形成。迄今为止,综合交通已具有5种现代化运输方式。但是,这并不意味着综合交通局限于这5种运输方式。随着科技的进步,现有运输方式仍会不断进步,新的运输方式仍然可能诞生,因此综合交通具有开放性。

10.2 在国民经济、社会发展和学科发展中的重要意义

交通运输是现代经济社会赖以运行和发展的基础,是社会生产、生活组织体系中不可缺少、不可替代的重要环节。由于各种交通方式不同的技术经济特点,带来投资和经济效益的差异,与此同时,国民经济各部门和人民生活对客货运输服务的需求日益复杂,导致单一交通方式逐渐难以满足运输需求,需要依据每种交通方式的特点,进行多种交通方式的协调合作,科学组织管理和综合利用,才能提高交通运输生产的高效率。

从各种交通方式在综合运输体系中的地位和作用看,铁路主要承担大宗散货运输任务、长途物资及长途集装箱运输任务;公路主要承担短途物资运输、短途旅客运输、铁路无法直接提供服务的地区及广大农村地区的客货运输;水运提供特定区域的旅客运输及为沿江、沿海、沿河地区大宗货物运输服务,为外贸货物提供运输服务;航空运输为中长距离运输提供服务。

随着社会生产力的发展和科学技术的进步,在互联网大数据时代,新一代信息技术如移动互联网、大数据技术、云计算平台等的深度应用与跨界融合将推动综合交通生产方式和发展模式的革命性变化,为公众提供更加精准和人性化的综合交通服务,是当代运输发展的新趋势、新方向。从综合角度对各种交通方式的发展及其协作关系进行的科学研究,使交通运输业的建设从单一的、孤立的发展模式向综合协调的模式转变,不仅可以有效增强运输生产力,缓解交通运输紧张的状况,更加有利于推动我国经济发展方式从规模速度型粗放增长转向质量效率型集约增长,实现"交通强国"战略目标。

10.3 研究现状、存在问题和发展趋势分析

10.3.1 研究现状

交通运输是国民经济重要的基础性、先导性和服务性行业,是社会生产、生活组织体系中不可缺少及不可替代的重要环节。改革开放以来,我国交通运输基础设施建设与运输服务取得跨越式发展,初步形成以"五纵五横"为主骨架的综合交通网,总体上支撑了国家经济社会快速发展。

"十二五"时期,我国各种交通运输方式快速发展,综合交通网络发展从规模扩张迈入网络优化、功能完善的新阶段,各方式的运输网络功能趋于整合,交通运输网络的方式观逐步让位于功能观、系统观和空间观,已初步形成了现代综合交通运输网络框架体系。2015 年底,铁路、民航客运量年均增长率超过 10%,铁路客运动车组列车运量比重达到 46%,全球集装箱吞吐量排名前十位的港口我国占 7 席,快递业务量年均增长 50%以上,城际、城市和农村交通服务能力不断增强。同时,现代化综合交通枢纽场站一体化衔接水平不断提升,以客运"零距离换乘"和货物换装"无缝衔接"为目标,统筹线路、场站及信息传输等设施的有效衔接,实现客货流汇集、换乘/换装和疏散的承载性、顺畅性和兼容性的功能。

近年来,我国交通运输业整体发展良好,有较大进展。据统计,截至 2018 年取得以下几方面显著成果。

(1)交通基础设施规模增长较快。铁路营业里程达到 13.1 万 km;公路总里程 484.65 万 km;内河航道通航里程 12.71 万 km;颁证民用航空机场 235 个;城市轨道交通运营里程 5295.1km。

(2)交通运输运量增长显著。全社会完成营业性客运量 179.38 亿人,营业性货运量 506.29 亿 t;城市客运量达 1262.24 亿人次,其中公共汽电车、城市轨道交通、出租汽车、客运轮渡完成客运量占比分别为 55.2%、16.8%、27.9%和 0.1%。

(3)交通运输业固定资产投资规模庞大。我国铁路、公路、水路、航空运输业固定资产投资规模达到 32235 亿元。

从 2018 年交通运输的发展状况可知,无论是基础设施、运量、固定资产投资的总量规模,整个交通运输业都保持了较快发展,发挥了交通运输在国家经济社会发展中稳增长、促发展、惠民生的重大基础性与保障性作用。此外,我国综合交通运输领域始终瞄准国际交通科技发展前沿,在以下技术创新方面取得了重大突破。

1)综合交通大数据应用技术

交通大数据应用技术包括大数据的采集处理、分析挖掘、管理决策、融合应

用等技术的研发和工程化。主要研究对象是针对我国综合交通领域数据孤岛化、多交通方式协同能力弱、出行服务碎片化、综合交通跨行业和跨地域管理服务能力不足等突出问题，围绕高效运用交通大数据，提升综合交通整体效能的迫切需求，形成了综合交通大数据应用技术研究平台，重点针对开展综合交通大数据的采集管理与关联挖掘、大数据驱动的综合交通协同组织与规划、区域交通系统优化与智能服务、综合交通系统能效分析与节能服务、交通设施全生命周期管理与安全应急等技术进行了重点研发、科技攻关和工程化应用。

2) 城市综合交通协同组织和控制技术

一方面，针对城市综合交通系统，设计了多层次、多模式互相协调的城市交通出行方式架构，优化交通资源配置，加强交通网络结构的紧密性，实现各交通方式的协同作用和交通信息的联通互动，促进了交通服务一体化和交通系统效率的整体提升。另一方面，通过解析公交主导型交通网络的多方式相互作用机理，建立面向现代城市多层次公共交通系统构建的基础理论体系，实现了多方式交通运行的协同组织与控制、综合交通系统的信息集成与出行诱导，形成了网络规划理论与客流组织方法、快速通行控制技术及系统效能评价方法等关键技术方法。

3) 区域综合交通运输网络协调运行与智能决策支持技术

铁水联运信息化建设取得突破性进展，科技创新能力进一步提升；主要联运通道铁水联运运行机制基本建立，铁水联运枢纽港站换装能力明显增强；培育了一批能够提供综合性一体化服务、具有较强竞争力的铁水联运企业，铁水联运服务能力和水平显著提高。设置具有"购票、取票、候车、物流"等功能的铁路站点，通过开通"公铁联运"班车与就近的火车站无缝对接，实现公路与铁路零距离换乘的"铁路无轨站"的出现。部分地区实现高速公路联网电子不停车收费。

10.3.2 存在问题

在取得显著成绩的同时，我国综合交通发展存在的问题也不容回避。一方面，随着我国经济的不断发展，城镇化进程快速推进，城市空间拓展、交通系统建设及机动性需求的爆发式增长之间的矛盾日趋严重，运输方式之间及运输方式内部的一些结构性矛盾也日益突出。另一方面，面对国家经济社会发展的重大任务需求，以及当今客货运输需求规模和结构的巨大变化，综合交通运输系统面临着转型发展的重大现实问题。在交通运输系统转型发展的进程中，还存在诸多问题，尚不能完全适应转型发展的迫切要求，主要体现在以下4个方面。

1) 综合交通信息共享平台尚未形成

在各种运输方式独立发展的时期，各运输方式建设信息系统时相互之间并未考虑无缝对接与瞬时交流，从而导致综合交通系统内不同运输系统之间的信息交换标准不统一、格式不一致;各种交通运输方式中信息共享存在技术瓶颈;互联互通机制尚未完全建立;基于移动互联的泛在信息获取、共享与融合技术的系统还未形成;缺乏从交通基础设施、运载装备、经营业户和从业人员等基本要素出发全面数字化、各交通方式间信息无缝即时交换的信息共享平台。

2) 城市综合交通出行结构不合理

城市综合交通系统的不协调表现在多方面与多层次,主要体现在各种交通方式网络衔接不协调、交通结构与出行需求的不协调、各种交通方式地位和角色不协调、交通流与交通管理体制不协调等。因此,构建与城市形态、结构和功能相匹配的交通系统,完善城市公共交通与其他交通方式的衔接和匹配关系,形成以城市公共交通为主导的城市交通发展模式是解决困扰城市综合交通发展的关键问题。

3) 区域综合交通存在技术、标准瓶颈

各种交通方式的协同运行效率低、成本高。铁路、公路、水运、航空各种运输方式之间存在竞争大于合作、服务孤岛、衔接严重不畅等问题。空港、高铁车站与城市交通衔接不足,综合交通枢纽的建设尚不成熟。客运"一票式"和货运"一单制"联程服务还在萌芽状态,多式联运无论在组织体系还是在技术支撑方面都处于低级阶段,运输效率低下,物流成本较高,存在着运输结构失衡、各运输方式强调各自重要性等问题。而且,不同运输方式的装备不协调,导致多式联运过程中大量额外的换装成本与时间。由于多方式协同运行无论在组织体系还是在技术支撑方面都处于发展初期,相关装备和技术服务系统较为落后,尚未建成各运输方式合理分工、协调发展的综合运输系统。

4) 综合交通法规标准尚未统一

目前,我国各种运输方式的相关法规中对承运人、托运人之间的责任边界、保险、理赔等规定都不相同。因此,需要出台在线行政许可"一站式"服务,推进交通运输许可证件(书)数字化,促进跨区域、跨部门行政许可信息和服务监督信息互通共享,加快推动交通运输行政执法电子化,推进非现场执法系统试点建设,实现异地交换共享和联防联控,加强交通运输信用信息、安全生产等信息系统与国家相关平台的对接。

10.3.3 发展趋势

交通运输业是国家十一个科技重大发展领域之一。为适应经济发展新常态并满足行业的转型发展需求,我国综合交通的发展应把综合化、智能化作为下一步发展的核心理念,以"综合"为突破口提升各种交通运输方式间综合协同运行能力,以"智能"为手段提升交通运输系统从设施到运行系统的全链条智能管控能力，融交通运输组织管理与智能交通技术为一体。未来的综合交通，将以引领新型城镇化的创新发展、适应区域协同发展模式的重大变革、落实生态绿色发展的重大责任、支撑国民经济可持续发展为战略目标，以交通大数据、云计算、物联网等技术为主要手段，以网联化、协同化、智慧化为主要特征，以提升综合交通运输的协同运行水平、服务品质和主动安全保障能力为核心，加快科技创新，成为覆盖面广、连通性好、服务效能高、安全保障能力强的可持续综合交通运输系统。

1) 综合交通一体化规划建设

随着国家"新型城镇化"战略的实施，到2020年，我国常住人口城镇化率将达到60%左右，因此，必须完善综合运输通道和区际交通骨干网络，强化城市群之间交通联系，加快城市群交通一体化规划建设，发挥综合交通运输网对城镇化格局的支撑和引导作用。依托综合交通枢纽，加强铁路、公路、民航、水运与城市轨道交通、地面公共交通等多种交通方式的衔接，整合各交通系统的优势资源，构建不同运输方式的最优组合。改善各种交通方式基础设施、载运工具和运行系统的协调性和标准化程度，满足旅客出行和物流运输的多样化、个性化和动态化需求，实现客运"零距离"换乘和货运无缝衔接，构建覆盖面广、连通性好、服务效能高、安全保障能力强的综合交通运输系统，从而满足城市群、城市带、城镇化发展的交通运输需求，支撑"以人为本"的新型城镇化战略实施，引领城镇空间布局趋于科学合理，是一种必然的发展趋势。

2) 交通运输系统集成的智能化、网联化和协同化

当今科技在多个领域都取得了重要进展，并呈现交叉融合的态势。在交通系统的集成上，借助互联网的发展，以云计算、物联网技术、智能传感/大数据挖掘技术为代表的新一代信息技术有效地集成应用于轨道交通、道路交通、水运交通和民航交通系统，使综合交通系统集成呈现智能化、网联化和协同化趋势。智能型设施成为智能交通的重要研究方向和支撑智能交通发展的重要基础；多交通运输方式协同一体化成为交通系统发展的大趋势。

3) 交通装备设计制造的标准化、规范化和一体化

各运输方式间的有效衔接和匹配对交通装备的发展提出了标准化、规范化和一体化的要求：即积极推动载货汽车标准化，加强车辆公告、生产、检测、注册登记、营运使用等环节的标准衔接；加快推进内河运输船舶标准化，大力发展江海直达船舶；积极应对E-航海国际战略，建立标准化和智能化的海事服务集；推广应用集装化和单元化装载技术；借助大数据系统和云服务技术，使交通装备设计、制造、检测、检验、运营、维护等各个环节向标准化、规范化和一体化发展，建立共享服务平台标准化网络接口和单证自动转换标准格式。

10.4　未来研究前沿与重大科学问题

为构建安全、便捷、高效、绿色、智能的现代综合交通运输体系和满足国家总体需求,强化新型技术与交通运输需求的深度融合,大力发展高效能、高安全、综合化、智能化的系统技术与装备,形成满足我国需求的国际先进的现代交通运输核心技术体系,需要针对综合运输产业的薄弱环节加强科研投入,实现综合交通产业升级,突破制约我国综合交通运输系统跨越式发展的关键瓶颈。

1. 研究前沿

美国以《2050年远景：国家综合运输系统》为导向,提出建设具有整体化(Integrated)、国际化(International)、联合化(Intermodal)、包容化(Inclusive)、智能化(Intelligent)、创新化(Innovative)的"6I"型综合交通运输系统,重点关注基础建设、安全和可持续发展三方面。在基础设施方面,美国运输部正努力采取措施确保运输系统在美国日益发挥至关重要的作用,包括为城市地区提供稳定的、可预见的资金,增加对乡村地区的资金投入,提供资金以改善现有的设施及新的多年建设,改善老人、低收入人口及残疾人的交通服务。另外,美国国土安全部加强了关键城市地区的管控,以保障关键运输基础设施的安全性,包括公车、火车和轮渡系统。在安全方面,改善交通网络的安全是美国交通部的首要目标。美国运输部将通过行为安全计划、车辆安全计划、持续的全国司机登记计划来提供一个可靠的车辆驾驶员记录来源和公路安全拨款计划,同时推出航空货运预检查计划(air cargo advance screening, ACAS)要求国外承运人将进口至美国的货物(含在美国中转)信息在货物装机前传给美国海关的 ATS 系统(automated targeting system, ATS)进行审查。在可持续发展方面,美国运输部计划开发不依赖外国能源并且与环境兼容的运输系统,通过提高能源和运输系统使用效率、鼓励使用需求管理策略和环保交通方式、从碳基燃料转向非碳基燃料、强调减轻交通运输服务和设施对环境的负面影响、推广结合运输和发展问题的土地管理规划技术等措施来减少能源消耗并改善环境。

日本以《综合交通政策体系》为指导,注重交通总体规划和交通方式的集约化,通过构建层次分明的内陆、海岸、航空等综合交通立体架构,实现高效有序的综合交通运输管理。日本交通产业及其相关政策也应新问题的产生而出现了新趋势：积极应对老龄化少子化等问题；减少交通环境污染；提高土地资源的利用效率；促进城市不断焕发活力；充分有效地利用现存设施；继续以高速发展的信息技术武装交通建设；积极应对交通事业的国际化发展。

欧盟以《未来交通政策白皮书》为核心,注重道路网、公交网、铁路网、水运网的合理配置、相互衔接及综合交通枢纽建设，构建高效协同、绿色环保的综合交通运输系统。为达到这个总体远景，欧盟计划在未来40年，有计划地实现如下具体目标：首先，在保证运输业的增长和支持机动性的前提下，实现60%的减排目标(与1990年相比)；其次，构建一个有效的城际间多式联运主干网络；再次，远途出行和洲际运输仍是一个全球领域；第四，构建清洁的城市交通体系；最后，达到降低60%温室气体排放量的10项指标。要实现上述远景目标，欧盟需要克服各种不利于良性竞争的障碍，整合全部创新环节并得到充足的资金支持。主要采取如下措施：首先，建立统一的欧洲交通区域；其次，依靠科技创新和转变行为方式的共同努力；最后，建设现代化的基础设施和得到充足的资金支持。除了上述三方面措施，欧盟指出，运输本身是国际化的，需要得到欧盟以外的各个国家和国际、区域组织的支持和协作。

中国以《综合交通网中长期发展规划》为核心，明确提出综合交通基础设施网络中长期的发展目标和任务，是促进各种运输方式从局部最优上升到整体最优，提高交通系统的整体效率和综合效益。

综上可见，综合交通运输科技发展的前沿是：以安全、高效、绿色为核心，推进综合交通运输系统向网联化、协同化和智慧化发展。

1) 城市综合交通领域

构建城市多方式交通网络协同体系，缓解新型城镇化和快速机动化双轮驱动下的城市交通供需矛盾，以多方式交通系统与协同网络为载体，以公交主导型为目标，以智能调控、移动互联技术为手段，攻克新型城镇化背景下公交主导型复合交通网络的协同规划与设计、信息化环境下的城市交通系统运行主动调控、城市交通系统可靠性设计与效能提升等关键技术，以满足道路交通系统高效、安全、绿色、低碳的发展新要求。

2) 区域综合交通领域

从传统道路交通研究，转向道路交通与其他方式互联互通、相互协同(设计、运营、调度、优化均协同)及竞争方面的研究趋势，重点突破区域交通运输态势监测、综合交通运输组织调度、应急指挥与协调联动与综合交通信息服务走廊等关键技术，研发综合交通运行监测与智能化分析平台、综合交通应急指挥与协调联动平台、综合交通信息公众服务集成平台与运输通道交通信息综合服务平台，提升综合交通运行效率和服务水平。

2. 重大科学问题

1) 复杂交通系统供需平衡与耦合机理

研究交通需求与供应的形成机理，提出符合我国现阶段国情与未来发展战略的交通系统供需平衡原理，以提高出行需求的合理性、交通供给的有效性和交通网络的协同性为目的，引导交通结构由私家车主导型向公交主导型转变，以交通参与者为核心，建立面向交通行为主动调控的交通资源配置系统耦合模型，针对交通系统易发的供需动态耦合失衡问题，通过网络协同、系统优化、智能交通等技术手段进行主动预防与引导，实现交通系统的出行效率与交通供给的运输效率之间的平衡，为现代交通系统规划建设与管理从被动适应向主动控制转变提供决策理论支持。

2) 综合交通网络拓扑机制与动力学问题研究

揭示综合交通体系的网络拓扑结构特点，设计开发新型拓扑结构，建立网络拓扑抗攻击性和抗毁性评估方法及其他评价指标体系，评估拓扑网络鲁棒性；完善路段重要性度量方法，开发网络拓扑及评价体系仿真技术；研究综合交通网络拓扑的动力学问题，构建动力学模型及其评价检验体系。

3) 综合交通枢纽协同运行与服务

研究智能客运枢纽系统架构与运行模式，研发多层次大规模密集客流远程监测与动态预警、多方式交通服务协同组织与联合调度、枢纽客流快速疏散等技术，开发枢纽协同运行管理系统、枢纽智能化导航导乘系统；研究基于物联网的综合货运枢纽接驳转运要素智能感知、动态组网、全程管控与智能调度技术方法，研发货运枢纽作业状态智能监测、风险识别与自动预警技术，研制货运枢纽接驳转运协同组织与调度系统。

4) 城市群智能客运系统

突破基于大数据的海量时空离散客运出行数据信息采集、汇聚与融合，以及移动互联环境下客流特性动态预测与预警、城市群多级客运网络协同优化、城市群客运走廊状态监测与动态资源分配等技术，形成城市群高精度客流监测分析体系，建成城市群智能客运大数据平台、客运走廊运行状态监测与道路资源动态分配系统、城市群多尺度客运智能化评估支持系统；形成移动互联环境下需求响应式公交客运、共享交通的社会模型和服务体系，突破非常规客流下客流引导组织与应急处置、城市群客运运力供需实时评价和动态排班调度等技术，建成城际需求响应式客运系统、区域快速客运协调调度系统和智能客运一体化终端及系统检测平台。

5) 高效货物运输与智能物流技术

立足"互联网+"高效物流，突破多式联运发展需求下的载运装备标准化与专业化、货物运输组织与管理、物流信息综合集成与智能化服务等关键技术，形成多方式、多载运工具、全运输流程间高效匹配衔接的装运和转运技术装备体系，建立以多式联运为核心的跨方式、跨行业、跨区域一体化高效货物运输组织与服务体系，为提升全社会物流服务效率与品质、降低社会物流成本提供技术支撑。

6）综合交通运输网络运行风险辨识与防控技术

研究多方式个体交通行为特征识别与解析、基于大数据的群体交通行为风险辨识等技术，构建面向综合运输运行风险防控的交通行为风险监测与调控系统；研究多种运输方式下的交通网络运行风险评估及服务优化，构建多种交通运输方式下的交通网络运行风险评估与决策支持平台；研究主干交通运输网络运行风险感知及快速处置，形成重点交通对象通行风险全程化监管体系，构建具有立体化监测、智能化研判及全方位预警等功能的交通运行风险处置与决策支持平台。

3. 主要技术难点

综合交通运输规划缺乏设计，所需协调机制和程序不完善，未建立动态调整制度，不能适应城市交通的快速发展。目前，大城市综合交通设计过程中需要解决的关键问题是如何提升各种交通方式基础设施的协同技术、城市综合交通网络协同规划与设计、区域综合交通运行组织协调方法、一体化交通行为监测技术以及综合交通管理及评价技术等。

1）综合交通枢纽的协同设计技术

为发挥综合交通网络中枢纽的作用，提高综合交通系统的服务质量和换乘效率、创造舒适交通环境，体现零换乘、无缝衔接等先进的设计理念，实现综合交通枢纽"人性化、捷运化、信息化、生态化、零换乘"的交通发展目标，需要根据综合交通系统各交通方式的主要特征，研究铁路客运枢纽车站、普通城际铁路车站、城市轨道交通、航空机场及其他地面交通方式之间的换乘接驳模式，建立综合交通系统协调的评价指标体系。

2）城市综合交通网络协同规划与设计

现代城市多方式交通网络系统的规划与设计理论逐渐由单目标单模式静态优化向多目标多模式协同优化发展。系统整合、效能提升、安全保障及节能减排等多目标协同优化原则贯穿于交通网络规划与设计的全过程。多方式城市交通系统的广域性与多样性，决定了复合式交通网络协同规划与设计技术的复杂性，主要包括四个维度：面向系统整合的多层级交通网络协同规划与设计；面向效能提升的复合交通网络协同设计与优化；面向安全保障的复合交通网络交通安全协同设计与综合评估；面向节能减排的复合交通网络交通协同与优化。

3）区域综合交通运行组织协调方法

在区域综合交通规划层次划分和规划定位研究的基础上，以时间、空间、对象三协同为基本出发点，研究区域综合交通多种运输方式的交通运输装备间协同技术要点。强调各运输方式的规划同时进行，同步开展，实现各方式从容量和频率上有效衔接，最大化利用资源。

4) 一体化交通行为监测技术

实现水陆空一体化交通行为监测，重点研究驾驶人及乘客交通行为分析、典型交通违法行为取证、重点交通违法行为干预、交通安全信息化执法等关键技术，以及基于大数据的交通行为挖掘分析技术，开发水陆空一体化交通行为感知系统。

5) 综合交通管理及评价技术

依托多源化目标监测与数据采集、处理方法，查找、衡量和校正整个综合交通系统规划及其实施过程所存在的偏差，实现综合交通系统规划跟踪评价、交通资源优化配置及实施计划的合理调度。

10.5 综合交通能源系统及应用

1) 综合交通能源互联网技术

能源互联网运用互联网思维和能源技术，以可再生能源为优先，以大量分布式能源和分布式储能为基础，构建的多种能源协同、供给与消费协同、集中式与分布式协同、大众广泛参与的新型生态化能源系统。目前，针对于能源互联网的研究正逐渐由以基础性研究为主的概念阶段，向以应用性研究为主的起步阶段转变。综合交通系统中，不同交通工具及其配套设施使用不同类型的能源。综合交通能源互联网是在能源互联网的发展背景下，基于能源互联网及综合交通的主要特征所构建的，能够充分发挥交通系统的优势，改变当前交通系统的能源供应模式，由单一电源供电结构发展为多元电源互补模式，由单向电能流动消耗发展为双向电能互动模式，由被动负荷消纳发展为主动负荷协调模式，实现综合交通系统的安全、高效、环保、可持续的能源利用。

2) 交通能源动力系统的电动化、高效化和清洁化

交通能源消耗是造成局部环境污染和全球温室气体排放的主要来源之一。加速调整能源结构，转变能源开发利用模式，实现绿色、多元、高效、低碳的可持续能源应用是其必然要求，因此，交通能源动力系统呈现出电动化、高效化和清洁化的发展趋势，具体包括：汽车动力向燃料多元化、驱动电气化方向发展；轨道交通发展低寿命周期成本(low life-cycle cost, LLCC)、环境友好设计等可持续发展技术，促进节能环保指标的逐步提高；海洋运输将超低排放的高效船用柴油机、气体燃料和双燃料发动机、零排放技术作为未来的发展方向；航空运输则以生物燃料和电能驱动作为民用航空动力的重要方向。

随着技术日益成熟、新兴材料不断出现，清洁能源在综合运输领域的应用必

将成为未来的发展趋势。但是，目前我国各种运输方式发展不平衡，交通运输结构不合理，造成了巨大的能源浪费和大量的碳排放，需要根据各种运输方式的技术经济特征，优化交通运输资源配置，加快构建功能完善、结构合理、服务高效的综合运输体系，充分发挥各种运输方式的比较优势和组合效率。

10.6 未来发展规划

展望未来，综合交通工程科技领域正孕育一批具有重大产业变革前景的颠覆性技术，北斗卫星定位导航系统、5G通信、可信计算、移动互联、云计算、大数据、物联网、空天临地交通通信网等新一代信息技术的深度应用与跨界融合将推动综合交通运输生产方式和发展模式的革命性变化。综合交通基础设施、运输工具、运行管理与服务都将在新一代信息技术的深入渗透下催生出新业态、新格局：陆海空交通资源将在信息技术的支持下全面整合，形成信息共享、资源协调、优势互补的网联化、协同化、智慧化立体综合交通系统；运载工具快速向智能化转型，无人驾驶、遥驾驶、空地一体立体交通等新型交通系统不断涌现，并进入公众日常生活；移动互联网和大数据技术有效支撑综合交通信息泛在获取、交互、融合与决策，同一交通方式的系统要素之间协调组织，不同交通方式之间互联互通、综合协同，交通运输行业服务品质和科学治理能力全面提升。

2025年，我国将完成综合交通工程科技的阶段性目标如下：综合交通运输实现较高程度的网联化、协同化和智慧化，基本建成空间布局合理、结构层次清晰、功能衔接顺畅的现代综合交通网络；各种交通方式分担比例合理，技术装备与国际先进水平同步；利用移动互联网、大数据、云计算、物联网等技术实现各种运输方式信息系统的互联互通，极大改善运输服务与信息服务；在综合交通工程科技的支持下，与2015年相比，综合运输费用占社会物流总费用比重降低到51%，客运换乘效率提升8%，货运换装效率提升50%，综合运输能耗占比不超过20%，大城市高峰期出行时间缩短5%，重特大交通事故起数下降20%，万车死亡率下降35%。

到2035年前后，综合交通工程科技发展的总体目标为：网联化、协同化、智慧化的综合交通工程科技取得重大进展，交通基础设施和技术装备全面达到国际领先水平，多种运输方式协同组织与运行优化趋于完善，形成一体化综合交通服务体系，有力支撑我国经济增长和社会进步；综合交通需求与供给基本平衡，交通拥堵得到有效缓解；各交通运输方式实现信息共享，提供无缝衔接的、高品质、差异化、智能化的综合信息服务；在综合交通工程科技的支持下，与2015年相比，综合运输费用占社会物流总费用比重降低到50%，客运换乘效率提升10%，货运换装效率提升60%，综合运输能耗占比不超过18%，大城市高峰期出行时间缩短10%，重特大交通事故起数下降30%，万车死亡率下降45%。

下篇主要参考文献

曹敏晖. 2009. 城市交通存在的问题及对策分析. 重庆交通大学学报(社会科学版), 9(1): 12-15.

高虹桥, 邵文渊, 刘婷, 等. 2017. 智慧港口的技术框架. 港口科技, (2): 1-5.

工业和信息化部. 民用航空工业中长期发展规划(2013. 05. 23) [2019. 12. 20]. http: //www. gov. cn/ gzdt/2013-05/23/ content_2409302. htm.

国家发展改革委员会, 交通运输部, 国家铁路局, 等. 2017. 铁路十三五发展规划. 北京: 中华人民共和国发展改革委员会.

国家发展与改革委员会, 中国民用航空局. 全国民用运输机场布局规划(2017. 03. 15) [2019. 12. 20]http: //www. gov. cn/xinwen/2017-03/15/content_5177519. htm.

胡海涛, 郑政, 何正友, 等. 2018. 交通能源互联网体系架构及关键技术. 中国电机工程学报, 38(1): 12-24.

贾利民, 秦勇, 王莉. 2016. 轨道交通科技发展的方向与任务, 北京交通大学学报. 40(4): 25-31.

姜黎黎. 2017. 浅析水路运输的构建模式对我国经济发展的意义. 科技风, (14): 228-228.

蒋洋, 张星臣. 2018. 公铁网络联运方案设计. 交通运输系统工程与信息, 18(6): 222-228.

蒋仲廉, 初秀民, 严新平. 2015. 智能水运的发展现状与展望——第十届中国智能交通年会水路交通智能化论坛综述. 交通信息与安全, (6): 1-8.

交通运输部. 2016. 交通运输科技"十三五"发展规划. (2016. 6. 14). [2019. 12. 20]. http: //www. mot. gov. cn/zhuanti/ shisanwujtysfzgh/.

科学技术部, 交通运输部. 2017. "十三五"交通领域科技创新专项规划. 北京.

李明, 徐淑鹏. 2017. 城市轨道交通综合监控系统建设管理模式研究. 现代城市轨道交通, (5): 61-66.

刘维文, 李竞, 胡钊芳. 2016. 江西省综合交通发展水平和适应性评价研究. 交通世界, (10): 128-130.

柳晨光, 初秀民, 谢朔, 等. 2016. 船舶智能化研究现状与展望. 船舶工程, (3): 77-84.

陆艮峰, 徐宏伟, 梁奕. 2018. 轨道交通综合监控系统接口标准化, 都市快轨交通. 31(6): 110-114.

吕同舟. 2018. 智造与创新聚焦 2017 年中国国际海事会展高级海事论坛. 中国远洋海运, (1): 48-53.

民航安徽监管局. 2018. 航行新技术为中国民航带来重大变革. (2018. 05. 02)[2019. 12. 20]. http: //www. cinn. cn/ headline/ 201805/t20180522_188003. html.

庞路, 何沁园. 2018. 《智能船舶规范》下的机舱智能化探究. 船舶, (1): 63-67.

邵玉平, 薛文斌, 汪志远. 2016. 推进车辆装备保障标准化建设的几点思考. 军事交通学院学报, 18(4)：22-25.

陶德馨. 2017. 智慧港口发展现状与展望. 港口装卸, (1)：1-3.

吴兆麟. 2017. 船舶驾驶自动化与航海智能化. 中国海事, (8)：16-19.

夏启兵, 王玉林, 陈蓉. 2018. 智能航运发展研究. 航海, (2)：43-46.

范爱龙, 贺亚鹏, 严新平, 等. 2020. 智能新能源船舶的概念及关键技术. 船舶工程, 42(3)：9-14.

严新平, 刘佳仑, 范爱龙, 等. 2020. 智能船舶技术发展与趋势简述[J]. 船舶工程, (3)：15-20.

叶潇. 2018. 大城市综合交通枢纽规划布局. 低碳世界, (11)：226-227.

袁媛, 赵龙. 2017. 国内外内河航道养护发展比较分析. 中国水运(下半月), 17(1)：42-45.

曾明华, 李夏苗. 2010. 多层次多模式综合交通网络设计研究. 交通运输系统工程与信息, (2)：23-29.

翟婉明, 赵春发. 2016. 现代轨道交通工程科技前沿与挑战. 西南交通大学学报, 51(2)：209-221.

张彩虹. 2018. 能源互联网发展现状分析. 应用能源技术, (10)：49-52.

张培林, 吴宏宇, 莫杨辉, 等. 2018. 大城市综合交通适应性评价. 交通科学与工程, 34(4)：77-82.

张慎明, 王军. 2010. 新一代综合监控系统若干问题的研究和探讨. 现代城市轨道交通, (1)：18-21.

赵宇刚, 戴新鎏. 2015. 我国铁路客运市场发展趋势研究. 运输市场, (123)：24-27.

中共中央、国务院. 2019. 交通强国建设纲要. 北京：人民出版社.

中国船级社. 2015. 智能船舶规范. 北京：人民交通出版社.

中国民航局. 2009. 民航空管安全管理体系建设指导手册(第二版)(2009-08-05) [2019. 12. 20]. http://www. caac. gov. cn/XXGK/XXGK/GFXWJ/201511/t20151102_7979. html.

中国民航网. 2018. 新时代民航强国建设行动纲要(2018-12-1)[2019-12-20]. http://www.caacnews.com. cn/1/1/201812/t20181212_1262745. html.

中国民用航空局, 国家发展与改革委员会, 交通运输部. 2017. 中国民航航空发展第十三个五年规划(2017-02-15)[2019-12-20]. http://www. caac. gov. cn/XXGK/XXGK/FZGH/201704/ t20170405_43502. html.

中国民用航空局. 2016. 民航科技发展"十三五"规划(2016-12-29) [2019-12-20]. http://www. caac. gov. cn/XXGK/ XXGK/FZGH/201704/t20170405_43503. html.

中国民用航空局. 2017. 通用航空"十三五"发展规划(2017-02-17)[2019-12-20]. http://www. caac. gov. cn/XXGK/ XXGK/FZGH/201704/t20170405_43505. html.

周孝信, 曾嵘, 高峰, 等. 2017. 能源互联网的发展现状与展望. 中国科学：信息科学, 47(2)：149-170.

DNV-GL. 2016. Technology Outlook 2025. (2016. 4. 5)[2019-12-20]. https://to2025. dnvgl. com/.

Escario J B, Jimenez J F, Giron-Sierra J M. 2012. Optimisation of autonomous ship manoeuvres applying Ant Colony Optimisation metaheuristic. Expert Systems with Applications, 39(11): 10120-10139.

Han J G, Charpentier, J F, Tang T H. 2014. An Energy Management System of a Fuel Cell/Battery Hybrid Boat. Energies, 7(5): 2799-2820.

Lloyd's Register Group Ltd, QinetiQ, the University of Southampton. 2015. Global Marine Technology Trends 2030. London: Lloyd's Register Group Ltd.

Lloyd's Register, QinetiQ, the University of Southampton. 2017. Global Marine Technology Trends 2030 Autonomous Systems. London: Lloyd's Register Group Ltd.

Qiu G, Xu W, Li L. 2018. Key factors to annual investment in public transportation sector: The case of China. Transportation Research Part A Policy & Practice, 107: 1-19.

Sherbaz S, Duan W. 2012. Operational options for green ships. Journal of Marine Science and Application, 11(3): 335-340.

Sohn S I, Oh J H, Lee Y S, et al. 2014. Design of a fuel-cell-powered catamaran-type unmanned surface vehicle. IEEE Journal of Oceanic Engineering, 40(2): 388-396.

United Nations Conference on Trade and Development(UNCTAD). 2016. Review of maritime transport 2016. New York and Geneva: United Nations Publication.

Vergara J, Mckesson C, Walczak M. 2012. Sustainable energy for the marine sector. Energy Policy, 49: 333-345.

Yan X P, Wang K, Yuan Y P, et al. 2018. Energy efficient shipping: An application of big data analysis in engine speed optimization of inland river ships considering multiple environmental factors. Ocean Engineering, 169: 457-468.

Zhang M, Janic M, Tavasszy L A. 2015. A freight transport optimization model for integrated network, service, and policy design. Transportation Research Part E: Logistics & Transportation Review, 77: 61-76.